PIPELINE DE LIDERANÇA

EDIÇÃO REVISTA E AMPLIADA

RAM CHARAN
STEPHEN DROTTER
JAMES NOEL

PIPELINE DE LIDERANÇA

O DESENVOLVIMENTO DE LÍDERES COMO DIFERENCIAL COMPETITIVO

SEXTANTE

Título original: *The Leadership Pipeline*

tradução
Ivo Korytowski

preparo de originais
Raïtsa Leal

revisão
Luis Américo Costa, Rebeca Bolite e Suelen Lopes

projeto gráfico e diagramação
DTPhoenix Editorial

capa
DuatDesign

impressão e acabamento
Associação Religiosa Imprensa da Fé

CIP-BRASIL. CATALOGAÇÃO NA PUBLICAÇÃO
SINDICATO NACIONAL DOS EDITORES DE LIVROS, RJ

C433p Charan, Ram
Pipeline de liderança / Ram Charan, Stephen Drotter, James Noel; tradução de Ivo Korytowski. Rio de Janeiro: Sextante, 2018.
272 p.; 16 x 23 cm.

Tradução de: The leadership pipeline
ISBN 978-85-431-0605-2

1. Liderança. 2. Gestão. I. Drotter, Stephen. II. Noel, James. III. Korytowski, Ivo. IV. Título.

CDD: 658.4092
18-47756 CDU: 005.322:316.46

Rua Voluntários da Pátria, 45 – 14.º andar – Botafogo
22270-000 – Rio de Janeiro – RJ
Tel.: (21) 2538-4100
E-mail: atendimento@sextante.com.br
www.sextante.com.br

Sumário

Prefácio

"Este modelo mudou o rumo da conversa em minha organização", diz o CEO de uma importante empresa de bens de consumo não duráveis. "Agora focamos mais em estratégia e talento, não apenas em receita e volume."

"O conceito e o modelo de pipeline de liderança nos ajudaram a difundir o conceito de responsabilidade por toda a organização, e de forma coerente", diz o CEO de uma grande companhia de mineração. "Isso liberou quem está no topo para se concentrar mais no futuro, enquanto os níveis mais baixos conduzem a produtividade e os resultados operacionais."

"Passamos a concentrar nossos esforços em ter as habilidades certas para o nível adequado."

"Nosso planejamento de sucessão agora está ancorado no verdadeiro significado de potencial e em como ele se apresenta."

"Sou capaz de orientar melhor meu pessoal, uma vez que temos uma clareza maior do que é esperado deles e de mim."

As reações imensamente positivas à primeira edição de *Pipeline de liderança* têm sido muito gratificantes. As trocas com os leitores e nosso trabalho como consultores vêm nos proporcionando valiosos feedbacks sobre o modelo de pipeline e esse retorno nos ajuda a tornar o modelo ainda mais eficaz na prática do que quando escrevemos pela primeira vez sobre ele. Queremos transmitir as lições que aprendemos para que as empresas possam maximizar o valor do pipeline.

Desde a publicação da primeira edição deste livro, trabalhamos com mais de 100 empresas. Muitas das melhores e mais bem-sucedidas corporações do mundo adotaram o modelo de pipeline de liderança como a estrutura básica para seus esforços relacionados ao capital humano. Estabelecido em torno das "passagens" de liderança que todos os líderes precisam transpor, o modelo ajuda as organizações a selecionar, desenvolver e avaliar pessoas com base em responsabilidades específicas e valores profissionais em cada nível de liderança.

Nossa abordagem na revisão desta obra é um tanto heterodoxa: decidimos não modificar capítulos inteiros a fim de incluir exemplos e novos contextos. O leitor perceberá que falamos de certos players do mercado que já não desempenham o papel em que estão citados. Como os exemplos ilustram o argumento que estamos defendendo – ainda que nem todos continuem atuais –, decidimos mantê-los e acrescentar duas seções importantes ao final de cada capítulo. A primeira, "Observações", nos permite atualizar nosso modelo, compartilhar mais algumas histórias e acrescentar alguns conselhos respaldados nas experiências de quase 10 anos de trabalho com empresas ao redor do mundo. Também incluímos respostas a perguntas frequentes.

Esperamos que esta edição nova e "melhorada" de nossa obra permaneça eficaz e acessível.

Prefácio à edição revisada: Observações de campo

No decorrer do nosso trabalho aplicando o modelo de pipeline de liderança em uma ampla variedade de organizações, encontramos uma série de falhas graves nos esforços de desenvolvimento que devem ser corrigidas para permitir o sucesso operacional e financeiro continuado. Em uma época na qual as empresas dependem enormemente do desenvolvimento interno de líderes atuais e futuros, esses esforços estão deixando a desejar. Eis quatro problemas que o modelo de pipeline pretende corrigir:

Erros de desenvolvimento arraigados

1. A insatisfação dos gerentes de linha com a área de recursos humanos não diminuiu. Acreditamos que a causa principal seja a falta de uma arquitetura central duradoura. Imagine uma empresa que possui um diretor financeiro mas não tem uma contabilidade geral, um processo orçamentário, um sistema de custos e um processo de alocação de capital que estejam interligados. Esse diretor financeiro não teria muito sucesso. A arquitetura das finanças permite que toda a organização lide com as questões financeiras e converse sobre elas de forma coerente. As empresas precisam de uma arquitetura sólida para concentrar os processos e programas de recursos humanos, estabelecendo padrões comuns tanto para o desempenho quanto para o potencial, diferenciados por nível de gerência. Devem definir também linguagem e processos para abordar questões, identificar problemas e explorar oportunidades com eficácia, bem como dados para a tomada de decisões, das transições de cargo à melhoria do desempenho.

Descobrimos que a maioria dos programas de desenvolvimento carece dessa arquitetura central. Embora boa parte dos departamentos de RH faça esforços sinceros e às vezes até heroicos para o desenvolvimento de liderança, quando as iniciativas não produzem os resultados desejados, o investimento em desenvolvimento cessa, então o programa existente é substituído por outro ou há a tentativa de um terceiro e depois de um quarto. A mudança de programas costuma significar que um líder emerge falando uma língua, enquanto outro líder de um programa diferente fala outra língua. Essas mudanças no conteúdo e na filosofia de desenvolvimento geram desconfiança. Como não há o efeito cumulativo oferecido por uma arquitetura abrangente porém flexível, falta uma base sólida para o desenvolvimento. Este livro delineia uma arquitetura central que pode ser adaptada às situações específicas de sua empresa.

2. Os líderes não aprendem a fazer o que é necessário. Descobrimos que esse é um problema crescente, uma vez que os papéis de liderança e as responsabilidades continuam evoluindo com rapidez. Na maioria das tarefas de desenvolvimento, os papéis são mal definidos ou mal avaliados. É raro haver definição de conteúdo específico. O acréscimo de valor esperado não é estabelecido e a relação com os resultados gerais fica a cargo da imaginação. Os modelos de competência dão ênfase à atividade, não aos resultados, gerando avaliações enganadoras. Também constatamos que, sob muitos modelos de desenvolvimento existentes, os líderes aprendem a pensar sobre os cargos em termos de territórios – os que eles controlam. Essa noção levou ao surgimento de feudos, que excluem as ideias dos outros, e também à ausência de trabalho em equipe mesmo dentro dos feudos. A mentalidade de feudo exclui o trabalho em equipe e motiva os líderes a se concentrarem nos detalhes (que outros deveriam controlar) e a se ocuparem com questões imediatas em vez de com metas futuras.

Os cargos deveriam ser definidos de acordo com a responsabilidade por um conjunto de resultados, um princípio básico do modelo de pipeline de liderança. Os resultados exigidos devem mudar à medida que as pessoas sobem na organização. Quando um conjunto de resultados é alcançado, um novo conjunto pode ser estabelecido. Isso permite que as organizações se adaptem mais rápido às exigências de negócios mutáveis e às novas condições do mercado sem que seja necessário se reorganizarem. Também auxilia os dirigentes a se concentrarem no que é fundamental, possibilita melhor tomada de decisões acerca de quem pode e quem não pode ajudar, contribui para facilitar o trabalho e reduz bastante as atividades associadas à defesa de feudos.

Os modelos de liderança também devem ser capazes de redefinir papéis continuamente em resposta a um ambiente mutável. Por exemplo, uma porcentagem crescente de trabalho vem sendo realizada por pessoas que não estão na folha de pagamento permanente da empresa, em virtude de terceirização e outros fatores. A forma como o trabalho de um líder é definido deve encorajar a colaboração e a inclusão, sobretudo quando métodos de controle tradicionais não são possíveis.

3. Existe falta de habilidade para a seleção de pessoas. Constatamos que o empenho em produzir resultados financeiros é de ordem de grandeza muito superior à do esforço dedicado à escolha de pessoas. Seja por falta de tempo para dedicar à seleção ou porque escolher o candidato ideal é muito difícil, com frequência os executivos falham em selecionar as pessoas certas para os cargos certos. Em entrevistas de avaliação, perguntamos a cerca de 1.300 executivos seniores: "Como você toma uma decisão de seleção?" A maioria respondeu com uma breve descrição (a) do tipo de pessoa que procura ("honesta", "esforçada"), (b) de algum tipo de solicitação de pesquisa de profissionais e (c) do processo de entrevista.

O modelo de pipeline de liderança ajuda os líderes a tomarem decisões de seleção muito melhores. Por exemplo, o modelo os mantém concentrados no evento desencadeador que indica por que uma mudança precisa ser realizada. Alguns eventos desencadeadores são óbvios, como quando o profissional vai embora, se aposenta ou é promovido. Outros nao sao tao óbvios, como uma alteração na estratégia, um padrão persistente de erros, um comportamento inadequado ou uma visível insatisfação com as exigências da liderança. O modelo de pipeline também auxilia os executivos seniores a julgarem se um indivíduo está trabalhando no nível para o qual foi designado, bem como o potencial de outro indivíduo de subir ao próximo nível.

Sempre se considerou que o pior cenário em uma seleção ruim seria contratar a pessoa errada. Mas, atualmente, esse é considerado apenas o terceiro pior cenário. Dois problemas mais graves são (1) deixar de reconhecer e contratar a pessoa certa, permitindo que o candidato ideal passe despercebido pelo processo de seleção, e (2) deixar a pessoa errada no cargo por muito tempo.

4. O RH não está voltado para o propósito adequado. Historicamente, a função da área de recursos humanos era garantir o suprimento de mão de obra. Nos últimos anos, seu foco se voltou para a identificação e a obtenção dos melhores talentos. Do ponto de vista interno, o ponto principal tem sido identificar as futuras "estrelas", os "maiores potenciais" a serem postos em cargos-chave. Esse foco no "input" não os levou muito longe.

Em vez disso, o foco deveria ser no "output", no resultado – que só será inadequado se o responsável pela decisão não valorizar o trabalho certo, se não existir um processo para identificar qual é o trabalho certo para a posição de liderança certa e se não houver medidas para determinar se o trabalho certo está sendo feito. Cargos mal projetados, líderes trabalhando no nível errado, falta de orientação clara e decisões de seleção ruins são onipresentes no ambiente corporativo atual. Se a área de RH de fato entendesse de estruturação e avaliação, e ajudasse todos os líderes a trabalharem no nível certo, a empresa poderia dar grandes saltos de produtividade.

Quatro fatores externos do pipeline de liderança

Não são apenas deficiências de desenvolvimento interno que tornam o modelo de pipeline tão relevante às empresas. Nos últimos anos, testemunhamos o surgimento de quatro fatores externos que exercem grande impacto sobre a eficácia da liderança em todos os níveis organizacionais.

Os talentos externos não corresponderam às necessidades da empresa

Por muitas razões, recrutar pessoas para preencher cargos-chave não tem funcionado tão bem quanto se esperava. Se definirmos o sucesso de novos contratados como desempenho pleno após três anos, o índice de aproveitamento é baixo e diminui ainda mais para cargos no topo ou perto dele. Inadequações à cultura organizacional, falta de uma rede de relacionamentos (networking), ressentimento de funcionários antigos que queriam ou esperavam ocupar o cargo e novos contratados mais concentrados na próxima promoção do que no trabalho em si são apenas alguns dos problemas. A situação de contratação externa de maior risco envolve pessoas que estão mudando de empresa e de nível ao mesmo tempo. Aprender a trabalhar em um nível mais alto enquanto se tenta adaptar aos critérios de desempenho da nova empresa submete esses contratados a uma pressão extrema. Assim, é comum que reajam retomando habilidades e métodos do nível anterior e da empresa anterior – o que é quase uma garantia de fracasso. No entanto, um modelo de desenvolvimento que ajude as pessoas recém-chegadas a entender os valores e as habilidades exigidos em dado nível gerencial – e que ajude a empresa a adaptá-las a esse nível com rapidez – pode aumentar as chances de sucesso desses profissionais.

Os novos mercados críticos: China, Índia e outros países emergentes

Lidar com China, Índia e outros mercados pouco familiares significa aprender a operar de modo eficaz em um novo contexto. Os executivos precisam dominar estilos operacionais diferentes, nuances culturais e outras áreas novas. Desenvolver e avaliar esses líderes com essas especificidades em mente é crucial. Infelizmente, isso não é feito porque o modelo de desenvolvimento da área de RH não prevê o aprendizado e os novos critérios de avaliação que variam à medida que os níveis dos cargos mudam, sobretudo a partir de uma perspectiva global. Quais habilidades, comportamentos, valores e conhecimentos devem ser requeridos para um diretor-geral na China? E para o assistente desse diretor? Existem programas de recrutamento, desenvolvimento e avaliação para ajudar a transição dos líderes pelos níveis desses cargos globais? A flexibilidade do modelo de pipeline de liderança dá conta de acomodar exigências novas e mutáveis que outras abordagens não seriam capazes de incluir.

O perfil dos cargos está mudando

Modelos flexíveis sao necessários para lidar com cargos que estão evoluindo em ritmo acelerado. A inovação e a colaboração tornaram-se essenciais em um mundo em que os líderes tradicionais dos mercados já não dominam seus setores e no qual estruturas de equipe operam em linha com a pirâmide tradicional. Além disso, a importância da internet e o crescimento da comunicação eletrônica com frequência exigem que os líderes trabalhem de forma remota ou diminuam os encontros face a face. Liderar à distância e se comunicar com eficácia on-line são habilidades que nem sequer eram levadas em conta até recentemente. Observamos mais pessoas tendo que trabalhar fora da estrutura da empresa com parceiros e outros elementos do ecossistema. Se o desenvolvimento e os critérios de avaliação em todos os níveis de liderança não refletirem esse perfil mutável do cargo, novas habilidades não serão adotadas – ou não serão adotadas de forma ampla e eficaz.

A necessidade de clareza dos papéis

Por fim, um fator da maior importância em um ambiente de negócios cada vez mais ambíguo, paradoxal, complexo e volátil: os líderes já não têm certeza de seus papéis e responsabilidades. Como tratarão os funcionários que investem tanto tempo e energia na comunicação eletrônica? Quão transparentes podem e devem ser quando surgirem questões como *downsizing* (redução de custos e pessoal) e desempenho? Como podem desenvolver confiança entre funcionários que confiam cada vez menos na gestão?

Nenhum líder consegue responder a essas perguntas de forma eficaz sem um modelo que defina com clareza seu papel. Observamos que o modelo de pipeline ajuda os gestores a entender o que se espera deles em cada nível de liderança. Assim podem filtrar as perguntas que acabamos de fazer usando um modelo que identifica quais comportamentos e valores são necessários à boa realização de seu trabalho. Eles sabem que, como gestores funcionais, por exemplo, precisam aprender a gerir e valorizar o que é novo. Esse imperativo permite que definam todas as suas ações em relação ao modelo. Também os ajuda a evitar os comportamentos incoerentes que semeiam desconfiança entre os funcionários e a comunicar uma crença de forma genuína e transparente.

Um modelo para o futuro – e para o presente

Nos últimos anos, as organizações ficaram cada vez mais conscientes da necessidade de desenvolver empreendimentos sustentáveis – e não só aqueles que geram lucro no curto prazo. Algumas delas nos informaram que o modelo de pipeline ajuda a focar no desenvolvimento futuro dos líderes em vez de abordar apenas questões de desempenho atuais. Observamos muitos gestores dedicando-se exclusivamente a problemas do momento, sobretudo durante a recessão que teve início em 2007-2008 nos Estados Unidos, quando cada dia parecia lhes trazer uma nova e difícil decisão. Nesse ambiente, definir o futuro da empresa, do negócio, da divisão ou da equipe e se preparar para isso são atividades que recebem pouca ou nenhuma atenção. Sem avaliações apropriadas e clareza dos papéis, os líderes não podem se adequar às mudanças necessárias ao sucesso ou à sobrevivência.

Por esse motivo, muitas empresas estão deixando de desenvolver uma bancada forte de líderes e de obter eficácia na liderança do dia a dia. Programas inovadores de desenvolvimento, por melhor que tenham sido projetados, não são suficientes para atingir essas metas.

O que falta é um contexto que estabeleça conexões, pois a conexão entre os programas de treinamento e desenvolvimento de liderança, o planejamento de sucessão, a gestão do desempenho e as recompensas é mal definida – na melhor hipótese. Na maioria das empresas, a área de RH coordena essas atividades e os vários grupos responsáveis por elas competem por recursos, atenção da gerência e poder. Os esforços da área raramente são integrados.

Os critérios de avaliação dos funcionários são diferentes para atividades distintas. Resultados, promoções, bônus e participação no desenvolvimento se baseiam em padrões variáveis, causando confusão tanto para quem avalia quanto para quem é avaliado.

Quando escrevemos *Pipeline de liderança*, sabíamos que existia a necessidade de uma arquitetura central, um modelo que fosse compartilhado por todos os líderes para assegurar a coerência de avaliação e a aplicabilidade no capital humano do negócio, de modo a gerar um efeito de liderança cumulativo. O que aprendemos nesse ínterim é que essa necessidade é bem mais premente e generalizada do que imaginávamos a princípio.

Mais do que nunca, a arquitetura descrita em *Pipeline de liderança* precisa ser entendida e utilizada por gestores em todos os níveis – não apenas aqueles que encabeçam o departamento de recursos humanos. Entender e usar a arquitetura tornará os líderes mais eficazes, sobretudo se forem líderes de líderes. A equipe de RH tem um papel crucial, mas é um papel de "engenharia", não "operacional". Os líderes são os operadores: eles fazem as avaliações e vão conviver com os sucessos ou os fracassos decorrentes disso. Recursos humanos é a função de engenharia responsável pelo projeto e pela usabilidade, pelo valor e pela qualidade da arquitetura.

Nossos leitores nos contaram que *Pipeline de liderança* transformou o modo como suas empresas abordam o capital humano do negócio. Nossa sociedade global não pode continuar tolerando os enormes índices de fracasso daqueles nas mais altas posições de liderança, além da escassez crescente de homens e mulheres capazes para liderar as empresas. O desafio precisa ser abordado de forma mais sistemática, para que o crescimento dos líderes se torne orgânico e seu sucesso possa ser previsto. Dados a necessidade crescente de um modelo de desenvolvimento de liderança mais eficaz e os obstáculos emergentes a tal desenvolvimento, este livro é ainda mais relevante e necessário hoje do que há 10 anos.

Introdução

Vivemos uma era em que a demanda por liderança excede em muito a oferta. Sinais desse desequilíbrio estão por toda parte. A maioria das edições do *The Wall Street Journal* traz notícias sobre grandes corporações contratando altos executivos de fora da organização. Empresas de headhunting especializadas em encontrar profissionais qualificados estão prosperando por causa da grande procura por talento de liderança. Empresas de consultoria oferecem salários iniciais de seis dígitos para garantir sua parcela de recém-formados nos MBAs oferecidos pelas universidades de elite. A renomada consultoria McKinsey, por exemplo, investiu muito tempo na formulação de uma estratégia para enfrentar a "guerra por talentos". E, claro, quase todas as grandes organizações tentam contratar "estrelas", oferecendo valores elevados para atrair os melhores e mais brilhantes.

Essas tentativas agressivas, às vezes até desesperadas, de recrutar pessoal externo sugerem que o pipeline de liderança* é inadequado. O treinamento e o aconselhamento internos, ao lado de outros programas de desenvolvimento, não estão conseguindo garantir as passagens de bastão dentro do pipeline, tornando necessário buscar talentos fora de casa. O problema é que o número existente de líderes de alto desempenho é limitado. Todos estão lutando por um grupo relativamente pequeno de estrelas que, mesmo quando são recrutadas com sucesso, costumam mudar de uma empresa para outra sem pestanejar.

---

* *Pipeline* é um termo da língua inglesa que significa literalmente "duto", "tubulação" ou "caminho pelo qual algo flui". (N. da E.)

Necessita-se, portanto, de uma abordagem que permita às organizações manter os próprios pipelines de liderança completos e fluindo. Isso é mais fácil de dizer do que de colocar em prática, porque os requisitos da liderança mudaram muito e a maioria dos modelos de desenvolvimento não é adequada a essa realidade. Descobrimos, porém, que *é possível* seguir uma abordagem que leva em conta os diferentes requisitos dos vários níveis de liderança. Antes de falarmos sobre nosso modelo de pipeline de liderança e como ele funciona, gostaríamos de discutir de que forma a demanda por liderança aumentou sem que a oferta de líderes acompanhasse esse ritmo.

A dificuldade de encontrar e desenvolver líderes: Nova Economia, globalização e perspectivas organizacionais

Embora muitos fatores tenham contribuído para o aumento da demanda por líderes, um dos mais importantes é a revolução da tecnologia da informação.

A Nova Economia elevou a consciência organizacional sobre o capital humano dos negócios. Empreendimentos típicos da Nova Economia (baseada nos serviços) não apenas pregaram que as pessoas têm imenso valor como colocaram isso em prática. As empresas pontocom atraíram indivíduos altamente talentosos com a promessa de grande riqueza mediante opções de ações, envolvimento imediato em um trabalho cheio de propósito e outros benefícios. Estudantes de MBA aceitaram cargos temporários nessas empresas e nunca retornaram para concluir os estudos. Ao contrário das empresas tradicionais, as pontocom continuam cortejando os funcionários depois de contratá-los, oferecendo um trabalho empoderador, aprendizado contínuo e comunicação clara.

Enquanto drenavam os talentos de liderança das organizações tradicionais, essas empresas da Nova Economia também geraram um novo conjunto de problemas de liderança:

Fundadores e CEOs precisam mudar a natureza de seu trabalho de acordo com o crescimento da empresa. Diante do rápido crescimento desses negócios, os líderes precisam passar para novos níveis de liderança com uma velocidade espantosa. Um dia estão realizando um trabalho de gerência de primeiro nível e no seguinte passam a estabelecer alianças e a representar a organização em escala global. Desnecessário dizer que muitos dos fundadores de empresas pontocom enfrentam dificuldades com essas transições vertiginosas.

Não existem líderes suficientes e poucos estão sendo desenvolvidos internamente. Segundo estimativas de firmas especializadas em seleção de executivos, o número de vagas de CEO em empresas pontocom no final de 1999 chegava à casa do milhar. Quando perguntaram a Meg Whitman, presidente do eBay, qual tinha sido seu maior erro, ela respondeu que foi não ter trazido líderes pesos-pesados suficientes com a rapidez necessária.

Novas habilidades de liderança horizontal são necessárias. As empresas da Nova Economia crescem horizontalmente por meio de alianças e parcerias. A integração eficaz (gestão da interface organizacional) desses parceiros é um requisito fundamental que os gerentes acostumados ao crescimento vertical podem ter dificuldade de realizar.

Empresas da antiga economia estão competindo por talentos da Nova Economia. Diversas organizações tradicionais fizeram grandes avanços em empreendimentos virtuais. Quase todos os setores da "antiga economia" – como o automobilístico, o de serviços financeiros e o de turismo – deram grandes passos para atuar no comércio eletrônico. Com isso, a batalha por talentos de liderança nessa área tornou-se ainda mais intensa.

Isso tudo significa que encontrar os tipos certos de líder com as habilidades adequadas está se mostrando uma tarefa cada vez mais difícil. A Nova Economia também tornou mais complexo o desenvolvimento desses líderes, já que as pessoas precisam adquirir habilidades que não fazem parte do pacote de liderança tradicional.

Outro aspecto relevante é que, nos últimos 20 anos, as organizações perceberam que precisam de lideranças locais por causa da crescente globalização. Ordens e estratégias oriundas do escritório central precisam ser interpretadas e aplicadas localmente. Questões como diferenças culturais, exigências de clientes e hábitos de trabalho típicos de cada região requerem conhecimento específico. A liderança local, portanto, tornou-se uma mercadoria valorizada. Além disso, é fundamental que os gestores cuidem do equilíbrio entre questões globais e locais.

Talvez a consequência mais notória do novo cenário seja o fato de que a falta de desenvolvimento eficaz de talentos dentro das organizações contribuiu para o déficit de lideranças. Não se trata apenas de as empresas terem falhado em treinar o pessoal de linha de frente para usar o poder concedido pela revolução da informação ou de as empresas não terem conseguido desenvolver gerentes capazes de exercer liderança local. O problema é mais amplo e profundo. Parte dele é histórico e remete ao fim da década de 1970, quando as empresas cortaram custos para se tornar mais competitivas frente aos aumentos drásticos do preço do petróleo e à inundação de produtos fabricados em países com mão de obra mais barata. Elas diminuíram substancialmente os investimentos no desenvolvimento dos talentos dos funcionários. Cursos de treinamento, tarefas de desenvolvimento e o tempo que o gestor dedicava ao coaching foram muito reduzidos ou até suprimidos. Embora algumas dessas iniciativas tenham sido retomadas na década de 1990, muitas pessoas em papéis-chave hoje são produto dessa era "sem dinheiro para desenvolvimento". Além disso, houve uma onda de programas de desenvolvimento sem muita substância. O resultado é que muitos executivos nunca foram plenamente treinados para desempenhar seus papéis.

É importante ressaltar também que as organizações com frequência não encaram o desenvolvimento como algo fundamental à estratégia de negócios, vendo-o apenas como parte da função de recursos humanos. Os CEOs não investem tempo nisso porque acreditam tratar-se de algo fora de sua área de atuação. Uma mentalidade organizacional comum é encarar as funções de cada cargo como "trabalho a ser feito", não como oportunidades de desenvolvimento. E o que é pior: pouco se reconhece que há níveis diferentes de liderança e que as pessoas precisam fazer transições de habilidades e valores em cada novo nível.

São poucas as organizações que pensam sobre as competências centrais e as experiências necessárias para o sucesso em cada nível, ou que levam em conta as necessidades de desenvolvimento de liderança de um gerente iniciante *versus* aquelas de um gestor funcional. Em geral, o foco recai nos traços pessoais e na competência técnica. As organizações promovem as pessoas com a expectativa de que elas tenham os conhecimentos e as habilidades para lidar com o serviço em vez de os conhecimentos e as habilidades para lidar com determinado nível de liderança. Presumem que, se tiveram um bom desempenho em um cargo, provavelmente elas também serão boas no próximo.

Diante de tudo isso, não deve surpreender que o pipeline de liderança esteja esvaziado. O que surpreende é a reação das organizações a esse cenário: a adoção da estratégia dos "melhores e mais brilhantes". As empresas agem como se pudessem resolver o problema de liderança buscando e cultivando os talentos superiores. Contratar pessoas notáveis faz sentido enquanto tática, mas não enquanto estratégia. É claro que, se existe um indivíduo altamente talentoso que pode ser recrutado para a organização, deve-se fazê-lo. Do ponto de vista estratégico, porém, essa abordagem não funciona por causa da escassez de indivíduos altamente talentosos. Outra questão importante é que, além do alto custo para contratar essas pessoas, é provável que elas nunca se desenvolvam de modo pleno. Os astros do mundo dos negócios costumam mudar de emprego ou empresa com tanta frequência que têm dificuldade em terminar o que começaram. Eles não permanecem em um lugar por tempo suficiente para aprender com os erros, dominar as habilidades certas ou adquirir a experiência necessária para um desempenho de alto nível sustentável.

Embora possam contribuir muito para qualquer empresa, a quantidade existente de astros não dá conta da demanda. Graças à revolução da tecnologia da informação, à globalização e a outros fatores, a liderança é um requisito em todos os níveis das organizações. Para cumprir as promessas cada vez mais ambiciosas feitas a clientes, acionistas, funcionários e outros interessados, é preciso mais do que nunca contar com gestores de alto desempenho. Isso significa encontrar um método que assegure que mais gestores estarão preparados e assumirão os níveis certos de liderança.

Potencial de liderança inexplorado

Se precisamos de mais líderes em mais níveis – e se precisamos desenvolvê-los em vez de adquiri-los –, a questão do potencial naturalmente vem à tona. O vendedor comum de hoje pode se tornar o líder de vendas "ideal para o cargo" de amanhã? Ainda que o trabalho seja diferente, nossa experiência demonstra que pode, porque o *potencial não é fixo*. Acreditamos na capacidade das pessoas de crescer, pois a sociedade não pode alcançar o progresso econômico ou cultural sem isso. Com frequência, porém, os executivos encaram o potencial como um conceito abstrato que desafia definições. Dessa forma, é difícil entendê-lo como algo que muda com o tempo. Quando o potencial é definido como o tipo de trabalho que alguém pode fazer no futuro, fica mais fácil vê-lo como um conceito dinâmico. Esse potencial para o trabalho no futuro baseia-se em habilidades e experiência acumuladas, e é evidenciado por realizações passadas, capacidade de aprender habilidades novas e disposição a assumir atribuições maiores e mais complexas ou de melhor qualidade. Quanto mais as pessoas realizam, maior o aprendizado. A disposição a enfrentar desafios novos aumenta conforme os desafios atuais são superados. Estimulado pela natureza mutável do trabalho, por oportunidades globais e aprendizado on-line, o potencial das pessoas muda diversas vezes ao longo de uma carreira. Elas podem, e conseguem, se reinventar.

Isso quer dizer que é preciso manter a mente aberta e otimista sobre quem poderia se tornar a pessoa certa para determinada posição de liderança. Técnicos habilidosos podem se tornar gerentes; gerentes que parecem entrincheirados em suas funções podem liderar equipes multifuncionais.

Para aproveitar esse potencial, é preciso discernir os verdadeiros requisitos do trabalho em níveis-chave de liderança e o que é necessário para fazer a transição de um nível para o próximo com sucesso. É compatibilizando o potencial do indivíduo com uma série de requisitos que se constroem os pipelines. O modelo de pipeline de liderança ajudará você a alcançar esses objetivos.

Passagens pelo pipeline

Para construir sua base de liderança, o ponto de partida é entender a hierarquia natural do trabalho que existe na maioria das empresas (o foco aqui é no trabalho gerencial de liderança, não nas contribuições técnicas ou profissionais). Em uma grande organização comercial descentralizada, essa hierarquia toma a forma de seis passagens de carreira ou curvas no pipeline. O pipeline não é um cilindro reto, mas um duto arqueado em seis pontos. Cada uma dessas passagens representa uma mudança de posição na empresa – um nível e uma complexidade de liderança diferentes –, na qual uma curva considerável precisa ser feita. Essas curvas envolvem uma mudança significativa nos requisitos do cargo, demandando novas habilidades, aplicações de tempo e outros valores profissionais.

O gráfico na Figura I.1 ilustra as seis grandes passagens que os líderes podem encontrar.

Embora existam outras passagens menores entre essas seis principais, não queremos nos ater aos detalhes neste momento. Para nosso propósito, é importante simplesmente entender em que consistem essas seis. Nas páginas

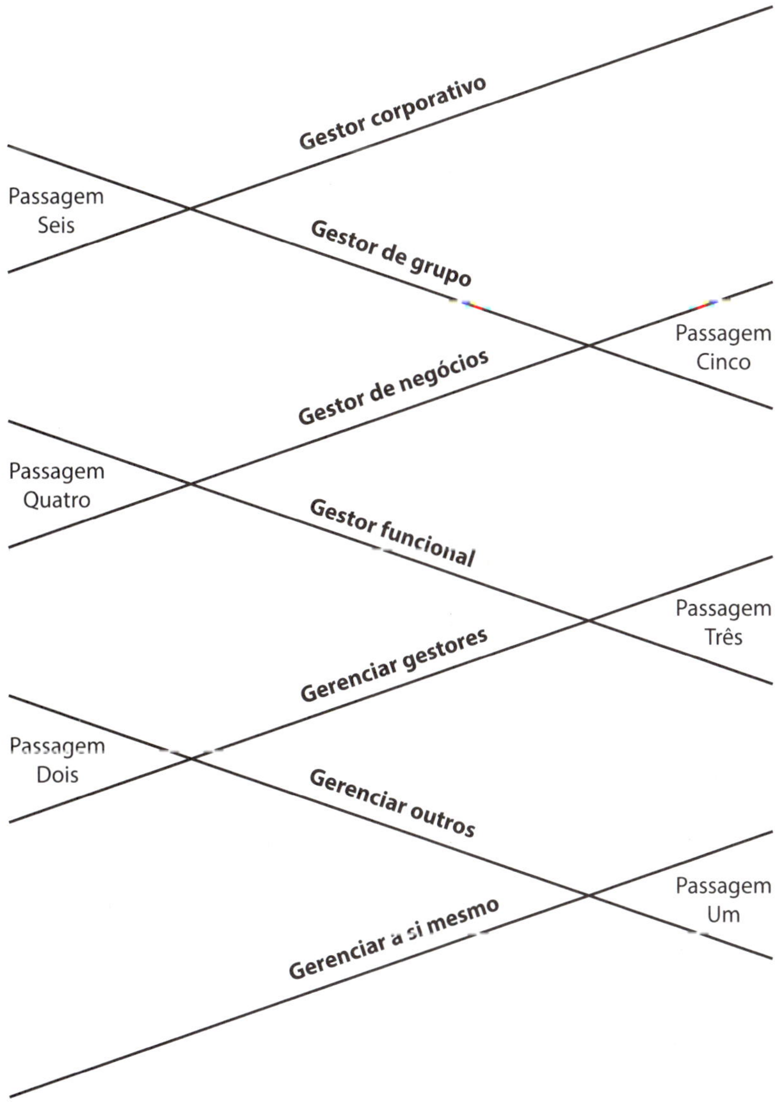

Figura I.1 Passagens de carreira decisivas em uma grande empresa

Nota: Cada passagem representa uma mudança considerável nas exigências do cargo, que se traduz em novos requisitos de habilidades, novos horizontes e novo gerenciamento de tempo, além de novos valores profissionais. Baseada no trabalho feito inicialmente por Walter Mahler, denominado Encruzilhadas Críticas de Carreira.

a seguir vamos explorar as seis passagens de liderança de forma minuciosa, identificando as habilidades, o uso do tempo e os valores profissionais específicos de cada uma. Reconhecer os requisitos e as armadilhas associados a elas é crucial, não apenas para os próprios líderes, mas também para seus chefes e subordinados. Com uma compreensão universal do modelo, os chefes oferecerão melhor coaching e uma postura diferenciada em relação às responsabilidades, e os subordinados poderão ser mais solidários ao reconhecerem os problemas que seus gestores enfrentam.

À medida que se familiarizar com cada passagem de liderança, você se pegará pensando sobre carreiras e planejando o desenvolvimento a partir de uma perspectiva renovada. O mais importante é que essa perspectiva apresentará os vislumbres necessários para manter seu pipeline de liderança fluindo. E não apenas o ajudará a estruturar um processo para desenvolver líderes em todos os níveis, mas também possibilitará que você assegure que estão trabalhando nos níveis corretos. Como é possível constatar, cada passagem requer que as pessoas adquiram uma nova forma de gerir e liderar, e que deixem seus velhos hábitos para trás nas três áreas seguintes:

- Habilidades necessárias – as novas capacidades requeridas para executar responsabilidades diferentes;
- Gerenciamento de tempo – novas formas de organizar o tempo, determinando o modo como alguém trabalha;
- Valores profissionais – o que as pessoas acreditam ser importante, tornando-se assim o foco de seus esforços.

O desafio para as organizações é assegurar que as pessoas nas posições de liderança sejam designadas para o nível adequado às suas habilidades, ao gerenciamento de tempo e aos valores profissionais. Infelizmente, é comum muitos gestores trabalharem no nível errado: apegam-se aos valores próprios da Passagem Um (gerenciar outros) embora estejam atuando na Passagem Dois (gerenciar gestores), ou não adquiriram as habilidades ou a expertise de gerenciamento de tempo apropriadas a seu nível atual. Com isso, além de serem líderes menos eficazes (ou ineficazes), exercem um impacto negativo nas pessoas que gerenciam.

Se você pensar na metáfora da tubulação, compreenderá como ela pode ficar obstruída nas curvas. Imagine uma empresa em que mais da metade dos gestores em cada curva está operando com habilidades, gerenciamento de tempo e valores inadequados a seus níveis: ou saltaram um nível e nunca aprenderam o que é necessário, ou então estão apegados a uma forma antiga de gestão que funcionou no passado. Em algumas empresas, ao menos metade das pessoas em posições de liderança está trabalhando bem abaixo do patamar para o qual foram designadas. Elas têm potencial para serem líderes, mas esse potencial não vem se concretizando. Resumindo, estão estagnadas e obstruindo o sistema (permanecer tempo demais em uma passagem também pode obstruir o sistema).

Vejamos os exemplos de duas pessoas com potencial de liderança que ficaram estagnadas dessa maneira.

Duas curvas de liderança que dão trabalho a muitas pessoas

Bob está na Passagem Um – de gerenciar a si mesmo a gerenciar outros – e recentemente foi promovido a gerente de sua equipe. Bob se mostrara um exímio engenheiro, o melhor em solucionar os problemas do departamento. Do ponto de vista técnico, ele era superior, fato que lhe valeu a promoção. Como gerente, porém, Bob confia em uma abordagem prática, de resolução de problemas, que funcionara para ele enquanto colaborador individual nos últimos sete anos. É um estilo de trabalho que ele aprecia e com o qual se sente à vontade. Seus valores profissionais determinam que ele encontre a solução de engenharia sozinho. Mas isso também impede que demonstre a liderança de que é capaz. Com isso, Bob acaba competindo com os próprios subordinados diretos quando lhes atribui uma tarefa. Sufoca-os psicologicamente, desperdiçando o próprio tempo e o dos outros. Ele precisa parar de contar só com suas habilidades e de valorizar sua capacidade de resolver problemas sozinho para, em vez disso, aprender a planejar o trabalho que precisa ser feito, selecionar pessoas capazes de fazê-lo, fixar objetivos, responsabilizar as pessoas pelos resultados e oferecer feedback. Bob precisa aprender tudo isso para ser um líder eficaz não apenas agora, mas também no futuro. Essa primeira curva é onde ele vai adquirir habilidades de gestão de pessoal e liderança de equipe – habilidades que lhe serão essenciais quando alcançar as passagens seguintes.

Mary, uma ex-gerente de vendas, agora é chefe de uma unidade de negócios. Ela está na Passagem Quatro: de gestor funcional a gestor de negócios. No decorrer de sua carreira, Mary era agressiva na busca por novos clientes e sempre gostou da dinâmica fornecedor-cliente, dedicando muito tempo a interações cara a cara. Tem sido muito inovadora no atendimento e, graças à sua abordagem, sistematicamente atinge ou excede as metas de vendas para seu grupo. Como chefe de uma unidade de negócios, Mary vem deparando com uma série de problemas. Está achando difícil se comunicar com pessoas em funções diferentes da sua e criar um modelo de negócios que seu pessoal seja capaz de entender e com o qual possa se identificar. Ela não entende por que a Engenharia e a Manufatura estão sempre em desacordo e por que as entregas de produtos novos atrasam tanto. Frustrada por sua incapacidade de fazer o que é preciso, Mary decide que poderá "forçar a barra" utilizando-se de seus pontos fortes. Ao se concentrar em aprofundar e assegurar os relacionamentos com os clientes, está de volta à sua zona de conforto. No entanto, esse é apenas um dos muitos papéis que ela precisa desempenhar em sua atual posição de liderança. É a primeira vez que Mary encabeça uma equipe multifuncional e ela não valoriza as contribuições de cada divisão nem entende sua participação no sucesso do empreendimento. Ela precisa se tornar uma gestora mais estratégica e menos operacional para ser eficaz em seu nível atual.

O compromisso de preencher o pipeline de liderança

Ajudar pessoas como Bob e Mary a transpor curvas exige um compromisso – não apenas de tempo e dinheiro, mas também de energia e emoção. Significa reconhecer que atrair líderes de outras empresas ou oferecer programas de treinamento simplistas não preencherão o pipeline. Para desenvolver líderes eficazes em todos os níveis, as organizações precisam identificar precocemente candidatos a líder, oferecer-lhes tarefas para seu crescimento, dar-lhes feedback útil e aconselhá-los. E precisam realizar essas e outras medidas dentro do modelo de pipeline de liderança. Sem um processo que ajude os gestores a adotar as habilidades, o gerenciamento de tempo e os valores adequados a cada nível de liderança, nenhum tipo de treinamento ou coaching terá grande impacto.

Ao longo dos anos, trabalhamos com muitas empresas que assumiram um compromisso com esse conceito de pipeline (ainda que nem sempre utilizem a terminologia que empregaremos aqui). Vamos falar um pouco sobre duas delas.

Na General Electric, existe um forte empenho em facilitar as transições de liderança que discutimos (embora seus níveis de liderança sejam rotulados de forma um pouco diferente de nosso modelo: eles usam "novo gerente", "líder funcional", "gerente geral" e "executivo/grupo múltiplo de negócios"). Suas instalações em Crotonville, a mais famosa universidade corporativa do mundo, desempenham um papel importante nas experiências de desenvolvimento da liderança da GE. A empresa tem um processo de planejamento de sucessão chamado "Sessão C", e um dos objetivos é avaliar a propensão de cada indivíduo a alcançar um novo patamar na carreira ou fazer uma curva de liderança, bem como programas de treinamento que os ajudam a aprender habilidades de negócios, de liderança e culturais a cada curva. Não é por acaso que a organização sempre contou com diversos candidatos altamente qualificados aguardando para suceder o CEO no momento de sua aposentadoria e também tem a merecida reputação de ser uma plataforma de lançamento para líderes (tanto dentro da própria empresa quanto para outras organizações). A GE não dispõe de uma força de trabalho mais inteligente ou mais talentosa do que outras empresas. As vantagens da liderança da GE resultam do investimento que ela fez em desenvolver os próprios líderes e de seu reconhecimento de que a liderança gira em torno de dominar certos valores e habilidades em cada nível.

O Citigroup é outra empresa que assumiu esse compromisso na década de 1990, tendo sido muito bem-sucedido em ajudar as pessoas na difícil transição de uma orientação transacional para os primeiros cargos de responsabilidade por lucros e perdas, como gestores de negócios. Um programa de um ano para esses indivíduos – muitos dos quais recém-designados diretores-gerais em outros países – ajudou-os a desenvolver habilidades técnicas, como gestão estratégica de custos, bem como valores e habilidades interpessoais. No tocante a estes últimos, o programa forneceu um volume significativo de coaching, bem como interações com executivos seniores do Citigroup. Como você deve imaginar, um programa de um ano para todo um nível da gerência representa um investimento considerável, mas que traz um grande retorno, sobretudo se for medido em função de líderes trabalhando com plena capacidade.

Compreensão das passagens e como usá-las

Este livro está informalmente dividido em duas seções. A primeira (Capítulos 1 a 7) concentra-se em definir cada passagem de liderança e ilustrar as habilidades, o gerenciamento de tempo e os valores necessários para transpor a passagem com êxito. Para manter o pipeline de liderança completo e fluindo, é fundamental ter conhecimento dos requisitos específicos, dos problemas comuns que os gestores vivenciam ao fazer a passagem e dos comportamentos ou atitudes característicos de alguém com dificuldade em fazê-la. Quando as organizações começam a pensar em termos de requisitos de pipeline em vez de responsabilidades do cargo, ficam em melhor posição para desenvolver seus líderes.

A segunda seção concentra-se em como aplicar o pipeline a problemas e oportunidades de liderança dentro de uma empresa. Os Capítulos 8 a 14 ajudarão você a diagnosticar problemas do pipeline, criar planos de desenvolvimento e gerir com maior eficácia o desempenho da liderança. Nessa segunda seção você também encontrará ferramentas e técnicas para realizar coaching de líderes, lidar com questões de sucessão, impedir falhas de liderança e conservar o fluxo no ramo funcional do pipeline.

Qualquer que seja o tipo de organização em que você está ou seu nível de responsabilidade, as informações nos capítulos a seguir serão aplicáveis ao seu contexto. O pipeline é um modelo bastante flexível e as organizações podem adaptá-lo às próprias situações e necessidades. Também é um modelo cuja concepção levou em conta as responsabilidades mutáveis da liderança. As noções tradicionais do que um líder necessita ser e fazer já não são válidas. A Nova Economia e outros fatores que discutimos estão criando novos requisitos em todos os níveis de liderança.

Para usar a abordagem de pipeline de liderança com eficácia, você precisa desafiar as ideias tradicionais de liderança. Não é possível desenvolver líderes sem uma meta de desenvolvimento precisa, o que significa reconhecer que os papéis e as responsabilidades deles mudaram. O conceito multinível e multidimensional de liderança é uma realidade na vida corporativa moderna e, se você começar a desenvolver líderes com essa nova realidade em mente, será bem mais fácil fazer esse modelo funcionar para você e sua organização.

Por fim, gostaríamos de alertá-lo contra a implementação "mecânica" do conceito de pipeline. Vimos muitas empresas associarem o planejamento de sucessão ao desenvolvimento de liderança. Os critérios que o pipeline estabelece para a liderança são diferentes dos que o planejamento de sucessão costuma exigir. Pedimos que você adote um pensamento holístico, tendo em mente a complexidade do ser humano.

1

Seis passagens de liderança

Visão geral

As seis curvas no pipeline que discutiremos aqui são grandes eventos na carreira de um líder. Elas representam passagens importantes, que não se pode dominar em um dia ou fazendo um curso. Nossa meta é ajudá-lo a se familiarizar com as habilidades, o gerenciamento de tempo e os valores profissionais exigidos por cada passagem, bem como fazê-lo compreender essa configuração de liderança particular. Ao entender o que essas passagens implicam e os desafios envolvidos em cada transição de liderança, você estará em melhor posição para usar essas informações a fim de desobstruir o pipeline de liderança de sua organização e facilitar o próprio crescimento como líder. Percorrer essas passagens ajuda os gestores a desenvolver força emocional à medida que assumem tarefas de complexidade e alcance crescentes. Os seis capítulos a seguir fornecerão ideias e ferramentas para atingir o desempenho pleno em todos os níveis de liderança.

Ao ler sobre cada passagem, você vai naturalmente passar a aplicá-las à sua empresa e poderá questionar como definimos e dividimos cada curva no pipeline. É possível que logo pense em ao menos uma (ou talvez mais) transição de liderança aplicável à própria realidade e que não abordamos no modelo de pipeline de liderança. Embora de fato existam outras transições, são pequenas ou incompletas demais para serem consideradas grandes passagens.

Por exemplo, muitas empresas globais possuem gerentes gerais de negócios no nível do país e executivos regionais responsáveis por diversos países. Esses executivos regionais se subordinam a uma pessoa com um cargo como chefe de bens de consumo globais. Embora esse chefe gerencie gestores de grupo (os executivos regionais, nesse caso), ele não é um gestor corporativo, pois se subordina ao CEO ou presidente e tem pouca responsabilidade por questões de lucros e perdas corporativos. Para nossos propósitos aqui, nós o classificaríamos como gestor de grupo, embora possa se responsabilizar por outros gestores de grupo.

De forma semelhante, você pode questionar por que a transição de membro da equipe a líder da equipe não merece a própria passagem. Em primeiro lugar, isso costuma ser um subconjunto da Passagem Um (de gerenciar a si mesmo a gerenciar outros). Segundo, líderes de equipe em geral não têm autoridade para tomada de decisões sobre seleção e recompensas que gerentes de primeiro nível recebem. Terceiro, líderes de equipe costumam se concentrar em questões técnicas ou profissionais (cuidando da realização de um projeto ou programa) e não são testados em áreas de gestão mais gerais.

Cada organização é única, e cada uma delas possui ao menos uma passagem de liderança com aspectos singulares. No entanto, é provável que você consiga enquadrar essa passagem singular em uma de nossas seis passagens. À medida que se familiarizar com cada uma, acreditamos que verá como se aplicam à sua situação. Se existe uma passagem em sua empresa que não se enquadra em nosso modelo, crie a própria definição da transição e informe-nos a respeito.

Passagem Um: de gerenciar a si mesmo a gerenciar outros

Funcionários novatos jovens costumam passar seus primeiros anos em uma organização como colaboradores individuais. Quer atuem em vendas, contabilidade, engenharia ou marketing, seus requisitos de habilidades são basicamente técnicos ou profissionais. Contribuem fazendo o trabalho designado dentro de determinados períodos de tempo e de modo a atingir objetivos. Ao aguçarem e ampliarem as habilidades individuais, fornecem contribuições crescentes e são então considerados "promovíveis" pelas organizações. Do ponto de vista de gerenciamento de tempo, o aprendizado envolve planejamento (de modo que o trabalho seja concluído a tempo), pontualidade, conteúdo, qualidade e confiabilidade. Os valores profissionais a serem desenvolvidos incluem incorporação da cultura da empresa e adoção de padrões profissionais. Quando os funcionários se tornam colaboradores individuais qualificados que produzem bons resultados – em particular quando demonstram a capacidade de colaborar com os outros –, costumam receber responsabilidades adicionais. Quando demonstram capacidade de enfrentar essas responsabilidades e respeitar os valores da empresa, costumam ser promovidos a gerente de primeiro nível.

Quando isso acontece, estão na Passagem Um. Embora talvez pareça uma passagem de liderança natural e fácil, é aí que muitas pessoas tropeçam. As de melhor desempenho, em especial, relutam em mudar. Querem continuar realizando as atividades que as tornaram bem-sucedidas. Com isso, passam do cargo de colaborador individual para o de gestor sem fazer uma transição comportamental ou baseada em valores. De fato, tornam-se gestores sem aceitar os requisitos. Muitos consultores, por exemplo, pularam essa curva, passando da liderança de equipe transitória para líder corporativo sem absorver a maior parte do aprendizado intermediário. Quando líderes corporativos perdem essa passagem, o resultado costuma ser desastroso.

As habilidades que devem ser adquiridas nessa primeira passagem de liderança incluem planejar o trabalho, preencher cargos, atribuir tarefas, motivar, aconselhar e avaliar o trabalho dos outros. Gestores de primeira viagem precisam aprender a realocar seu tempo de forma a não somente concluir o trabalho que lhes é atribuído como também ajudar os outros a terem um desempenho eficaz. Eles não podem dedicar todo o tempo a apagar incêndios, lidando com as tarefas sozinhos. Devem mudar de "realizar" o trabalho para fazer com que o trabalho seja realizado por outras pessoas.

Distribuir o tempo entre as novas tarefas é um requisito transicional especialmente difícil para gestores de primeira viagem. Parte do problema é que muitos gestores novatos ainda preferem destinar seu tempo ao trabalho "antigo", mesmo que assumam o controle de uma equipe. Mas a pressão para gastar menos tempo no trabalho individual e mais tempo com a gestão aumentará a cada passagem, e, se as pessoas não fazem mudanças no modo como gerenciam o tempo desde o princípio, estarão fadadas a se tornarem um obstáculo ao subir na empresa. Esse é um motivo importante de obstrução do pipeline e do fracasso dos líderes.

A mudança mais difícil para os gestores na Passagem Um, porém, envolve valores. Eles precisam aprender a valorizar o trabalho gerencial em vez de apenas tolerá-lo. Devem entender que disponibilizar tempo para os outros, planejar, aconselhar e atividades semelhantes são tarefas necessárias e parte de sua responsabilidade. Mais do que isso, precisam enxergar esse trabalho voltado para os outros como algo indispensável ao próprio sucesso. Por exemplo, gerentes do conhecimento de primeiro nível no setor de serviços financeiros acham essa transição muito difícil. Eles valorizam ser produtores e devem aprender a valorizar fazer os outros serem produtivos. Uma vez que esses valores não tinham qualquer relação com seu sucesso como colaboradores individuais, é difícil fazer essa transição, pois não se adequa ao que consideram significativo. Enquanto mudanças em habilidades e gerenciamento de tempo podem ser vistas e medidas, mudanças nos valores são mais difíceis de avaliar. Talvez a pessoa *pareça* estar fazendo as mudanças exigidas por essa curva de liderança, quando na verdade está se atendo aos valores do colaborador individual. Mudanças de valores só ocorrerão se o chefe desse gestor reforçar a necessidade de mudar as crenças e se as pessoas acharem que estão tendo êxito em seus novos cargos após uma mudança de valor.

Passagem Dois: de gerenciar outros a gerenciar gestores

Essa passagem de liderança costuma ser ignorada, sobretudo em relação à passagem anterior (na qual a transição para novas responsabilidades é mais óbvia). Poucas empresas abordam essa passagem diretamente em seu treinamento, embora seja o nível em que a base de gestão de uma empresa é construída. Gestores de nível dois selecionam e desenvolvem as pessoas que acabarão se tornando os líderes da empresa.

Talvez a maior diferença em relação à passagem anterior é que o trabalho dos gestores precisa ter foco exclusivo na gestão. Antes disso, as contribuições individuais ainda faziam parte da descrição do cargo. Agora, é preciso abrir mão das tarefas individuais. As principais habilidades que devem ser dominadas durante essa transição incluem selecionar as pessoas que deverão percorrer a Passagem Um, atribuir-lhes tarefas gerenciais e de liderança, avaliar seu progresso como gestores e fazer coaching. Esse também é o ponto em que os gerentes de gestores devem começar a pensar além de suas funções e se voltar a questões estratégicas que sustentam o negócio como um todo.

Tudo isso é difícil de colocar em prática se o gestor nessa passagem ainda valorizar as contribuições individuais e o trabalho funcional em detrimento de todo o resto. Com frequência, pessoas que foram promovidas a posições de gerentes de gestores pularam a Passagem Um. Foram promovidas a gerentes de primeiro nível sem mudar suas habilidades, o gerenciamento de tempo ou os valores profissionais. Como resultado, obstruem o pipeline de liderança por considerarem gerentes de primeiro nível responsáveis por tarefas técnicas em vez de trabalho gerencial. Como eles próprios pularam a primeira passagem e ainda valorizam as contribuições individuais acima das gerenciais, ajudam a manter e até infundir os valores errados naqueles que lhes são subordinados. Escolhem grandes realizadores técnicos para cargos de gestão de primeiro nível em vez de verdadeiros líderes potenciais, pois não conseguem distinguir entre as pessoas capazes de realizar e aquelas capazes de liderar.

Os gestores na Passagem Dois precisam ser capazes de identificar a resistência ao trabalho gerencial baseada em valores, que é uma reação comum entre gerentes de primeiro nível. Precisam reconhecer que o desenvolvedor de software que preferiria criar um software a gerenciar outros profissionais não pode ascender ao trabalho de liderança. Por mais brilhante que possa ser tecnicamente, ele se tornará um obstáculo no pipeline de liderança se o trabalho de gerir e liderar pessoas não lhe trouxer satisfação. De fato, uma das difíceis responsabilidades dos que gerenciam gestores é devolver os gerentes de primeiro nível ao papel de colaboradores individuais se não conseguirem mudar seus comportamentos e valores.

O coaching também é essencial nesse nível, porque gerentes de primeiro nível com frequência não recebem treinamento formal sobre como gerenciar e dependem de seus chefes para instruí-los sobre o trabalho. Coaching requer tempo – é preciso percorrer o ciclo de instrução-desempenho-feedback com o pessoal repetidas vezes até que as lições sejam assimiladas – e alguns gestores não estão dispostos a realocar seu tempo desse modo. Em muitas organizações, a capacidade de realizar coaching não é recompensada (e sua ausência não é penalizada). Não surpreende que relativamente poucos gestores considerem o coaching uma atividade fundamental.

Passagem Três: de gerenciar gestores a gestor funcional

Essa transição é mais difícil do que parece. Embora à primeira vista a diferença entre gerenciar gestores e a gerência funcional possa parecer insignificante, há uma série de desafios importantes que permanecem ocultos. A comunicação com o nível do colaborador individual agora precisa percorrer ao menos dois níveis de gerência, exigindo assim o desenvolvimento de novas habilidades de comunicação. Além disso, líderes funcionais precisam gerir certas áreas que estão fora de sua expertise. Isso significa que precisam não apenas procurar entender esse trabalho "estranho", mas também aprender a valorizá-lo.

Ao mesmo tempo, gestores funcionais estão subordinados a gerentes gerais multifuncionais e, portanto, precisam se tornar hábeis em considerar outras preocupações funcionais e necessidades. Duas grandes habilidades transicionais são o trabalho em equipe com outros gestores funcionais e a competição por recursos baseada nas necessidades do negócio. Dessa forma, os gestores nessa curva devem se tornar estrategistas competentes, não apenas para a divisão funcional, mas também para mesclar sua estratégia funcional com a estratégia geral da empresa. Do ponto de vista do gerenciamento de tempo, isso significa participar de reuniões da equipe de negócios e trabalhar com outros gestores funcionais. Tudo isso reduz o tempo gasto em responsabilidades puramente funcionais, tornando essencial que os gestores funcionais deleguem a subordinados diretos a responsabilidade por supervisionar muitas tarefas funcionais.

Essa passagem de liderança requer um aumento da maturidade gerencial, o que significa pensar e agir como um líder funcional, em vez de um membro funcional. Mas também significa que os gestores precisam adotar uma perspectiva ampla, de longo prazo. A estratégia de longo prazo, bem como o pensamento de vanguarda para sua função, é o que costuma preocupar a maioria dos gestores aqui. Nesse nível, sua liderança implica criar uma estratégia funcional que permita fazer algo melhor do que a concorrência. Seja apresentando um método para criar produtos mais inovadores ou descobrindo um meio de atingir novos grupos de clientes, esses gestores precisam desafiar os limites funcionais. E precisam fazê-lo visando o futuro, buscando uma vantagem competitiva sustentável em vez de uma vantagem imediata porém temporária.

> As experiências de Tom ilustram os desafios enfrentados por novos gestores funcionais. Seis meses atrás, Tom foi promovido a diretor de operações da fábrica. Nessa posição, possui cinco subordinados diretos: quatro que dirigem fábricas grandes e um que é responsável pela compra de matérias-primas. Embora a experiência de Tom o tenha familiarizado com vendas, finanças e outras áreas funcionais, ele tem dificuldade em planejar além das necessidades funcionais imediatas e em se manter em contato com os trabalhadores da linha de produção, onde ocorre a ação. Não só é difícil para Tom definir os passos necessários para que as fábricas se

tornem instalações mais integradas como também vem constatando que perdeu contato com muitos dos trabalhadores com quem costumava se comunicar com regularidade. Em muitas organizações, um sujeito como Tom prosseguiria de qualquer jeito e seus pontos fortes compensariam suas inabilidades, ao menos aparentemente. Mas, ao analisar mais criteriosamente, fica claro que Tom não alcançaria um bom desempenho em sua posição de liderança. Por exemplo, é importante que Tom desenvolva a habilidade de se comunicar com pessoas em níveis diferentes. Ele precisa saber, sem reduzir a autoridade dos gerentes de fábrica e do gerente de primeiro nível, em que os colaboradores individuais estão trabalhando e com que eficácia são gerenciados. Se Tom não desenvolver essa habilidade, pode alienar os gerentes de fábrica e o gerente de primeiro nível ao usurpar a autoridade deles, ou pode perder de vista a eficácia com que os subordinados diretos estão supervisionando seu pessoal.

Felizmente, a organização de Tom possui um programa de avaliação que identificou sua dificuldade na Passagem Três. Ela está lhe fornecendo coaching e a chance de participar de um excelente programa de desenvolvimento de executivos que o ajudará a desenvolver as habilidades requeridas nesse nível de liderança.

Passagem Quatro: de gestor funcional a gestor de negócios

Essa passagem de liderança costuma ser a mais satisfatória, bem como a mais desafiadora, da carreira de um gestor, e é de fundamental importância para as organizações. Gestores de negócios costumam ter grande autonomia, algo que as pessoas com instinto de liderança consideram libertador. Eles também conseguem enxergar um vínculo claro entre seus esforços e os resultados do mercado. Ao mesmo tempo, essa é uma curva acentuada, que exige grande mudança nas habilidades, no gerenciamento de tempo e nos valores profissionais. Não se trata apenas de se tornarem mais estratégicos e multifuncionais em seu pensamento (embora seja importante continuar desenvolvendo as habilidades consolidadadas no nível anterior). Agora essas pessoas estão encarregadas de integrar funções, ao passo que antes bastava entender outras funções e trabalhar com elas. No entanto, a maior mudança é deixar de olhar os planos e propostas funcionalmente (é possível fazer tal coisa do ponto de vista técnico, profissional ou físico?) para adotar uma perspectiva de lucro (ganharemos algum dinheiro se fizermos isso?) e uma visão de longo prazo (a lucratividade resultante é sustentável?). Novos gestores de negócios precisam mudar sua forma de pensar se quiserem ter sucesso.

É provável que existam mais responsabilidades novas e desconhecidas aqui do que em outros níveis. Para pessoas que estiveram em uma única área ou divisão funcional durante toda a carreira, uma posição de gestor de negócios representa um território inexplorado. De repente, precisam se tornar responsáveis por muitas divisões e resultados que não lhes são familiares. Não apenas têm que aprender a gerir diferentes divisões como também ser hábeis em trabalhar com muito mais gente do que antes. Precisam se tornar mais sensíveis a questões de diversidade funcional e se comunicar com clareza e eficácia. E, o que é ainda mais difícil, encontrar o equilíbrio entre metas futuras e necessidades presentes, fazendo escolhas entre as duas. Gestores de negócios precisam atingir metas de lucro trimestral, de participação de mercado, de produtos e de pessoal ao mesmo tempo que planejam metas para os próximos três a cinco anos. O paradoxo de equilibrar o pensamento de curto e de longo prazos atormenta muitos líderes nessa curva, razão pela qual um dos requisitos nesse nível é dispor de tempo para pensar. Os gestores precisam parar de *executar* a cada segundo do dia e reservar tempo para reflexão e análise.

Quando a realização dessa curva dos gestores de negócios não é plena, o pipeline de liderança logo fica obstruído. Por exemplo, uma falha comum nesse nível é não valorizar (ou não usar com eficácia) as funções de apoio. Dirigir e motivar os departamentos financeiro, de recursos humanos, jurídico e outros grupos de apoio são responsabilidades vitais do gestor de negócios. Quando não entendem nem valorizam a contribuição do pessoal de apoio, a equipe não alcança o desempenho pleno. Quando o líder do negócio deprecia ou diminui seus papéis, a equipe de apoio não se esforça e com facilidade pode se converter em dreno de energia. Gestores de negócios precisam aprender a confiar em todos os gestores funcionais, aceitar conselhos e receber feedback deles, ainda que eles mesmos nunca tenham passado por essas funções.

Passagem Cinco: de gestor de negócios a gestor de grupo

Essa é outra passagem de liderança que, à primeira vista, não parece tão difícil. O pressuposto é que, se você consegue gerir um negócio com sucesso, pode fazer o mesmo com dois ou mais negócios. A falha nesse raciocínio começa com o que é valorizado em cada nível de liderança: um gestor de negócios valoriza o sucesso do próprio negócio; já um gestor de grupo valoriza o sucesso dos negócios de outras pessoas. Trata-se de uma distinção fundamental, porque algumas pessoas só obtêm satisfação quando recebem a maior parte do crédito. Como é possível imaginar, um gestor de grupo que não valoriza o sucesso dos outros não será capaz de inspirar e apoiar o desempenho dos gestores de negócios subordinados a ele. Ou suas ações acabariam sendo determinadas pela frustração: ele está convencido de que conseguiria dirigir os diferentes negócios melhor do que qualquer um de seus gerentes e gostaria de poder estar fazendo isso. Em ambos os casos, o pipeline de liderança fica obstruído com gestores de negócios que não estão atuando em sua capacidade máxima, pois ou não recebem o apoio adequado, ou sua autoridade está sendo usurpada.

Esse nível também exige uma mudança crítica em quatro conjuntos de habilidades. Primeiro, os gestores de grupo precisam se tornar capazes de avaliar a estratégia para fins de alocação de capital e de pessoal. Essa é uma habilidade empresarial sofisticada que envolve aprender a fazer as perguntas adequadas, analisar os dados certos e aplicar a perspectiva corporativa correta para entender qual estratégia tem a maior probabilidade de obter sucesso e, portanto, deve ser financiada.

O segundo conjunto de habilidades envolve o desenvolvimento de gestores de negócios. Como parte desse desenvolvimento, gestores de grupo precisam saber quais gestores funcionais estão prontos para se tornar gestores de negócios. Responsabilizar-se pelo coaching de novos gestores de negócios também é um papel importante para esse nível.

O terceiro nível de habilidades tem a ver com a estratégia de portfólio. Isso é bem diferente da estratégia de negócios e exige uma mudança de percepção. É a primeira vez que os gestores têm que fazer estas perguntas: eu tenho o conjunto certo de negócios? Quais negócios devem ser acrescentados, abandonados ou modificados para nos posicionar apropriadamente e assegurar receitas atuais e futuras?

Já a quarta categoria de habilidades diz respeito à perspicácia dos gestores de grupo em avaliar se possuem as capacidades essenciais certas. Isso significa que eles não podem se enganar e precisam ser realistas e objetivos quanto ao próprio conjunto de recursos, fazendo um julgamento baseado na análise e na experiência.

A liderança torna-se mais holística nesse nível. As pessoas podem dominar as habilidades requeridas, mas não atingirão a plena capacidade de liderança se não começarem a se ver como executivos de visão ampla, ou seja, os gestores precisam levar em conta as complexidades de gerir várias empresas, pensando em termos de comunidade, setor, governo e atividades formais. Também é necessário estar pronto para tomar decisões maiores, assumir riscos e incertezas, e pensar mais em termos de longo prazo, algo inerente a esse nível de liderança. Gestores de grupo precisam estar sempre cientes do que o mercado espera que alcancem em termos de indicadores financeiros. Eles não podem levar uma mentalidade de especialista a um domínio que exige pensamento multidisciplinar; precisam evoluir sua perspectiva a ponto de ver as questões da maneira mais ampla possível.

Devemos observar ainda que algumas empresas menores não têm uma passagem de gestor de grupo. Nessas empresas, os CEOs costumam assumir as responsabilidades de um gestor desse nível.

Passagem Seis: de gestor de grupo a gestor corporativo

Quando o pipeline de liderança fica obstruído no topo, provoca um efeito negativo em todos os níveis. Um CEO que pulou uma ou mais passagens pode enfraquecer o desempenho não apenas dos gerentes que lhe estão diretamente subordinados, mas também dos indivíduos em todos os níveis abaixo. Além de deixar de desenvolver outros gestores com eficácia, esse CEO não cumpre as responsabilidades que vêm com o cargo.

A transição durante a sexta passagem está bem mais concentrada em valores do que em habilidades. Em um grau ainda maior do que no nível anterior, é preciso reinventar a autoimagem como gestores corporativos. Como líderes de uma instituição, é necessário que sejam pensadores de longo prazo, visionários. Ao mesmo tempo, precisam desenvolver mecanismos operacionais para conhecer e conduzir o desempenho trimestre após trimestre, mantendo-os em sintonia com a estratégia de longo prazo. Os dilemas envolvidos podem ser desconcertantes, e líderes corporativos aprendem a avaliá-los. Além disso, esse novo papel de liderança com frequência requer sensibilidade ao mercado bem desenvolvida e capacidade de gerir interessados externos, perceber mudanças de cenário importantes e agir proativamente (e não reativamente) sobre elas.

Líderes corporativos precisam lidar com o fato de que seu desempenho como CEO será baseado em três ou quatro decisões anuais de alta alavancagem. Portanto, é fundamental definir essas três ou quatro prioridades fundamentais para a missão e se concentrar nelas. Existe uma mudança de responsabilidade sutil porém fundamental do pensamento estratégico para o visionário e de uma perspectiva operacional para uma global. Existe também um processo de "desprendimento" que deve acontecer durante essa passagem, se não tiver ocorrido antes. Líderes corporativos precisam abrir mão das partes – ou seja, os produtos e os clientes individuais – e se concentrar no todo (quão bem concebemos, desenvolvemos, produzimos e comercializamos todos os produtos para todos os clientes?).

Por fim, nesse nível um CEO deve reunir uma equipe ambiciosa e de alto desempenho de subordinados diretos, mesmo sabendo que alguns deles cobiçam seu cargo. Essa também é a única posição de liderança na organização em que é fundamental inspirar todos os funcionários por meio de uma variedade de ferramentas de comunicação.

Problemas no pipeline de liderança ocorrem nesse nível por dois motivos comuns:

- Os CEOs muitas vezes não percebem que essa é uma passagem significativa que requer mudanças de valores.
- É difícil desenvolver um CEO para essa transição de liderança específica.

No que diz respeito ao segundo motivo, a preparação para o cargo de executivo principal é resultado de uma série de diferentes experiências por um longo tempo. A melhor abordagem de desenvolvimento fornece atribuições de tarefas selecionadas com cuidado que desafiem as pessoas ao longo do tempo e permitam que elas aprendam e pratiquem as habilidades necessárias. Embora o coaching possa ser útil como auxiliar desse processo de desenvolvimento, em geral as pessoas precisam de tempo, experiência e das atribuições certas a fim de evoluírem para CEOs eficazes.

Já o primeiro ponto é uma questão de vontade e esforço consciente. Vimos muitos CEOs falharem porque não viam necessidade de fazer essa curva de liderança – ou de fazê-la plenamente. Eles conservam as mesmas habilidades, os mesmos gerenciamento de tempo e valores profissionais que lhes serviram bem como gestores de grupo e nunca ajustam sua autoimagem para se adaptarem ao novo papel de liderança. Comportam-se como se estivessem dirigindo um portfólio de negócios, não uma entidade.

Adaptação do modelo às demandas de pequenas empresas

Esse modelo foi desenvolvido principalmente em grandes organizações, mas nós o utilizamos com sucesso em empresas de médio e pequeno portes (algumas com apenas 20 funcionários). Em essência, o modelo reflete a hierarquia de trabalho que existe em qualquer empresa. Mesmo pequenas organizações desenvolvem essa hierarquia ao se tornarem bem-sucedidas. Gostaríamos de sintetizar como o modelo se aplica a empresas menores, ainda em crescimento.

Em uma empresa pequena com menos de 20 pessoas, a única passagem de liderança real é uma variação de nossa primeira passagem: de gerenciar a si mesmo a *proprietário* (em vez de *gerenciar outros*). Em geral, esse proprietário-fundador precisa passar de colaborador individual a gerente de outras pessoas. Depois de projetar um produto ou criar um serviço de sucesso, precisa contratar mais gente, e assim começa essa passagem de liderança. Para que a empresa sobreviva, ele precisa aprender, valorizar e reservar tempo para habilidades como coaching, planejamento e gratificação de funcionários. Sem isso, as pessoas vão embora ou (ainda pior) permanecem, mas com desempenho fraco. Uma porcentagem significativa de empresas de proprietários-fundadores não consegue alcançar o patamar de grande organização. Em muitos casos, sua longevidade é limitada a uma ou duas gerações após o fundador. Nas empresas financiadas por capital de risco, com frequência os fundadores acabam sendo substituídos por gestores mais experientes, oriundos de empresas maiores. Desse modo, as passagens de liderança de uma empresa pequena estão limitadas tanto pelo porte da organização quanto pelas circunstâncias.

Se a empresa evolui e mais pessoas, escritórios ou lojas são acrescentados, o proprietário precisa encarar outra vez uma passagem de liderança. Como não pode estar em todos os lugares ao mesmo tempo, é necessário nomear gestores adicionais e responsabilizá-los pelo trabalho gerencial. É importante se assegurar de que o trabalho da empresa inteira esteja integrado para que os clientes sejam bem atendidos e os recursos, usados com eficiência. Esse proprietário da empresa está percorrendo então a Passagem Dois: de gerenciar outros a gerenciar gestores. Nesse papel, ele deve garantir que o esforço total seja rentável e sustentável. Fixar metas baseadas externamente no que os clientes desejam e no que a concorrência está fazendo é outra responsabilidade nova.

Empresas pequenas costumam fracassar quando um nível novo de liderança-gerência precisa ser acrescentado. Trabalhamos com uma instituição de serviços financeiros que oferecia empréstimos para aquisições a pequenas empresas e que nos pedia que verificássemos, antes da concessão do empréstimo, se a empresa contratante era capaz de gerir uma empresa maior após a aquisição. Examinamos quase 50 empréstimos e descobrimos que as empresas que não conseguiram lidar com o porte maior eram encabeçadas por pessoas que relutavam em mudar os próprios hábitos de trabalho. Elas achavam difícil abrir mão de seu envolvimento prático ou confiar em um novo nível de gerência. Em outras palavras, eram incapazes ou não estavam dispostas a fazer uma passagem de liderança decisiva.

À medida que uma empresa continua crescendo, entender as passagens nessa organização em expansão é vital. Trabalhamos com proprietários de pequenas empresas que conseguiram adotar com sucesso o modelo mostrado na Figura 1.1.

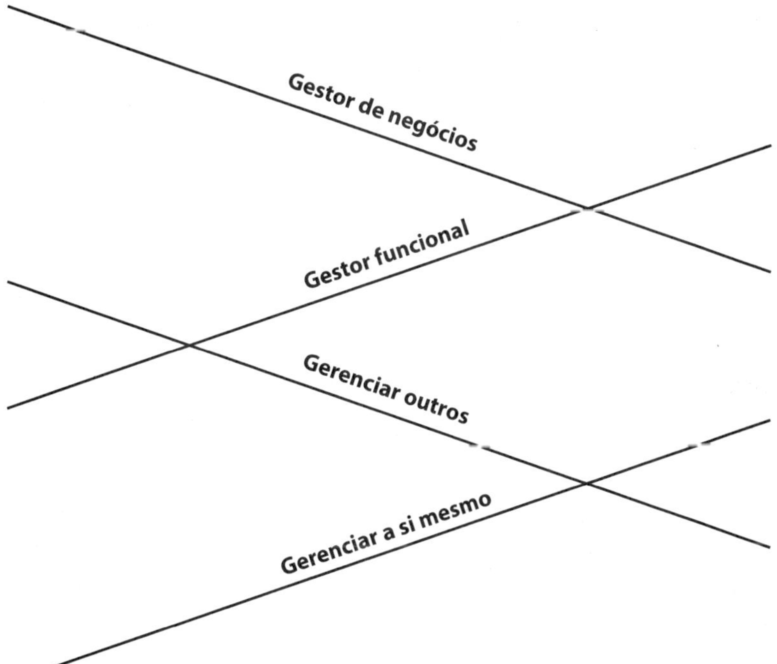

Figura 1.1 Modelo de pipeline para pequenas empresas

O nível de grupo (gestores de diversas empresas) não se aplica ao modelo da pequena empresa e o trabalho do gestor corporativo é realizado pelo gestor de negócios (que dirige a empresa para resultados de curto e longo prazo e lida com órgãos governamentais, clientes-chave e assim por diante). De forma semelhante, nesse modelo da pequena empresa o nível do gerente de gestores costuma ser absorvido pelo gestor funcional.

Com essas diferenças em mente, as empresas menores podem colher os mesmos benefícios de desenvolvimento de liderança das organizações maiores.

Passagens ao longo do pipeline

O conhecimento sobre cada passagem ajuda a revelar problemas de liderança "ocultos" em cada nível organizacional e oferece um meio de solucioná-los. Com frequência, as organizações não percebem que seus líderes não estão atingindo a plena capacidade porque não são responsabilizados pelos fatores certos. As empresas se concentram apenas nos requisitos econômicos de determinado cargo, não nas habilidades, no gerenciamento de tempo e nos valores profissionais de um nível de liderança específico. Com isso, permite-se que um gestor de negócios passe boa parte do tempo adquirindo clientes novos em vez de desenvolver uma estratégia de negócios efetiva. Ou que o chefe do gestor de negócios – o gestor de grupo – nunca questione ou explore o que o gestor de negócios valoriza sobre o trabalho e se esses valores são apropriados para a liderança que a empresa requer dele. Mas, quando a estratégia desse gestor falha em alcançar metas importantes, ele não é responsabilizado por isso (ou não é responsabilizado pelos fatores certos).

Se, no entanto, a organização estivesse plenamente consciente dessas passagens de liderança, o problema poderia ser diagnosticado com rapidez e o gestor, desenvolvido de modo adequado. A organização estaria ciente de que esse gestor de negócios continua realizando seu trabalho como se estivesse na Passagem Um, de que ele valoriza vendas face a face acima de todo o resto e de que nunca adquiriu as habilidades estratégicas básicas cruciais ao seu nível de liderança atual. Um programa de desenvolvimento poderia ser criado visando essas deficiências. Ao mesmo tempo, o chefe dele, o gestor de grupo, teria a responsabilidade de desenvolver esse gestor de negócios e aconselhá-lo sobre a importância do planejamento estratégico e como deveria estar distribuindo seu tempo entre as tarefas.

Ao estabelecer requisitos apropriados para os seis níveis de liderança, as empresas poderiam facilitar muito os processos de planejamento de sucessão, desenvolvimento e seleção em suas organizações. Gestores poderiam ver com clareza a defasagem entre seu nível de desempenho atual e o nível desejado e também identificar lacunas em seu treinamento e experiência em que ponto pularam uma passagem (ou partes de uma passagem) e como isso vem prejudicando seu desempenho. A clareza dos requisitos de liderança também ajudaria a função de recursos humanos, já que a área de RH poderia tomar decisões baseada nas deficiências das pessoas em habilidades, gerenciamento de tempo e valores profissionais em vez de depender de programas de treinamento e desenvolvimento generalizados. Além disso, a propensão de um indivíduo a passar ao próximo nível de liderança seria identificada com apuro, e não de modo impreciso ao vincular seu desempenho ao cargo anterior. Essas passagens de liderança fornecem às empresas um meio de tornar o processo seletivo mais objetivo. Em vez de a seleção ser feita com base em desempenho passado, contatos e preferências pessoais, os gestores devem ser avaliados por um padrão melhor e mais eficaz. As organizações podem selecionar alguém para fazer uma curva de liderança quando a pessoa estiver trabalhando no nível para o qual está designada e demonstrando algumas das habilidades requeridas no nível seguinte. E, é claro, o modelo de pipeline fornece às organizações uma ferramenta de diagnóstico que ajuda a identificar divergências entre capacidades individuais e o nível de liderança, levando à dispensa da pessoa divergente se necessário.

Você também deve estar ciente de três outros benefícios do pipeline. Primeiro, ter um pipeline de liderança implantado pode reduzir a tensão emocional dos colaboradores individuais. Quando alguém pula passagens de liderança e é posto em uma posição para a qual não tem as habilidades, o domínio do gerenciamento de tempo e os valores profissionais necessários, o preço emocional é grande. O modelo de pipeline torna o salto de passagens improvável. Segundo, esse modelo ajuda as pessoas a percorrerem passagens de liderança na velocidade certa. Profissionais que vivem mudando de empresa não absorvem os valores e as habilidades necessárias, e os que estacionam em uma passagem nunca "visitam" lugares onde possam adquirir habilidades novas e desenvolver sua capacidade de liderança. O modelo de pipeline fornece um sistema de medidas identificando quando alguém está pronto para passar ao próximo nível de liderança. Terceiro, o modelo de pipeline reduz o período de tempo típico necessário para preparar um indivíduo para a posição de liderança máxima em uma grande empresa. Como o modelo define claramente o que é necessário para passar de um nível ao próximo, quase não há desperdício de tempo em cargos que apenas duplicam habilidades.

Do ponto de vista do talento, porém, o benefício mais importante da metodologia pipeline é que não se torna necessário atrair estrelas para desobstruir o pipeline. Você pode criar as próprias estrelas em todos os níveis – a começar do primeiro, quando as pessoas fazem a transição de gerenciarem a si mesmas para gerenciarem outras.

Perguntas frequentes

P. *O modelo de pipeline de liderança abrange todos os funcionários da empresa?*

R. Nas empresas com as quais trabalhamos, o modelo de pipeline de liderança cobre de 80% a 85% dos cargos. Muitos cargos da equipe corporativa – especialistas de alto nível, como analistas de estratégia, advogados tributários, desenvolvedores de benefícios, especialistas em seguros e especialistas em tesouraria – podem não se enquadrar nesse modelo por ele ter sido originalmente criado para o pessoal operacional que ascende para gerir os negócios e a empresa. No entanto, é possível adaptá-lo para que comporte as posições principais da equipe corporativa.

P. *Se sou um especialista corporativo que deseja se tornar um líder operacional, como entro no fluxo do pipeline para ser considerado para cargos de liderança no futuro?*

R. Especialistas corporativos costumam responder por uma pequena área (em relação à empresa como um todo). Se não tiverem um profundo conhecimento do funcionamento do negócio, precisam adquiri-lo. Também devem obter experiência em liderar um grande número de pessoas com habilidades e formações diversas. Como você quer passar para a liderança operacional, o ideal é deixar a especialidade corporativa de lado quanto antes e buscar um cargo que conduza à gerência. Você deve estar preparado para uma redução de remuneração, se necessário. Esse aprendizado pode exigir que você engula o próprio orgulho, mas será determinante para o sucesso na transição de uma especialidade corporativa para a liderança operacional.

P. *Posso utilizar o modelo mesmo que minha empresa ou meu negócio não se encaixe muito bem nele?*

R. Poucas empresas se encaixarão perfeitamente no modelo de pipeline de liderança. Não sugerimos que você tente enquadrar sua empresa, seu negócio ou sua função no modelo, mas que adapte o modelo à empresa, mantendo os princípios intactos. Por exemplo, muitas funções de marketing e de recursos humanos não possuem todas as passagens. O gerente de marketing pode ser responsável pelos resultados tanto de gestor funcional quanto de gerente de gestores. Não crie uma passagem nova para se encaixar no modelo. Em vez disso, crie uma passagem quando o porte, o escopo e uma boa estrutura organizacional assim exigirem.

P. *Quais são os maiores obstáculos ao tentar produzir um pipeline de líderes completo e fluindo?*

R. Eis os três maiores obstáculos que observamos:

1. As empresas não reconhecem quando valores profissionais inadequados levam os líderes a executar tarefas que deveriam estar sendo feitas por outros. Eles podem até ser capazes de fazê-las melhor e mais rápido do que seus subordinados diretos, mas não estarão desenvolvendo a si mesmos nem seu pessoal.
2. A diretoria não exige que todos os líderes desenvolvam outros líderes. No entanto, isso é bom para todos, porque no fim das contas libera um tempo valioso.
3. Os líderes seniores dedicam todo o seu tempo a problemas atuais, não futuros. O resultado desse foco no presente é que a empresa não se prepara para enfrentar mudanças futuras.

P. *O que devo fazer se pulei uma passagem?*

R. Muitos líderes bem sucedidos trabalhando em finanças ou RH pularam passagens porque suas organizações são pequenas e não possuem todas elas. Avalie seus hábitos de trabalho para verificar se está no nível certo. Caso não esteja, preste especial atenção no capítulo que aborda a passagem que você pulou. Analise os erros e as falhas. Se forem causados pela falta de habilidades de um nível anterior, peça ajuda a seu chefe ou à área de RH para preencher a lacuna.

P. *Como esse modelo se integra ao modelo de competência de nossa empresa?*

R. Modelos de gestão por competência parecem estar por toda parte, de modo que não podemos ignorá-los. Infelizmente, a maioria dos modelos de competência não é diferenciada por nível ou isso é feito de forma inadequada, e em geral seguem uma estrutura do tipo "tamanho único". Sugerimos reorganizá-los por nível sempre que possível, associando-os ao trabalho de cada patamar. Isso vai melhorar o valor de seus modelos de competência. Se suas competências não forem ou não puderem ser associadas a um trabalho específico, chame-as pelo nome correto: valores. Observamos gerentes de linha ignorando-as na maioria das empresas por não terem uma ligação clara com o trabalho.

Observações

- A dimensão do pipeline de liderança depende do porte da empresa. Todas as empresas têm um conjunto de atividades de liderança por realizar – o das grandes empresas é maior; o das empresas pequenas, menor. Como trabalhamos com organizações de todos os tamanhos, aprendemos que há mais "pontos de ruptura" entre cargos antigos e novos nas empresas maiores, de modo que o pipeline se expande para se adequar ao porte da organização.
- Os princípios do pipeline ultrapassam as fronteiras geográficas. O modelo tem ajudado tanto empresas dinâmicas de grande sucesso em países desenvolvidos quanto empresas em países em desenvolvimento, incluindo aquelas em territórios que um dia foram comunistas. As passagens do modelo são universais, assim como os requisitos de cada uma.
- O número de passagens varia de acordo com a empresa. Algumas possuem seis passagens, outras sete, ou até quatro. Mas o conceito é o mesmo. Constatamos que, como listamos seis passagens, as pessoas passaram a considerar seis como o número ideal para todas as organizações. Mas não é o caso. É preciso estabelecer uma diferenciação adequada, com um intervalo uniforme entre os níveis.
- É comum haver muitos cargos de liderança nas empresas e pouca liderança de fato em todas as funções. Constatamos que um dos grandes benefícios do modelo de pipeline é revelar a síndrome do "excesso de líderes". Ele mostra como as empresas recompensam os colaboradores

individuais com promoções a papéis de liderança. Pessoas com perfil essencialmente técnico recebem um cargo, duas pessoas para gerir, um aumento e continuam dedicando a maior parte do tempo ao trabalho técnico.

- Definir um pipeline técnico é uma ótima ideia. Diante dos pontos apresentados, descobrimos que pessoas com perfil essencialmente técnico precisam das próprias passagens, com recompensas concomitantes. Não é muito complicado definir o pipeline técnico. Na verdade, esse é um antigo conceito que oferece uma alternativa para aqueles que desejam um trabalho mais desafiador ou recompensas maiores, mas não podem ou não querem liderar. Isso realmente ajuda a desobstruir o pipeline.
- No nível funcional e nos demais níveis acima dele, deve ser dada maior ênfase ao futuro. Como mencionamos, é difícil analisar o futuro, mas é algo que precisa ser feito para garantir o sucesso de longo prazo. Ficar preso à solução de problemas atuais consome o tempo dos líderes. Os líderes no nível funcional e acima dele devem delegar aos subordinados a solução desses problemas, liberando-se para enfrentar os outros desafios que estão por vir.

2

De gerenciar a si mesmo a gerenciar outros

Quando as pessoas são promovidas ao primeiro cargo gerencial, costumam pensar que "chegaram lá". Todo o trabalho duro como colaborador individual foi enfim recompensado e elas veem a nomeação para a gerência como motivo para celebrar: telefonam para a família, comemoram no restaurante favorito e em geral acreditam que estão mais do que prontas para assumir o cargo.

Na verdade, o sucesso como gerente de primeira viagem exige uma grande transição para a qual muita gente não está preparada. Talvez o aspecto mais difícil dessa transição seja que esses gestores passam a ser responsáveis por garantir que o trabalho seja feito por outros, não por eles mesmos. Ainda que possam reconhecer isso racionalmente, rejeitam a ideia em sua mente, como demonstra seu comportamento. É comum que se sobreponham aos subordinados diretos com sua expertise. Por exemplo, um gerente novato de um banco de investimentos pode decidir cuidar de uma transação complexa sozinho e se satisfazer em mostrar a todos sua extraordinária habilidade nessa área em vez de ajudar um subordinado direto a fazê-lo. Em outras situações, gerentes novatos acabam competindo com os subordinados diretos e às vezes eles mesmos realizam as tarefas quando se frustram com a abordagem de seu pessoal. Abrir mão de tarefas e responsabilidades que lhes valeram um cargo de gestor é um aspecto bastante difícil dessa passagem de liderança.

Em um mundo em que as empresas contam cada vez mais com trabalhadores do conhecimento, essa passagem é particularmente decisiva. A colaboradora individual de 22 anos hoje é a CEO de amanhã. Ela não precisa mais esperar 30 anos para ascender ao cargo máximo, podendo estar preparada em cinco ou 10 anos. Além disso, gerentes de primeira viagem em empresas com trabalhadores do conhecimento exercem enorme impacto na produtividade (em termos de eficiência de custos e crescimento da receita). Se estiverem agindo como colaboradores individuais, seu impacto será reduzido. Por essas razões, as organizações devem fazer mais do que apenas fingir que reconhecem a importância dessa passagem.

Para ajudar seu pessoal a ter êxito nessa etapa desafiadora, é preciso estar familiarizado com a mudança pretendida nas habilidades, no gerenciamento de tempo e nos valores profissionais, e facilitar esse processo. Primeiro, porém, é importante entender como as recentes mudanças pelas quais o colaborador individual passou redesenharam suas habilidades, o modo como ele distribui seu tempo entre as atividades e seus valores profissionais.

O poder crescente e as expectativas dos colaboradores individuais

Os funcionários da linha de frente contam com um acesso sem precedentes a volumes incríveis de informação pela internet e outras fontes e também têm grande liberdade para inovar, influenciar os resultados operacionais e atender os clientes. No entanto, não usarão essa liberdade – ou não o farão de forma sábia – sem que os gerentes de primeiro nível reconheçam que a era do "gestor militar" passou.

Gestores que apenas dão ordens, retêm informações e tomam decisões unilaterais não obterão o melhor desempenho de seu pessoal. O gerente tradicional que controlava as pessoas retendo as informações é um anacronismo. Hoje, os funcionários esperam ter acesso a dados antes considerados privilegiados e ser envolvidos no processo de tomada de decisões. Também desejam certo grau de autonomia para realizar as tarefas. Em outras palavras, querem orientação, mas também a liberdade de escolher como chegar ao seu destino.

É importante reconhecer que a maioria dos funcionários está mais experiente e consciente sobre questões de carreira do que no passado. Eles viram parentes e amigos perderem empregos em processos de *downsizing* e sabem que a única estabilidade real no emprego é possuir habilidades valorizadas pelo mercado e conhecer os planos de carreira em suas profissões. Por isso, esperam oportunidades de desenvolvimento na profissão.

Gerentes de primeiro nível precisam fazer a transição para essa nova realidade. Isso nem sempre é fácil, em parte porque muitos dos que são promovidos a esse primeiro nível gerencial são técnicos. Eles se dedicaram a desenvolver a excelência na realização de determinada tarefa, não a se manter em contato com as necessidades e as expectativas dos colegas. Não passaram pela socialização no ambiente de trabalho, algo que forneceria informações e experiências úteis para um gestor novato.

Em vez dessa socialização, eles precisam conhecer as características da liderança de primeiro nível que os ajudarão a satisfazer as necessidades e maximizar o desempenho de seu pessoal.

Três realizações de ótimos gestores de primeira viagem

A Tabela 2.1 fornece uma visão geral da transição que precisa acontecer nesse nível.

Como é possível notar, a transição aqui não é apenas qualitativa, mas também quantitativa – o número de habilidades em si já pode parecer intimidador. Uma rápida olhada na tabela também demonstra que essa transição pode ser resumida da seguinte forma: os gestores devem parar de pensar apenas em si e começar a pensar nos outros. Claro que é mais fácil falar do que fazer, sobretudo à luz das numerosas mudanças.

Descobrimos que todas essas mudanças podem ser resumidas nas três áreas listadas a seguir.

1. Definir e atribuir o trabalho a ser realizado, incluindo comunicar-se com o chefe e os outros sobre as necessidades ou expectativas, o planejamento, a organização, a seleção de pessoal e a delegação de tarefas.
2. Permitir aos subordinados diretos que façam o trabalho enquanto monitora, orienta, fornece feedback, adquire recursos, soluciona problemas e se comunica.
3. Desenvolver contatos sociais estabelecendo relacionamentos com subordinados diretos, chefes e grupos de apoio, buscando promover diálogos abertos e confiança.

Vamos examinar cada área para que você possa reconhecer as habilidades, o gerenciamento de tempo e os valores profissionais ideais para esse nível, bem como os pontos em que os gestores de primeira viagem costumam falhar.

Tabela 2.1 Passagem Um: Gerência de primeira viagem

Colaborador individual	vs. Gerente de primeiro nível
Habilidades • Domínio técnico ou especializado • Trabalho em equipe • Desenvolvimento de relacionamentos visando benefícios e resultados pessoais* • Utilização de ferramentas, processos e procedimentos da empresa	Habilidades • Planejamento – projetos, orçamentos e mão de obra • Definição do cargo • Seleção (de pessoal) • Delegação de tarefas • Monitoramento de desempenho • Coaching e feedback • Avaliação de desempenho • Gratificações e motivação • Comunicação e ambientação • Desenvolvimento de relacionamentos acima, abaixo e lateralmente na hierarquia para benefício do departamento • Aquisição de recursos
Gerenciamento de tempo • Disciplina diária – chegada, saída • Cumprimento de prazos pessoais para os projetos – normalmente de curto prazo por meio da administração do próprio tempo	Gerenciamento de tempo • Planejamento anual – orçamentos, projetos • Disponibilização de tempo para os subordinados – a pedido seu ou deles • Definição de prioridades para o departamento e a equipe • Tempo de comunicação com outros departamentos, clientes, fornecedores
Valores profissionais • Obtenção de resultados por meio da proficiência profissional* • Trabalho de alta qualidade – técnico ou especializado • Incorporação dos valores da empresa	Valores profissionais • Obtenção de resultados por meio dos outros • Sucesso dos subordinados diretos • Trabalho e métodos gerenciais • Sucesso do departamento • Ver-se como um gestor • Integridade visível

Fonte: Drotter Human Resources, Inc.

* Itens a serem drasticamente reduzidos ou abandonados quando uma pessoa se torna um gerente de primeiro nível.

Definir e atribuir o trabalho a ser realizado

A definição do cargo e a delegação de tarefas não costumam ser foco de treinamento. Talvez porque as pessoas as considerem habilidades intrínsecas ou de fácil aquisição. Pode ser que as organizações presumam que existem linhas divisórias naturais para o trabalho – geográficas para vendedores ou na forma de etapas do processo para o pessoal da manufatura – e que as atribuições do cargo fluem naturalmente dessas divisões. Embora seja verdade que a existência de parâmetros facilita a atribuição de algumas tarefas, também precisa haver bom senso – sobretudo quando funcionários de primeiro nível se sentem tremendamente sobrecarregados e isolados de seus chefes. O *downsizing*, a redução dos níveis hierárquicos, a fusão de empresas e outros fatores fizeram os funcionários sentirem que têm muito trabalho a fazer e ninguém a quem perguntar como realizá-lo. Gerentes de primeiro nível que sabem como definir bem um cargo ou função podem reduzir a preocupação dos subordinados e fazer com que se sintam confiantes acerca de uma atribuição. Eles podem dar aos funcionários a sensação de que estão desenvolvendo habilidades valorizadas que aumentarão suas perspectivas de carreira.

Infelizmente, muitos gerentes novos tropeçam quando se trata de definir e atribuir tarefas porque não têm as conversas certas com as pessoas certas. Isso deveria ajudá-los a obter uma boa compreensão do que é esperado de seu departamento e a criar atribuições de modo que as pessoas realizem atividades adequadas, que possam ser concluídas no prazo e com qualidade.

Pela lógica, a pessoa com quem um gestor deve discutir essas questões é seu chefe. Mas é cada vez mais importante que também converse com colegas, clientes, fornecedores, parceiros e outros grupos relevantes. Uma gerente de vendas, por exemplo, pode ser bem mais eficaz se souber o que os clientes fazem com os produtos ou serviços que sua unidade vende. Ela pode aprender mais sobre as necessidades específicas dos clientes e distribuir o trabalho levando em conta quais vendedores são mais capazes de atender àquelas necessidades.

É claro que essas conversas tomam tempo, e gestores novatos acostumados a *agir* em vez de *discutir* podem acabar se precipitando e criando atribuições sem ter o conhecimento suficiente.

O ato de delegar apresenta outro grande desafio aos gestores novatos. Uma coisa é descobrir o que precisa ser feito e quem deve fazê-lo. Outra bem diferente – e psicologicamente muito mais difícil – é abrir mão de tarefas para as quais você foi treinado e que o ajudaram a ter sucesso. Trata-se de um passo bem difícil, e os gerentes de primeira viagem só conseguem dá-lo quando percebem que delegar não é o mesmo que abdicar. É necessário que recebam treinamento e coaching para aprenderem a delegar e a dominar as atividades relacionadas a acompanhamento e revisões regulares, resolução de problemas, avaliação, gratificação e coaching do próprio pessoal.

Como parte dessas responsabilidades de definição e atribuição do trabalho, os novos gestores precisam aprender a contratar as pessoas certas para executar as tarefas designadas. Embora muitos deles aprendam rápido a contratar pessoas com o talento e a experiência para ocupar determinado cargo, é mais difícil selecionar pessoas que se "enquadrem" nos valores profissionais e nas práticas de trabalho de uma empresa. E essa é uma responsabilidade importante: na maioria dos casos, o motivo que leva um profissional em início de carreira a deixar uma organização ou ser demitido é o fato de ele não se encaixar. Ainda que alguns saiam porque não têm talento para ocupar um cargo específico, a maioria simplesmente não apresenta as crenças, os valores e a capacidade de se adaptar ao estilo de trabalho da empresa. Aprender a contratar pessoas que combinem com o estilo de trabalho e as crenças da organização pode aumentar muito a eficiência do gestor de primeira viagem.

Permitir aos subordinados diretos que façam o trabalho

Um sinal claro de um pipeline de liderança obstruído nesse primeiro nível é uma taxa alta de estresse entre os colaboradores individuais. Quando eles se sentem sobrecarregados e percebem que o chefe não lhes oferece ajuda suficiente para dar conta do trabalho, é provável que falte a esse gerente uma habilidade fundamental do primeiro nível. Estes são alguns sinais comuns de que o gestor não dominou essa habilidade:

- considera as perguntas de seus funcionários interrupções;
- corrige os erros em vez de ensinar a fazer o trabalho corretamente;
- recusa-se a se responsabilizar pelo sucesso do pessoal, distanciando-se de seus problemas e fracassos.

Ajudar as pessoas a fazer o trabalho implica prestar atenção. Monitorar o que vem sendo feito e como vem sendo feito exige tempo e esforço. Os gestores precisam ter conversas regulares com as pessoas, bem como observar de perto o fluxo de trabalho. Precisam perguntar sobre o que está atrapalhando a conclusão eficaz das tarefas ou o que poderia facilitar o processo. Monitorar precisa ser um processo ativo, não passivo. Não basta apenas fazer anotações – as informações coletadas devem se transformar em reconhecimento e feedback positivo quando os resultados forem bons ou em treinamento, adequação de cronogramas, reformulação de métodos e pedidos de mais recursos quando os resultados não forem.

Talvez a habilidade mais simples – e que muitos novos gestores nunca valorizaram como colaboradores individuais – seja estar disponível. O que não significa apenas deixar a porta aberta e responder às perguntas de má vontade. É mais uma atitude do que um evento. As pessoas sentem quando um chefe é acessível: tudo – do discurso à linguagem corporal – comunica acessibilidade (ou a falta dela). Trata-se bem mais de uma questão de valor e de gerenciamento de tempo do que de um conjunto de habilidades. Quando os gestores acreditam que ser acessível é fundamental ao seu papel de liderança, tornam-se disponíveis, tanto física quanto emocionalmente.

Desenvolver relacionamentos

As mudanças necessárias nesse aspecto se baseiam sobretudo em valores. Embora certa habilidade seja importante para estabelecer relacionamentos sólidos com chefes, subordinados diretos, clientes, fornecedores, etc., a questão principal está ligada à transformação de valores. Quando se é um colaborador individual, criar relacionamentos não costuma ser essencial. Nos últimos anos, a internet e outros recursos deram aos colaboradores individuais muito mais independência para aplicar suas habilidades técnicas. Ainda que às vezes sejam solicitados a atuar em equipe, continuam recebendo grande liberdade para trabalhar de forma independente.

Já os gestores são muito interdependentes. Precisam desenvolver confiança e abrir linhas de comunicação vertical e horizontalmente. Esse é um obstáculo significativo durante essa passagem, não apenas porque quando eram colaboradores individuais podem não ter valorizado a criação de relacionamentos, mas também porque talvez a cultura corporativa não a valorize. Em algumas empresas, desenvolver relacionamentos possui implicações políticas, sugerindo bajulação e outros comportamentos manipuladores. Nesses casos, é preciso haver um esforço coordenado dos gestores e coaching do chefe para superar esse obstáculo.

Outra grande questão é que o gestor precisa aprender a valorizar e estabelecer relacionamentos com três tipos de pessoa:

O chefe (e por extensão a estrutura gerencial). A grande transição aqui é abandonar a visão – muitas vezes antagônica – que se tinha da gerência como colaborador individual e passar a fazer parte da estrutura gerencial. Não se trata apenas de se conectar com um chefe que é fonte de recursos e informações, mas de se conectar com uma estrutura gerencial maior e entender como ela funciona.

Subordinados diretos. Não significa apenas gostar dos subordinados ou conviver socialmente com eles, mas desenvolver respeito e apoio mútuos. Gerentes de primeiro nível precisam se tornar responsáveis pelo sucesso dos subordinados (e vice-versa). Portanto, o relacionamento deve ser baseado em benefícios mútuos. Demonstrar integridade pessoal é outro aspecto do desenvolvimento de relacionamentos com subordinados diretos: gerentes de primeiro nível vistos como maliciosos e manipuladores nunca forjarão relacionamentos produtivos com seu pessoal.

Fornecedores, clientes e outros grupos relevantes. Esse tipo de relacionamento demanda um pensamento e uma perspectiva mais amplos do que era necessário para um colaborador individual. Estabelecer relacionamentos de "propósito comum" – nos quais ambas as partes trabalham visando o sucesso do negócio – costuma ser uma experiência nova. Fornecer informações e expor problemas para "alguém de fora" requer um ajuste na percepção.

Dois exemplos de problemas de transição

Para ajudá-lo a entender as dificuldades que as pessoas experimentam nessa primeira passagem de liderança – e também para lhe dar uma ideia de como as organizações precisam reagir a essas dificuldades –, gostaríamos de compartilhar duas histórias. Esses exemplos reais lhe darão uma noção dos desafios que gerentes de primeiro nível enfrentam e como muitas vezes podem ocupar cargos nesse nível mesmo sem possuir as habilidades necessárias.

Quando Barry tornou-se gerente de vendas regional de uma grande empresa farmacêutica, encarou a promoção como uma oportunidade de ganhar mais dinheiro e ter mais influência na organização. Quando ofereceram o cargo, ele não hesitou em aceitar, ainda que adorasse sua posição anterior como vendedor. Ele gostava da autonomia de que desfrutava, trabalhando muitas vezes de casa, percorrendo a região e reunindo-se com vários médicos e administradores hospitalares.

Como gerente de vendas com oito vendedores subordinados a ele, Barry passou a dedicar boa parte do tempo a observar seus vendedores em campo, contratar e treinar novo pessoal, participar de reuniões com outros gerentes de vendas e realizar avaliações, relatórios e outras funções burocráticas. Não apenas ficou contrariado com a perda da autonomia como também frustrado com a papelada. O prazer de fechar uma venda evaporou-se quando se tornou gerente de vendas. Durante dois anos Barry sofreu com aquele cargo – e seu pessoal também, porque ele não lhes dava as orientações de que tanto precisavam. Embora soubesse que certos vendedores vinham cometendo erros com os clientes, ele achava difícil comunicar o que estavam fazendo de errado. No início até tentou ajudar a corrigir os erros, mas logo se cansou das reações defensivas de seu pessoal. Barry acabou pedindo demissão para assumir um cargo de vendedor em outra empresa, na qual receberia um salário melhor e uma área de atuação maior.

Os problemas no pipeline de liderança no nível gerencial de Barry poderiam ter sido prevenidos e solucionados. Barry talvez tivesse sido bem-sucedido em sua primeira passagem gerencial se tivesse recebido treinamento para adquirir as habilidades de comunicação e outras que lhe faltavam. Com o treinamento, ele também poderia ter compreendido melhor o que a empresa esperava de um gerente e, assim, decidido não aceitar o cargo. Ainda que Barry não possuísse vocação para ser gerente, ele poderia ter se adaptado a esse papel se alguém tivesse oferecido coaching e ajuda para questionar e reconfigurar seus valores. À medida que Barry amadurecesse e ganhasse experiência, seus valores poderiam mudar naturalmente, de modo que ele percebesse a importância da comunicação e do desenvolvimento de relacionamentos com subordinados diretos, a fim de obter benefícios mútuos. Infelizmente, a empresa de Barry não dispunha de um sistema de avaliação para identificar quais eram os valores dele e quão arraigadas eram suas crenças profissionais. Caso contrário, a organização poderia ter impulsionado a carreira de "supervendedor" de Barry ou criado um programa de desenvolvimento que lhe permitisse assumir um papel gerencial quando estivesse emocionalmente preparado.

Embora Barry não tenha feito a passagem com sucesso, Mary superou grandes obstáculos e mudou de um jeito que a ajudou a fazer essa curva de liderança. Como programadora de uma empresa de telecomunicações, Mary sentia grande satisfação e era muito boa em resolver problemas técnicos e criar soluções. Ficava um pouco constrangida e insegura ao lidar com pessoas, mas se sentia confiante quando confrontada com questões técnicas. Depois de três anos, foi promovida a gerente da equipe de sete funcionários do qual fazia parte.

Ao contrário da empresa de Barry, a empresa de Mary forneceu um treinamento que a ajudou a desenvolver algumas das habilidades necessárias a um gestor de primeira viagem. Ela aprendeu a definir e atribuir tarefas, e a área de RH ofereceu suporte para as habilidades de entrevistas e contratação de pessoal. Mesmo assim, o treinamento foi insuficiente. Quando o chefe de Mary começou a pressionar sua equipe para desenvolver novos sistemas, ela reagiu envolvendo-se excessivamente no trabalho deles. Solicitava relatórios diários sobre o progresso do grupo e muitas vezes insistia que adotassem as ideias dela em vez de orientá-los sobre como gerar ideias próprias viáveis. Mary agia como se pensasse que podia impor sua vontade e que se voltasse ao papel anterior de membro da equipe tudo se resolveria. Na realidade, a intromissão de Mary alienou os demais membros da equipe e privou-os da orientação de que precisavam. Eles não apenas estouraram o primeiro prazo para desenvolver os sistemas como os projetos que entregaram apresentavam falhas graves.

O chefe de Mary reconheceu que ela vinha tendo problemas com seu papel gerencial e lançou mão de coaching e feedback de 360 graus para ajudá-la a lidar com aquela transição de liderança. Mary surpreendeu-se ao saber que a equipe – pessoas que ela conhecia e com quem trabalhara bem no passado – se irritava com sua intromissão e incapacidade de delegar. Mais do que isso, os comentários demonstravam que o estilo gerencial de Mary estava impedindo os funcionários de alcançar seus objetivos. Esse feedback forçou Mary a enfrentar os problemas de uma forma completamente nova. Embora reconhecesse racionalmente que vinha microgerindo o pessoal, foi o reconhecimento emocional que a fez querer mudar seu comportamento. Com o coaching, Mary começou a entender como delegar e se forçou a fazê-lo. A combinação de coaching e feedback também a ajudou a mudar seus valores profissionais. Ela percebeu que, por mais que gostasse da parte técnica do trabalho, também encontrava satisfação em combinar seus conhecimentos técnicos com suas novas habilidades gerenciais para ajudar as pessoas a realizar tarefas com êxito. Mary não mudou da noite para o dia – vários meses se passaram até que ela conseguisse delegar com eficiência e se manter distanciada da execução de alguma tarefa importante. Seu chefe reconheceu que ela vinha progredindo e proporcionou-lhe o tempo, os conselhos e o encorajamento necessários para fazer aquela transição.

Táticas de desobstrução do pipeline

Medidas devem ser adotadas para que os gerentes novatos façam uma transição tranquila do antigo papel de colaborador individual para o de gestor. Essas medidas têm como objetivo prepará-los para a transição, monitorar se está sendo feita com sucesso e intervir quando surgirem problemas. Apesar de haver sobreposições entre essas medidas, vamos analisá-las separadamente para que você possa entender como implementá-las com eficácia.

Preparação: Comunique com clareza as habilidades, o gerenciamento de tempo e os valores profissionais requeridos para essa passagem e forneça treinamento para que as pessoas façam as mudanças necessárias.

Esse é um primeiro passo fácil que costuma ser negligenciado. Os colaboradores individuais precisam entender o que será exigido deles ao passarem por esse primeiro nível de liderança, e isso tem que ser feito em termos específicos, não gerais. Você pode usar a Tabela 2.1 ou a lista da seção anterior, "Três realizações de ótimos gestores de primeira viagem", como ferramenta para delinear os requisitos para um novo gerente em sua organização. Também é bom esclarecer quais comportamentos precisam ser deixados de lado (também indicados na Tabela 2.1). Algumas pessoas acreditam que demonstrações de uma habilidade requerida ajudam a dar vida à lista no papel. Um chefe deve discutir essas questões com o gestor de primeira viagem e responder a quaisquer perguntas relacionadas.

Ao enunciar essas metas e expectativas da liderança, é importante ir além de uma lista de habilidades. Como enfatizamos, colaboradores individuais se preocupam com a competência técnica e valorizam a realização das tarefas com rapidez e eficácia. Se gestores novatos se concentram apenas nas habilidades, podem não ver a necessidade de uma mudança no que valorizam.

Eles simplesmente acharão um meio de se tornar competentes em determinada área sem aprender a valorizar a nova habilidade. Isso pode causar os mais variados problemas, já que habilidades aplicadas sem valores concomitantes não são usadas com entusiasmo, energia e inovação.

A General Electric usou um modelo que pode ser útil quando se trata da questão habilidades *versus* valores (ver Figura 2.1).

Obviamente, o melhor lugar para se estar nessa matriz é o quadrante "valores altos, resultados altos". Na GE, o maior problema era a dúvida sobre o que fazer com alguém que apresenta resultados altos mas valores baixos. A resposta era desligar a pessoa se ela não conseguisse mudar seus valores, porque no fim das contas sua contribuição seria prejudicada por um sistema de crenças incompatível. Você pode adaptar essa matriz para mostrar aos novos gestores que não basta adquirir as habilidades necessárias nesse nível; eles também precisam mudar o foco de seus valores. Se não valorizarem seu trabalho como gestores, as habilidades adquiridas serão insuficientes.

Figura 2.1 Matriz de liderança da GE

O treinamento também é parte importante do processo de preparação, e é pouco provável que gestores de primeira viagem tenham sido treinados em todas ou mesmo em muitas das habilidades requeridas. É ainda menos provável que alguém tenha conversado com eles sobre as mudanças de valores e de gerenciamento de tempo que acompanham essa passagem. Experiências de trabalho específicas, programas de assimilação para novos gerentes, conversas com um chefe ou mentor e cursos para desenvolver habilidades de contratação, delegação de tarefas, desenvolvimento de relacionamentos, definição do cargo e demais atividades semelhantes devem ser disponibilizados para aspirantes a gestores.

Monitoramento: Verifique se alguém está enfrentando dificuldades na transição de primeiro nível e em que ponto.

Há várias maneiras de você observar se um gestor está fazendo uma transição bem-sucedida:

Observação. Participe das interações dos novos gestores com seus subordinados diretos e verifique se estão demonstrando as habilidades requeridas por esse nível de liderança.

Amostragem. Com o feedback de 360 graus (que avalie os atributos discutidos neste capítulo), pesquisas com os funcionários e outras ferramentas, verifique como os outros percebem os comportamentos e atitudes dos novos gestores. Subordinados diretos podem fornecer informações sobre como seus chefes estão lidando com os novos papéis.

Análise de lacunas (gap analysis). Questione as percepções dos novos gestores sobre as próprias habilidades, gerenciamento de tempo e valores profissionais. Compare as respostas com as informações obtidas com a observação e a amostragem e mostre-lhes as lacunas existentes.

Intervenção: Ofereça feedback e coaching regulares para ajudar as pessoas a realizar a transição com êxito. Tome providências se estiverem enfrentando muita dificuldade.

A única forma de desobstruir o pipeline de liderança é agir. Em vez de deixar que novos gestores mantenham atitudes e comportamentos de colaboradores individuais, é preciso intervir de forma a catalisar as mudanças visadas. A intervenção pode assumir muitas formas:

Coaching-feedback. Não há substituto para o coaching individual feito pelo chefe do gerente de primeira viagem. Ainda que relatórios escritos (com base no monitoramento do desempenho do gerente) e treinamento em sala de aula possam ajudar, o impacto é ampliado quando o chefe transmite as notícias diretamente, está aberto para perguntas e responde com conselhos sensatos. O gerenciamento de tempo é um problema para muitos novos gestores – eles gastam tempo de mais executando e tempo insuficiente gerindo –, que costumam ser bem receptivos ao coaching quando trata desse tema. Além disso, o chefe deve exigir melhorias como parte de um processo de avaliação do desempenho.

Aprendizagem e parceria com colegas. Discussões organizadas com colegas sobre habilidades específicas podem ser uma experiência de aprendizagem útil ao permitir que as pessoas troquem ideias e preocupações com outras que fizeram a mesma transição recentemente. A parceria é uma abordagem mais prática para a aquisição de habilidades. Pedir que subordinados diretos façam benchmarking com empresas locais é outra grande ferramenta de aprendizado.

Reuniões, leituras e viagens. Essas técnicas podem complementar as intervenções mais diretas. Reuniões em que os gerentes de primeira viagem conversam sobre o que aprenderam durante o último mês (ou períodos mais longos) dão a eles a chance de enunciar sua compreensão da passagem que estão vivenciando e expressar preocupações. Leituras recomendadas – artigos, livros – podem fornecer uma perspectiva externa sobre essa passagem de liderança. Viajar com o chefe proporciona a esses gerentes uma excelente oportunidade de conversar sobre os problemas que estão enfrentando em uma variedade de ambientes fora do escritório.

Nova atribuição de trabalho. Alguns novos gestores não estão preparados para assumir responsabilidades de liderança e devem voltar a ocupar um cargo de colaborador individual e receber oportunidades de desenvolvimento a fim de se prepararem melhor para essa transição. Outros simplesmente não são adequados para o papel e devem seguir uma trajetória de crescimento horizontal de colaborador individual (por exemplo, passar de vendedor a supervendedor).

É importante observar que os gestores novatos precisam primeiro praticar e aperfeiçoar suas habilidades. Dominar habilidades desencadeia o processo pelo qual esses gestores aprendem a distribuir seu tempo de outra forma e a reconhecer a importância de mudar seus valores. Quando novos gestores não sabem delegar ou oferecer coaching, dedicarão um tempo relativamente breve a essas atividades, preferindo direcionar o máximo de tempo possível àquilo em que são bons: fazer análises, imaginar produtos, criar softwares e outras tarefas de colaborador individual. Eles não querem fazer papel de bobo diante dos antigos colegas e, portanto, vão dedicar tempo a atividades que os façam parecer competentes. Também evitam a monumental mudança de serem responsáveis pela produtividade, pelo resultado e pela expansão da capacidade individual que acompanha o cargo de gestor.

Por isso, os chefes devem orientá-los na prática dessas habilidades novas, fazer perguntas quando estiverem confusos e buscar outras formas de ajudar. Ao dominar uma habilidade nova, os gestores não apenas dedicam mais tempo a ela como também acabam aprendendo a valorizá-la. Eles precisam de provas de que uma mudança de valores é uma boa estratégia que levará à satisfação pessoal. Quando descobrem que essas habilidades ajudam a equipe a alcançar os objetivos e recebem aprovação por seus esforços, costumam adotar o novo valor.

Quem é responsável?

O treinamento formal de novos gestores é relativamente comum e sem dúvida útil para estruturar habilidades importantes para esse nível. No entanto, o treinamento não é uma panaceia e a área de RH não vai conseguir criar um curso capaz de garantir que a passagem de todos seja eficaz. A responsabilidade direta pela preparação de novos gestores é dos gerentes de gestores. Eles precisam aprender a orientar seus subordinados diretos durante essa transição. Infelizmente, os gerentes de gestores recebem pouco ou nenhum treinamento na área de coaching.

É uma pena, pois gestores novatos constituem o sistema que alimenta todos os demais cargos gerenciais. Se você está enfrentando dificuldades em preencher vagas de gerência em vários níveis de sua organização, a origem do problema pode estar na primeira transição de liderança. Um teste simples é verificar se a maioria de seus novos gestores está sendo treinada e avaliada nas habilidades, no gerenciamento de tempo e nos valores profissionais discutidos até aqui e se está sendo responsabilizada pelo sucesso dos colaboradores individuais que gerencia. Em caso negativo, seu pipeline de liderança está obstruído na fonte e não há como esperar que a liderança flua para outros níveis. A chave para resolver esse problema está nos gerentes de gestores, portanto vamos voltar nossa atenção aos requisitos para essa próxima passagem de liderança.

Perguntas frequentes

P. *Nossa empresa tem tantos tipos diferentes de posições gerenciais que é difícil saber se a definição de "gerenciar outros" se aplica a todos. Como devo ajustar minha abordagem com base nessas diferenças?*

R. Eis seis tipos diferentes de cargo de gerenciamento de primeiro nível, responsáveis por gerenciar outras posições:

- um supervisor de fábrica responsável por muitos funcionários horistas que trabalham na produção de produtos;
- um gerente de vendas com oito ou nove vendedores espalhados por diferentes áreas;
- um gerente financeiro com quatro analistas altamente treinados fornecendo análises para a empresa;
- um gerente de central de atendimento com 30 subordinados diretos que atendem ligações de clientes;
- um gerente de laboratório responsável por uma equipe de pesquisadores com doutorado;
- um gerente de manutenção com diversos funcionários especializados, como eletricistas, bombeiros hidráulicos, mecânicos e carpinteiros.

Todos esses gestores fazem as mesmas coisas: planejam e distribuem o trabalho, monitoram o andamento, fornecem feedback e orientação, avaliam o desempenho, contratam e demitem, e assim por diante. O trabalho é o mesmo em todas as seis categorias. O que precisa ser ajustado são os períodos de tempo e a ênfase.

Para os grupos com treinamento profissional mais alto, o planejamento deve se estender mais para o futuro. Ofereça bastante espaço para permitir que usem suas habilidades. Para funcionários horistas, forneça uma noção do futuro, mas com ênfase em metas e feedback mais imediatos. Funcionários de centrais de atendimento também precisam de uma perspectiva do futuro e demandam ajuda para lidar com chamadas difíceis. Supra as necessidades da equipe de vendas com mais treinamento sobre produtos ou serviços, bem como habilidades para fechar os negócios.

Para cada categoria, o objetivo é a autossuficiência, mas o método para chegar lá difere bastante.

P. *Se eu tenho dois ou três subordinados diretos, sou um gestor?*
R. Provavelmente não. Ao menos metade do seu tempo deve ser gasto em trabalho de gestão para que você seja considerado um gestor. Se a maior parte do tempo é dedicada a trabalhos técnicos ou profissionais, você está na margem superior da categoria de "gerenciar a si mesmo".

P. *Quais são os sinais iniciais de que um gestor novato não está sendo bem--sucedido?*
R. Não lidar bem com os subordinados diretos: não estar disponível, não realizar reuniões, não conhecer suas histórias e não se comunicar. Outro indicador é não obter clareza do próprio chefe em relação a fatores como padrões de sucesso, áreas problemáticas a serem abordadas e prioridades do negócio. Trabalhar isolado da alta gerência acaba levando ao desempenho inadequado.

P. *Sou chefe do desenvolvimento de negócios subordinado ao chefe corporativo de estratégia. Atualmente tenho três subordinados diretos. Sou um gerente de outros?*
R. Não. O alcance de seu cargo e o seu relacionamento de subordinação tornam você um gestor funcional corporativo. O seu trabalho afeta a empresa inteira, uma vez que você participa da direção ou da promoção da empresa. "Gerente de outros" é uma designação para pessoas que dirigem o trabalho associado a produzir ou fornecer os produtos e serviços da empresa aos clientes. A área de impacto dessas pessoas é bem menor do que a sua.

Observações

- A tarefa de modificar valores profissionais para transitar com sucesso por essa passagem é mais desafiadora do que parece. Em quase todas as empresas com as quais trabalhamos, constatamos que muitos gerentes de outros ficam presos aos valores profissionais de "gerenciar a si mesmo". Eles continuam dedicando boa parte do tempo ao trabalho técnico ou profissional que apreciam e valorizam. Portanto, antes de promover pessoas a gerentes de outros, teste sua capacidade e disposição em abrir mão do trabalho técnico ou profissional para fazer o trabalho gerencial. Utilize atribuições como líder de equipe ou gerente de projeto para testar a capacidade e a disposição delas a assumir a responsabilidade pelo sucesso de outras pessoas. Antes de fazer qualquer designação permanente, descubra se a pessoa é capaz de obter satisfação em ajudar outras a terem sucesso e valorizar isso o bastante para sustentar esse esforço.

- Uma parte fundamental do planejamento de sucessão é fazer uma avaliação periódica para manter o número adequado de gerentes de outros. Erros nesse nível são dispendiosos de várias maneiras: a produtividade, o moral, a qualidade e o envolvimento dos funcionários são prejudicados, e a sucessão é afetada. Constitui uma prática muito comum designar estrelas técnicas ou profissionais para cargos nos quais a responsabilidade é gerir outros, embora elas acabem não fazendo o trabalho gerencial necessário. O problema disso é que esse é o banco de talentos que alimentará todos os cargos gerenciais futuros e, em vez de ter um pipeline cheio e fluindo, a empresa fica com um pipeline obstruído. O processo de planejamento de sucessão precisa descer a esse nível, de modo que uma análise abrangente de toda a empresa seja realizada ao menos uma vez por ano. Gerentes de primeiro nível com seis meses a um ano no cargo cujo desempenho não esteja bom precisam ser realocados. O objetivo deve ser manter um número menor de gerentes de outros, porém de melhor qualidade, composto de um mix de pessoas no qual algumas possam ascender e outras possam ser eficazes se mantidas nesse nível a longo prazo.
- Existe uma tendência perturbadora surgindo: a criação de muitos cargos de gerente de outros com poucos subordinados diretos que é usada como recompensa pelo bom desempenho. Só que não há trabalho gerencial suficiente para ocupar o tempo de todos esses novos gestores. Com isso, eles não aprendem de fato a gerir – assumem o cargo de gestor mas não aprendem a valorizar ou a executar o trabalho gerencial. Embora ainda esperem ser promovidos ao próximo nível, não estão preparados para isso. Quando o cargo de gestor representa status em vez de um conjunto de exigências de trabalho, a cultura de gestão na empresa se dilui e o que representa uma bela recompensa

para uma pessoa "gerente de si mesma" de alto desempenho transforma-se em um problema para a empresa.

- Escolher pessoas "gerentes de si mesmas" para cargos de "gerenciar outros" exige que se preste atenção tanto nas exigências óbvias quanto em algumas sutilezas. As exigências óbvias costumam incluir resultados obtidos, motivação e esforço, interesse em assumir mais responsabilidade e bons relacionamentos. Já as sutilezas principais incluem interesse pelo aprendizado, capacidade de aplicar o que aprendeu, disposição em expor e defender ideias diante de colegas e um interesse genuíno pelo sucesso dos outros, não apenas pelo próprio. O gerente de gestores (bem como o gerente de contratação) deve observar essas sutilezas.

3

De gerenciar outros a gerenciar gestores

Embora quase todas as organizações tenham programas de treinamento para gerentes de primeiro nível, são poucas aquelas com programas voltados para gerentes de gestores. Parte do problema é a falsa premissa de que há pouquíssima diferença entre gerenciar outros e gerenciar gestores – pela lógica, quem consegue desenvolver as habilidades de um gerente de primeiro nível naturalmente vai se adaptar a esse novo papel, que é similar porém mais importante. Outro aspecto do problema é psicológico, já que a promoção a esse cargo costuma ser vista como um degrau, não uma passagem importante na carreira. Enquanto ser promovido a gerente de primeiro nível é motivo de celebração, a passagem para gerente de gestores costuma ser recebida com bem menos entusiasmo.

No entanto, há uma diferença significativa entre as habilidades, o gerenciamento de tempo e os valores profissionais necessários para esse nível de liderança e para o anterior, e quando essa transição não é abordada muitos gestores pulam essa passagem, causando prejuízos a suas organizações. No curto prazo, a gestão da força de trabalho pode se mostrar inadequada. Gerentes de gestores são responsáveis pelo maior número de pessoas na empresa que executam o trabalho operacional relacionado aos produtos e serviços. Como é fácil imaginar, a qualidade e a produtividade são afetadas quando gerentes de gestores não desempenham bem seus papéis. Na verdade, erros nesse nível prejudicam a capacidade de execução da organização, podendo até criar uma desvantagem competitiva.

No longo prazo, o problema se relaciona com a falta de habilidades e valores, algo que afeta líderes ao serem promovidos a cargos de maior responsabilidade. Trabalhamos com gestores veteranos que não apresentavam as principais habilidades de liderança porque pularam essa curva. Esse nível oferece a oportunidade de embutir qualidades vitais no DNA da liderança da organização.

Vejamos, por meio da experiência de um gestor, o caso de uma empresa que não conseguiu tirar vantagem dessa oportunidade.

A incapacidade de empoderar gerentes de primeiro nível

Contratado por uma grande empresa de tecnologia para ser gerente de desenvolvimento de software no início da década de 1990, o trabalho de Vic mudou de dirigir uma unidade de aplicação de software e gerir 14 pessoas para ser responsável por 150 pessoas, com 12 subordinados diretos cujas unidades de trabalho desenvolviam, adquiriam e faziam a manutenção do software existente. O novo empregador de Vic enfrentava grandes desafios de conversão, prazos e pressões competitivas.

Como gerente de primeiro nível, Vic tinha os requisitos certos. Não apenas passara por um bom programa de treinamento como também fizera uso de feedback de 360 graus para aumentar sua compreensão de suas forças e fraquezas gerenciais, trabalhando com afinco para corrigir falhas. Em seu novo papel, dedicou bastante tempo a estudar todos os projetos sob sua supervisão e conhecer o pessoal. Durante aquela fase de aprendizado, ele descobriu que diversos projetos importantes estavam com o cronograma atrasado, que ele era um gerente de primeiro nível melhor que muitos de seus subordinados diretos e que o moral estava baixo (porque as pessoas vinham fazendo horas extras sem alcançar o objetivo).

Com a determinação e a habilidade que haviam feito dele um bom gerente de primeiro nível, Vic logo passou à ação. Analisando os projetos, reordenando prioridades e redistribuindo especialistas em aplicativos, fez algumas melhorias modestas. Mas o resultado não foi suficiente para satisfazer Vic e seu chefe. Além disso, ele também estava sendo engolido por problemas de pessoal. Uma fila se formava na porta de sua sala todas as manhãs: eram seus subordinados diretos e colaboradores individuais buscando sua opinião e aprovação. Logo faltou a Vic o tempo necessário para cuidar dos problemas de orçamento e de projeto que precisavam ser solucionados.

O foco principal dos gerentes de gestores – a área da qual fluem as habilidades, o gerenciamento de tempo e os valores profissionais – é o empoderamento de gerentes de primeiro nível. E, em vez de empoderá-los,

Vic os tinha enfraquecido. Ao dar ordens diretas a colaboradores individuais e realizar pessoalmente análises de projetos, ele estava assumindo funções que pertenciam a seus subordinados diretos. Os colaboradores individuais começaram a passar por cima dos próprios chefes para conversar com Vic, o que resultou em sua crise de tempo.

Se Vic tivesse feito a transição adequada àquele nível de liderança, sua postura diante dessa situação seria bem diferente. Desde o princípio, teria reunido a equipe, ouvido seus pontos de vista e solicitado recomendações. Embora pudesse exercer o poder de veto quando as recomendações fossem inapropriadas, ele poderia ter deixado que os gerentes de primeiro nível decidissem entre as opções disponíveis. Dando ao pessoal o poder de tomar decisões sobre projetos e responsabilizando-o por elas, Vic teria criado um ambiente melhor no qual seus subordinados diretos teriam como aperfeiçoar suas habilidades.

Vic também teria reservado algum tempo para observar como os gerentes conduziam sua gestão. Em vez de tratá-los como colaboradores individuais fazendo um trabalho técnico, ele os teria tratado e avaliado como gerentes de primeira viagem. Prestando atenção nas habilidades gerenciais, no gerenciamento de tempo e nos valores profissionais de seus subordinados diretos, Vic teria coletado as informações necessárias para realizar um coaching eficiente.

Ele poderia ter feito tudo isso se sua organização o tivesse ajudado a transpor aquela passagem de liderança. É importante observar que a empresa não investiu em seu desenvolvimento em parte porque Vic *parecia* bem preparado para o novo papel. Como um gerente consciencioso e altamente qualificado, ele se mostrava capaz de ingressar nesse novo cargo de liderança sem perder o ritmo.

As aparências podem ser bastante enganosas nesse nível. Por esse motivo, antes de identificarmos as competências requeridas nessa passagem, vamos nos concentrar em identificar o gestor que parece adequado mas carece das crenças e do comportamento apropriados.

Cinco sinais de um gerente de gestores na posição errada

O sinal que você não vai encontrar são resultados técnicos ruins. A maioria das pessoas promovidas ao cargo de gerente de gestores demonstra capacidade e desejo de exibir um bom trabalho. As promoções costumam estar vinculadas ao desempenho excepcional como gerentes de primeiro nível, com a entrega de bons resultados técnicos ou profissionais. Pessoas com dificuldades nessa passagem de liderança em geral enfrentam problemas com habilidades centrais de liderança, como indicam os seguintes sinais:

Dificuldade em delegar. Gerentes de primeira viagem costumam exibir esse comportamento problemático e inapropriado, mas às vezes seguem em frente apesar disso. À medida que as pessoas ascendem nos níveis de liderança, a incapacidade de delegar exerce um efeito cada vez mais negativo. Se um gerente de gestores é responsável por sete subordinados que são responsáveis por outras 70 pessoas, não é possível fazer tudo sozinho. Gerentes de primeiro nível costumam se frustrar e se irritar mais do que colaboradores individuais quando suas funções são usurpadas (porque, como gestores, têm a convicção de que deveriam ter maior responsabilidade de tomada de decisões). E o que é ainda pior: o trabalho é feito mais devagar porque muitas decisões foram centralizadas e proteladas. O gerente de gestores, tendo assumido tarefas em excesso, fica assoberbado e perturbado, então começa a reclamar que tem muito a fazer e poucos subordinados diretos competentes para ajudá-lo. Os problemas para delegar não se limitam necessariamente à incapacidade do gestor. Alguns gerentes falham ao delegar porque não possuem um sistema de controle que assegure a responsabilização pelo que é delegado.

Má gestão do desempenho. Para identificar esse problema basta procurar algum gerente de gestores que forneça feedback ruim ou insuficiente aos gerentes de primeiro nível, que não ofereça bom treinamento nem instruções claras e cujo pessoal se mostre inseguro em relação às metas. Em outras palavras, esse gerente de gestores é incapaz de se comunicar de forma produtiva com os subordinados diretos.

Incapacidade de desenvolver uma equipe forte. Trata-se de alguém que trabalha com seus subordinados diretos como indivíduos, mas não os organiza em uma equipe produtiva. Involuntariamente, esse comportamento encoraja mentalidades de feudos e impede a sinergia que existe em uma equipe de gerentes que compartilha informações e ideias.

Foco exclusivo na execução do trabalho. Esse indivíduo demonstra pouca ou nenhuma capacidade de tirar o máximo proveito de seu novo cargo de liderança. Ele ainda está atuando com os valores de um gerente de primeiro nível e não reconhece seu papel como coach e desenvolvedor de talento gerencial. Costuma não exibir qualquer interesse por questões estratégicas ou culturais.

Escolha de clones em vez de colaboradores. Nesse nível, as pessoas recebem muitas oportunidades de selecionar gerentes de primeiro nível. Infelizmente, elas não foram treinadas nessa habilidade e com frequência acabam escolhendo os indivíduos que mais se assemelham a elas mesmas. Isso não só causa problemas de diversidade como também polui o pipeline de liderança com profissionais sem as qualificações necessárias. Gerentes nesse nível também podem escolher amigos e ex-subordinados diretos em vez de gestores com maior qualificação para esses cargos. Essa tática pode ser um desastre, porque os amigos muitas vezes não estão dispostos a desafiar o chefe e não trazem novas perspectivas ao cargo.

O que gerentes de gestores deveriam fazer

As quatro habilidades seguintes são absolutamente essenciais a essa passagem de liderança:

- selecionar e treinar gerentes de primeiro nível capazes;
- cobrar dos gerentes de primeiro nível a prestação de contas pelo trabalho gerencial;
- alocar e realocar recursos entre as unidades;
- administrar as fronteiras existentes entre as unidades que lhe são diretamente subordinadas e as outras partes do negócio.

Vejamos cada uma dessas habilidades, bem como os valores e o gerenciamento de tempo relacionados com seu uso eficaz.

Selecionar e treinar gerentes de primeiro nível capazes

Encontrar colaboradores individuais capazes de assumir um cargo de liderança de primeiro nível é uma tarefa estranha à maioria dos gerentes de gestores novatos. Eles não estão acostumados a avaliar fatores como a disposição de liderar, competências de comunicação e de planejamento, e a capacidade de tomar decisões sob pressão. Escolher líderes costuma ser uma tarefa nova para eles, que precisam conhecer os colaboradores individuais bem o bastante para selecioná-los para um cargo gerencial. Isso significa identificar prováveis candidatos e criar oportunidades para verificar se gostam de tarefas gerenciais e se são bons nisso. Atribuir tarefas de liderança de equipes e de projetos são duas formas de atingir essa meta.

Gerentes de gestores que não valorizam as responsabilidades de seleção podem acabar recompensando amigos e clones. Somente quando percebem que não estão apenas escolhendo sua equipe, mas também semeando o campo da liderança da organização, é que começam a valorizar a seleção. Também observamos que a seleção é um problema para alguns gerentes de gestores que detestam fazer distinção entre as pessoas. Eles se sentem constrangidos em escolher alguém e, por inferência, dizer aos demais: "Vocês não são bons o suficiente." Gerentes de gestores também precisam reservar tempo para que a seleção seja eficaz. Escolher um clone ou amigo consome bem menos tempo do que observar pessoas em papéis gerenciais "de teste". Mas, se eles não dedicarem tempo a isso, não conseguirão obter os conhecimentos necessários para fazer escolhas inteligentes.

Treinar gerentes de primeiro nível é a arte de criar um ambiente encorajador que permita erros, mas não fracassos. Trata-se de um ambiente no qual exista grande entusiasmo por aprender técnicas de entrevista, avaliações de desempenho e críticas construtivas. Para estimular isso, gerentes de gestores precisam desenvolver uma sensibilidade em relação ao poder, o que significa que precisam usar sua posição de modo a motivar e instruir, não a humilhar e desmoralizar. Há muitos casos de chefes que reagem a um erro de um gerente de primeiro nível fazendo-o se sentir impotente ou criticando-o de forma mordaz perante os subordinados diretos dele. Tornar-se sensível ao uso e abuso do poder é um requisito nesse nível. Reconhecer o melhor momento de dar feedback negativo (em particular, não em público) e saber como fazê-lo (enfocando o comportamento, não o caráter ou a inteligência da pessoa) são sinais dessa sensibilidade.

Fazer os gerentes de primeiro nível prestarem contas pelo trabalho gerencial

Embora possam ser competentes em garantir que os colaboradores individuais prestem contas por seu trabalho, os gerentes de gestores devem mudar o foco da responsabilização. Precisam aprender a valorizar um tipo diferente de trabalho e desenvolver um referencial diferente para avaliar os resultados de seus subordinados diretos. Isso significa avaliar as pessoas com base na qualidade das decisões de seleção delas, na frequência e na qualidade do feedback de desempenho, na capacidade de trabalhar em equipe com outros departamentos e na habilidade em produzir resultados em equipe. O domínio dessa habilidade exige certa experiência, pois é preciso algum tempo para descobrir como fixar metas de crescimento que deem espaço ao desenvolvimento, mas sem provocar fracassos.

Como parte desse requisito de responsabilização, gerentes de gestores precisam afastar novos gerentes que não se enquadram no primeiro nível. Em muitos casos, essa é uma tarefa mais difícil do que afastar um colaborador individual. Enquanto o motivo para demitir um colaborador individual costuma ser bem definido – o desempenho é fraco ou ele não se enquadra nos valores da empresa –, os motivos para transferir ou demitir um novo gerente estão relacionados a questões mais intangíveis: não valorizar o trabalho gerencial e não lhe dedicar tempo suficiente. Reconhecer esses problemas e afastar pessoas de cargos gerenciais requer boas doses de coragem, força emocional e autoconfiança. Por outro lado, permitir que gerentes com desempenho fraco permaneçam em cargos de gerência de primeiro nível obstrui o pipeline de liderança em sua fonte e ainda priva a empresa de contar com colaboradores individuais de alto desempenho. Os gerentes de gestores, portanto, precisam reconhecer quando é preciso transferir ou dispensar alguém.

Alocar recursos entre as unidades

Essa é uma responsabilidade com a qual gerentes de gestores não estão familiarizados, uma vez que não é tão simples quanto pode parecer. Aprender a redistribuir dinheiro, tecnologia e pessoal de apoio (sem falar no próprio tempo do gerente de gestores) para melhorar os resultados é um ato de malabarismo que requer certa prática. Vejamos algumas das perguntas a que esses gerentes precisam responder para descobrir se unidades ou equipes estão consumindo os recursos com eficácia:

- Cada uma das unidades consegue fornecer a produção demandada no prazo e com o nível de qualidade exigido e pelo custo apropriado? Em caso negativo, quais recursos adicionais são necessários?
- Dispomos da combinação certa de recursos de qualidade externos e internos? Como ela deve ser ajustada?

- Há alguma unidade precisando de recursos ou desperdiçando-os? O que deve ser feito?
- Essa é a configuração correta de unidades, dada a produção total demandada? Quais recursos devem ser redistribuídos?
- Quais pessoas não deveriam estar trabalhando aqui? Em que velocidade elas podem ser substituídas por funcionários mais produtivos?

As perguntas não param por aqui. Outros julgamentos precisam ser feitos sobre o indivíduo e a unidade que requerem ou merecem recursos específicos:

- Qual unidade é mais eficaz e deveria receber o novo projeto desafiador (aquele com mais risco)?
- Quais unidades merecem mais do que apenas sua parcela de recursos de apoio (porque os usarão com maior eficácia)?
- Quem deveria receber o maior aumento, se é que alguém o merece?
- Quem precisa de mais treinamento e mais tempo meu?

Administrar as fronteiras

O gerente de gestores deve ser um destruidor de feudos, derrubando as fronteiras que interrompem o fluxo de trabalho e informações entre diferentes funções e equipes. Isso implica abandonar a mentalidade puramente funcional, que valoriza uma divisão funcional específica, para adotar uma visão mais igualitária. O gerente de gestores deve estimular esse valor igualitário entre seus gerentes de primeiro nível e colaboradores individuais para que o trabalho, as informações, as ideias e a tecnologia fluam sem qualquer obstáculo entre suas unidades.

Gerir fronteiras é uma questão não apenas de valores, mas também de habilidades específicas de gestão de fluxo de trabalho. Entre elas está monitorar o fluxo de trabalho entre a unidade do gerente de gestores e outras unidades na organização, fazendo perguntas e recomendando melhorias. Também inclui uma forma mais sutil de administração de fronteiras: entender e transmitir estratégias funcionais, estratégias de negócios e a missão corporativa. Ao transmitir esses requisitos estratégicos maiores e testar a obediência a eles, o gerente de gestores ajuda a manter as unidades interagindo com outros grupos, a fim de alcançar metas da empresa que transcendem as metas funcionais. Colaborações eficazes entre unidades costumam acelerar os processos de trabalho, e um gerente de gestores forte pode ajudar sua organização a ganhar essa vantagem competitiva.

Como ajudar os gerentes de gestores a percorrer essa passagem de liderança

Para desenvolver pessoas nessa passagem, é necessário conscientizá-las das diferenças entre ser um gerente de colaboradores individuais e um gerente de gestores. Para a maioria, esses dois níveis gerenciais parecem muito próximos, por isso as diferenças devem ser explicitadas. Alguém, de preferência o chefe do gerente, precisa comunicar com clareza quais são as novas habilidades requeridas, o gerenciamento de tempo e os valores que moldam o uso dessas habilidades na prática. Limitar-se a descrever esse novo papel de liderança, porém, não será suficiente para impedir que gerentes como Vic entrem em ação e assumam o trabalho de primeiro nível quando as coisas não estiverem indo bem. Metas e métricas devem ser estabelecidas para que os novos comportamentos gerenciais façam parte da responsabilidade do cargo. Métricas apropriadas incluem:

- grau de melhoria da eficiência;
- grau de melhoria da qualidade;
- frequência e impacto do treinamento;
- número de gerentes de primeiro nível promovidos ou transferidos horizontalmente para ampliar suas experiências;
- taxa de sucesso dos novos gerentes de primeiro nível;
- trabalho de equipe dentro da área de atribuição;
- trabalho de equipe com outras áreas.

De todas essas métricas, talvez a mais importante seja a que está relacionada a preparar gerentes de primeiro nível para seus papéis. Gerentes inexperientes são muito impressionáveis e naturalmente refletem as ações e atitudes dos chefes. Se seus chefes não conseguem ou não estão dispostos a dar um exemplo apropriado e ajudá-los a se desenvolverem na direção certa, o pipeline de liderança ficará obstruído na fonte. Em organizações onde isso acontece, a única saída é recrutar estrelas, uma prática fadada ao fracasso.

Atuar como gerente de gestores é uma forma óbvia de comunicar a mensagem correta aos gerentes de primeiro nível. O coaching, porém, é um método mais interativo de ajudar as pessoas a traduzir essa mensagem em comportamentos. Em um sentido bem real, o coaching é a arte do cuidado na prática, criando vínculos entre as pessoas (sobretudo líderes potenciais) e a organização. Quando você se importa, as pessoas sentem, e esse é um aspecto bastante importante da liderança nesse e em outros níveis. Quando o coaching e o cuidado estão ausentes e as pressões são intensas, a rotatividade é alta e as pessoas saem em busca de empresas que ofereçam ambientes mais favoráveis ao aprendizado e ao crescimento.

No entanto, isso não quer dizer que seja possível transformar todo gerente de gestores em um grande coach. Nem todos são coaches natos e talvez alguns não tenham talento natural para essa área. Mesmo assim, a maioria é capaz de orientar (ou no mínimo dar feedback honesto e útil) e cabe aos gestores funcionais (bem como a outros líderes) trazer isso à tona. O treinamento é um meio de fazê-lo, e existem coaches profissionais capazes de facilitar esse processo. Infelizmente, muitos coaches externos não entendem o contexto da empresa e acham difícil tornar seus conselhos relevantes. Em geral, recomendamos que as habilidades de coaching sejam ensinadas por meio de pequenos grupos de aprendizagem, que poderão apoiar e orientar uns aos outros depois de uma sessão inicial com um coach profissional.

Por fim, é de grande importância incentivar os gerentes de gestores a se envolverem com o nível estratégico nestes tempos de rápidas mudanças e incertezas crescentes. Eles podem desempenhar um papel fundamental na interpretação e comunicação dos objetivos da empresa a seus funcionários, seja diretamente ou via gerentes de primeiro nível. Se não houver envolvimento dos gerentes nesse nível estratégico, talvez sejam criados líderes resistentes à mudança. Quando Jack Welch começou as mudanças na GE, por exemplo, o nível de gerente de gestores era conhecido como "a camada de concreto". Os gerentes nesse nível costumavam resistir a qualquer iniciativa nova, encarando a redução dos níveis hierárquicos, o *downsizing* e o empoderamento da força de trabalho como ameaças. A GE decidiu romper essa resistência com um programa de treinamento em suas instalações de Crotonville intitulado "Gerente Experiente". Além de ajudar os participantes a adquirir as habilidades necessárias para gerir e liderar nesse nível, o treinamento também se concentrou em explicar o contexto cultural e empresarial das mudanças que vinham reformulando a organização. Ajudar aqueles gerentes a entender o impulso estratégico para a mudança acabou com grande parte de sua resistência, eliminando os falsos rumores e a desinformação sobre a mudança que os impediam de gerir com eficácia e entusiasmo.

Identificar pessoas que estejam enfrentando dificuldades com essa passagem é mais fácil do que achar indivíduos que a vivenciaram e se tornaram gerentes de gestores excepcionais. Como devem ser os gerentes de gestores eficazes? Como suas ações e atitudes refletem o tipo de liderança exigido nessa passagem?

Um modelo para gerentes de gestores

Gordon dirige um grupo técnico com sete gerentes subordinados em uma grande empresa de telecomunicações. No início da carreira, ele queria muito crescer na empresa, mas agora, aproximando-se dos 40 anos, está mais interessado na estabilidade e em realizar um trabalho com propósito. Vale a pena observar que Gordon recebeu de supervisores, subordinados diretos e colegas alguns dos relatórios de feedback de 360 graus mais positivos que já vimos. E não foi porque Gordon é alguém que se possa enrolar ou com quem seja fácil trabalhar. Na verdade, ele é bastante exigente e fixa padrões elevados para o desempenho individual e em equipe. Seu pessoal, porém, acredita que as exigências de Gordon são justas e que ele comunica com clareza e rapidez o que deseja. Gordon também é bem explícito sobre a maior responsabilidade de seu cargo: criar e desenvolver gerentes. Para isso, fornece feedback honesto quando as pessoas trabalham bem ou mal. Neste último caso, entretanto, seu feedback é específico e construtivo. Ainda que os comentários possam incomodar de início, ele não transforma feedback negativo em ataque pessoal.

Gordon conhece bem sua equipe e ajusta a abordagem a cada um segundo suas necessidades e sensibilidades específicas. Quando conversa sobre seus funcionários, é possível perceber o orgulho em suas palavras e no tom de voz. Ele acredita que uma de suas maiores realizações é que vários de seus subordinados diretos foram promovidos e se saíram bem em seus novos cargos. Na verdade, pessoas de outras áreas da organização gostariam de trabalhar para Gordon porque ele se esmera em produzir futuros gerentes e líderes de alto nível. E também sabe delegar, fornecendo às pessoas objetivos e dando liberdade para os alcançarem do seu jeito. Ele ainda é hábil em seleção de pessoas e dedica muito tempo a isso.

Por razões pessoais (ele não quer transferir sua família para outra cidade), Gordon talvez não avance muito além disso na empresa. Ao mesmo tempo, está desempenhando seu papel de gerente de gestores ao máximo, servindo de trampolim para a carreira de novos gerentes.

Perguntas frequentes

P. *Sou gestor funcional em uma pequena empresa. Não temos cargos de gerente de gestores. O que devo fazer para garantir que não me faltam habilidades críticas?*

R. Embora você seja um gestor funcional, terá que realizar muitas das tarefas de um gerente de gestores. Assim, concentre-se em ajudar os gerentes de outros a aprender a gerenciar e a assumir a responsabilidade pela gestão. Além disso, reserve atenção especial a integrar o trabalho das unidades que se reportam a você. Infelizmente, o seu maior problema será não conseguir desenvolver as habilidades de gestor funcional porque você estará mais envolvido nos resultados do dia a dia do que deveria. Leia o capítulo sobre gestão funcional com atenção e reveja sua agenda para garantir que haverá tempo suficiente para trabalho de gestor funcional. É muito provável que você esteja despendendo mais tempo como gerente de gestores do que como gestor funcional.

P. *Quais são os fatores mais importantes na escolha de um gerente de gestores?*

R. Primeiro, procure um entusiasmo genuíno pelo trabalho de gestão. Isso significa que os valores profissionais certos foram adotados. É mais fácil ajustar os valores profissionais se isso já foi feito antes. Segundo, observe se os candidatos exibem um pensamento sistêmico. Gerentes de gestores são responsáveis por conectar as próprias unidades entre si e também a unidades subordinadas a colegas. A capacidade de ver e entender como o trabalho flui, o que precisa ser conectado e onde fazer essa conexão é fundamental para o sucesso na resolução de problemas e no desenvolvimento da organização. Gerentes de gestores devem enxergar a organização como um todo e entender como ela precisa funcionar. Essa capacidade não deve ser subestimada e é muito difícil de ensinar.

P. *Como devemos tratar o nível de gerente de gestores ao planejar a sucessão?*

R. Como esse nível é o primeiro que de fato depende de habilidades gerenciais, não de capacidade técnica, trata-se do melhor nível para transferências interfuncionais. Na verdade, transferências interfuncionais nesse nível podem acelerar o crescimento das habilidades gerenciais, por serem fundamentais ao sucesso.

P. *É possível ter mais de um nível de gerentes de gestores? Somos uma empresa muito grande e temos dois níveis entre nossos gestores funcionais e gerentes de outros.*

R. Sim, é possível, e até provável, que grandes empresas tenham dois níveis de gerentes de gestores. Isso acontece quando a empresa está espalhada por diversas localidades ou possui grande número de funcionários. Ambos os níveis devem ser avaliados por critérios semelhantes. As diferenças residem basicamente em quem está sendo gerido. O nível inferior gerencia os gerentes de outros e o nível superior gerencia gerentes de gestores. Ambos os níveis demandam trabalho de integração, alocação de recursos e treinamento de gerentes como responsabilidades-chave. As diferenças estão, sobretudo, nos requisitos de coaching e desenvolvimento.

Observações

- O esclarecimento dos papéis tornou este capítulo muito popular entre os leitores. Uma conhecida fabricante de eletroeletrônicos afixou a definição de gerente de gestores em letras grandes na parede da fábrica. A intenção era que todos soubessem a diferença entre gerentes de primeiro nível e gerentes de gestores para que os problemas passassem a ser levados à pessoa certa. Isso porque os funcionários da empresa costumavam ignorar os chefes diretos e procurar diretamente o gerente de gestores, que acabava se ocupando em dar-lhes instruções de trabalho quando isso deveria ser feito pelos gerentes de primeiro nível.
- Aprender a fazer as perguntas certas é uma habilidade especialmente complicada para gerentes de gestores. É provável que eles façam perguntas sobre produção ou centradas em qualidade aos funcionários "gerentes de si mesmos", como "Quando você concluirá esse projeto?" ou "Por que a qualidade está caindo?". No entanto, quando fazem essas mesmas perguntas a gerentes de outros, essas pessoas assumirão a responsabilidade pessoal pela realização das tarefas. Presumirão, com base nessas perguntas, que é isso que seu gerente espera para acelerar o processo ou melhorar a qualidade. Diante disso, gerentes de outros que foram escolhidos com base em sua destreza técnica com frequên-

cia acabarão retomando seu papel como funcionários "gerentes de si mesmos". Os gerentes de gestores devem, portanto, fazer perguntas sobre gestão e liderança. Por exemplo: "O que você deveria fazer para a organização a fim de assegurar que os prazos sejam cumpridos?" ou "Seu pessoal conhece os padrões de qualidade e o que você está fazendo para assegurar seu cumprimento?". Essas perguntas provocam respostas bem diferentes e ajudam os gerentes de outros a se concentrarem no trabalho certo. Não fazer as perguntas certas inibe o desenvolvimento deles.

- Reconheça a dificuldade existente quando gerentes de gestores estão em uma "terra de ninguém". Em geral, eles não participam da definição dos rumos da empresa ou do desenvolvimento da estratégia. E não se espera que façam o trabalho técnico ou que forneçam orientação direta ao pessoal "gerente de si mesmo". Assim, eles não estão liderando a empresa nem trabalhando no produto. Acabam no limbo, o que os faz negligenciar seu verdadeiro papel: conectar a estratégia com os funcionários e a capacidade da força de trabalho com quem elabora a estratégia. Se não há diálogo suficiente entre os gerentes de gestores e seus chefes sobre estratégia, rumo da empresa, prioridades e problemas, eles acabam se alinhando com o pessoal abaixo na hierarquia por falta de opção. Eles se conectam emocionalmente com o que já conhecem e compreendem. A essa altura, com frequência tornam-se uma "camada de concreto".
- Entenda que a falta de profundidade gerencial muitas vezes é resultado de não se exigir o bastante dos gerentes de gestores. As empresas não pedem que participem do desenvolvimento de orçamentos ou do planejamento de longo prazo. Pelo contrário, tratam-nos como gerentes de outros em uma posição mais alta. Exija mais dos gerentes de gestores. Faça-os desenvolver e obter aprovação do próprio orçamento. Certificar-se de que o trabalho certo está sendo feito ao custo correto deve ser uma prática-padrão nesse nível. A participação no planejamento de longo prazo deve ser ampliada e oferece a oportunidade de demonstrar potencial para ocupar a posição de gestor funcional. Você deve garantir que não está criando artificialmente uma lacuna de sucessão ao exigir muito pouco dos gerentes de gestores.

4

De gerenciar gestores a gestor funcional

Essa é uma grande promoção. Nas empresas menores costuma ser a área de atuação de vice-presidentes, que adquirem o direito a opções de ações, títulos de clubes exclusivos, carros, status de executivo e outras formas de reconhecimento. Quem é nomeado gestor funcional passa a ser membro da equipe executiva e se subordina a um gerente geral de negócios. Em muitos casos, pessoas que até pouco tempo eram pares se transformam em subordinados. Seus colegas funcionais do início da carreira subordinam-se a dois ou três níveis de distância de seu cargo atual. Como gestor funcional, será pedido que contribua de formas bem diferentes do que fazia antes. Embora sua contribuição em parte dependa de como utiliza as informações recebidas, o gestor funcional sabe que não dispõe de todas as informações necessárias e não tem certeza de que as de que dispõe estejam corretas. Ele precisa, portanto, tornar-se um hábil intérprete e caçador de informações se quiser ter sucesso nesse nível.

Tudo isso exige uma maturidade de liderança para a qual ninguém o preparou. Os líderes maduros são aqueles que desenvolveram empatia, senso de oportunidade, discernimento e fontes de informações. Aprenderam a ouvir e buscam absorver informações de fontes tanto dentro quanto fora de suas organizações por vias formais e informais. Aprenderam a conversar com seu pessoal (e corrigi-lo) sem sufocar a criatividade ou impedir que sejam assumidos riscos calculados. Reconhecem a importância do pensamento de longo prazo, sem se esquecer do curto prazo. Em outras palavras, cresceram como gestores e líderes. Alguns gestores funcionais nunca desenvolvem maturidade, o que é ruim para o desempenho de funções e da empresa. Maturidade na liderança é um conceito abrangente que descreve os requisitos dessa passagem. O primeiro passo para desenvolvê-la é compreendê-la. Vamos começar analisando dois componentes essenciais.

Amadurecimento para assumir o papel de líder funcional

Para entender o que queremos dizer por *maturidade*, vejamos o termo primeiro do ponto de vista funcional e depois do de negócios. Funcionalmente, maturidade traduz-se em uma habilidade de pensar sobre a divisão funcional a partir de várias perspectivas. É comum que pessoas abaixo desse nível atuem como se sua divisão fosse uma ilha. Como gestores funcionais, é preciso passar a encarar a existência da divisão como um suporte para os objetivos gerais da empresa – e essa crença envolve decisões difíceis. Pode significar, por exemplo, a exigência de criar uma nova estrutura funcional que melhor contribua para as necessidades da empresa, mudando a estrutura de centralizada para descentralizada e resistindo a tudo que tal mudança acarreta.

A maturidade funcional também envolve aprender a se comunicar com um grupo de vários níveis. A comunicação eficaz torna-se mais difícil à medida que níveis são acrescentados e mais complexa quando as pessoas estão espalhadas horizontalmente (em diferentes escritórios, estados, países) e verticalmente. Nos cargos gerenciais anteriores, os gestores estavam acostumados a ver os subordinados diretos com frequência e a ter conversas individuais com eles. Agora, na posição de gestor funcional, esse modo de comunicação nem sempre é possível: às vezes os subordinados estão em localidades distantes; outras vezes o gestor funcional não dispõe de tempo para esse tipo de comunicação. Assim, o líder maduro aprende a delegar e confiar em vez de sempre exigir reuniões presenciais prolongadas. A agenda desse líder também está ajustada para gerir vertical e horizontalmente.

A imaturidade funcional manifesta-se quando se pede que as áreas trabalhem juntas em prol da organização. Com frequência, os gestores se envolvem em acusações quando algo dá errado ou em discussões sobre quem merece o crédito quando tudo dá certo. Ainda que a empresa busque o ideal de uma organização sem fronteiras, talvez não avalie de forma adequada nem recompense as pessoas por isso. Desse modo, o gestor funcional imaturo reclama que seu grupo deveria obter o crédito por um projeto de sucesso porque fez a maior parte do trabalho ou acusa outro gestor funcional de atrapalhar o processo. Em vez de liderar sua divisão com maturidade de modo a criar sinergias com outras divisões e superar as diferenças provincianas, ele reclama e inventa desculpas.

Outro aspecto da maturidade envolve pensar como executivo de negócios, não como um simples funcionário. Para alguém que passou uma década ou mais trabalhando apenas em nível funcional, trata-se de um grande salto na forma de pensar. Ser capaz de avaliar como uma decisão afeta não só a própria "comunidade", mas a sociedade da qual se faz parte, é algo que não foi incutido nos gestores. Desenvolver uma visão do negócio, em oposição a uma visão da divisão, requer uma perspectiva madura.

Essa perspectiva vem com a experiência. O ideal é que as organizações aloquem seus funcionários jovens e de alto desempenho a forças-tarefa, comitês e equipes de projetos que os forcem a planejar e implementar ideias que transcendam suas funções. Ao desenvolverem uma rede de relacionamentos abrangendo todas as funções e praticarem o pensamento estratégico, eles têm mais chances de crescer como líderes.

A imaturidade na liderança pode ser difícil de identificar. Quando um gestor funcional é um especialista no que faz e tem um histórico sólido naquela divisão, suas deficiências podem parecer menores ou até passar despercebidas. Nesse nível, é preciso conhecer os comportamentos e as atitudes que indicam imaturidade na liderança. Temos um caso clássico que ilustra essa situação.

Uma falha comum em novos gestores funcionais

Do ponto de vista funcional, Will sempre foi muito dinâmico. Por quase toda a carreira, comandou centros de produção e demonstrou grande interesse e aptidão por processos de produção e equipamentos de ponta. Quando Will foi promovido a um cargo em que conduzia a produção do novo carro-chefe da empresa, atraiu a atenção da gerência com suas ideias inovadoras de melhoria do produto e economia de custos. Quando se tornou gerente de gestores, Will sentiu-se à vontade no papel de liderança. Ele já ocupara posições de liderança quando servira no Exército.

Will se destacou como gerente de gestores. Dava autonomia aos subordinados diretos para testarem tecnologias de produção inovadoras e os aconselhava sobre como desenvolver o pessoal. Embora estivesse satisfeito com o andamento das coisas de modo geral, reclamava por não receber recursos financeiros suficientes para acelerar o crescimento da área de produção. Durante a gestão de dois anos de Will, sua operação dobrou de tamanho e ele e a equipe foram recompensados por suas contribuições. A melhor recompensa veio quando Will foi promovido a diretor de manufatura.

Will liderava nove gerentes de gestores responsáveis pelo planejamento da produção, controle da qualidade, compras, engenharia industrial e outras áreas. Além disso, as equipes de tecnologia da informação, recursos humanos e outras áreas de apoio se subordinavam a Will no organograma da empresa. A maior parte daquelas pessoas era mais velha do que Will, que progredira com rapidez.

Como chefe funcional, Will se esforçou para adquirir conhecimentos sobre compras e duas outras operações de produção – áreas com as quais tivera pouco ou nenhum contato anterior. Ele se informou sobre aquelas áreas e examinou as metas, os planos e os orçamentos. Após o que lhe pareceu uma análise objetiva, Will concluiu que a área de compras não era bem administrada e que as duas outras operações de produção tinham excesso de pessoal. Concluiu que, se desviasse alguns recursos daquelas áreas em favor de projetos de sua antiga área de produção de novos produtos, o grupo de fabricação estaria bem servido.

Depois que Will cortou seus orçamentos, os subordinados diretos responsáveis por aquelas áreas ficaram indignados. Will lhes comunicou as ineficiências observadas e o chefe de compras pediu demissão no ato. Quando o chefe de Will soube do ocorrido, ficou ainda mais zangado que os subordinados diretos. A análise superficial de Will não havia revelado que as duas operações de produção desempenhavam um papel fundamental na manutenção de fortes relacionamentos com os clientes. Tampouco revelou que o departamento de compras vinha se esforçando havia muito tempo para substituir fornecedores cuja qualidade estava caindo e que o chefe de compras era exímio em estabelecer relacionamentos com os fornecedores de melhor qualidade. Will chegara a suas conclusões com base em seu conhecimento e know-how limitados e usara suas descobertas como desculpa para financiar velhos projetos de estimação. Em suma, ele ainda não tinha desenvolvido a maturidade necessária para ser um líder funcional eficaz.

Favorecer uma área é um sinal de que se está tendo dificuldades nessa passagem. É comum que novos gestores funcionais sejam chamados a supervisionar áreas multifacetadas nas quais têm pouca ou nenhuma experiência. Sem um bom sistema de referência, eles reagem supervalorizando sua área de responsabilidade anterior, bem conhecida, e subestimando o desconhecido. Will precisava fazer a transição de uma orientação operacional concentrada em alguns poucos projetos para uma orientação estratégica concentrada em todos os projetos da divisão. Infelizmente, ninguém informou Will sobre essa necessidade nem o instruiu nessa direção.

Uma mentalidade estratégica, uma abordagem holística

Os melhores gestores funcionais são aqueles que pensam com estratégia e gerenciam com a divisão funcional inteira em mente. Fazer essas duas coisas requer um nível de maturidade que a maioria dos gestores funcionais não adquire sozinha. A natureza do trabalho em uma divisão envolve pensar de forma tática e ser responsável por um ou dois aspectos daquela divisão funcional. A maioria dos gestores funcionais ascendeu graças ao bom desempenho em uma ou talvez duas áreas. Por exemplo, o diretor de marketing pode ter se destacado em alguma destas: publicidade, comunicação, gestão da marca, gestão de produto, marketing direto, e assim por diante. Por melhor que se saia em uma dessas áreas, é provável que seja apenas mediano na maior parte das outras. É raro encontrar alguém que entenda os conceitos de ponta de todas as áreas da divisão, que consiga equilibrar as necessidades funcionais atuais com as metas futuras do negócio, que entenda os papéis e as contribuições de todos os outros cargos e como eles impactam e são impactados por sua divisão.

Para garantir que o pipeline de liderança esteja aberto e fluindo nesse nível, os gestores funcionais precisam aprender a valorizar e desenvolver as habilidades necessárias, além de dedicar tempo à estratégia funcional e à gestão da divisão inteira. Também devem estar prontos e ser capazes de recrutar externamente se faltarem talentos suficientes para satisfazer as necessidades imediatas. Vamos analisar primeiro os requisitos estratégicos.

Estratégia funcional

Até chegar a esse nível de liderança, os gestores dedicavam-se a criar planos operacionais de apoio em determinada área de sua divisão. Agora precisam migrar para a criação da estratégia funcional. Os cinco requisitos nesse nível são:

Pensamento de prazo mais longo (três a cinco anos). O gerente geral da empresa precisa produzir uma estratégia de longo prazo, e o gestor funcional deve fazer o mesmo, criando um plano que se encaixe perfeitamente na estratégia. Alinhar o período de tempo da estratégia funcional com o da estratégia de negócios é uma tarefa nada familiar para o gestor que passou toda a carreira pensando em termos anuais. Mais uma vez, a noção de maturidade é um conceito útil aqui.

Conhecimento atualizado. Estar à frente das últimas tendências em sua área de atuação é um desafio para gestores funcionais. É fundamental manter-se atualizado em relação às possibilidades técnicas, operacionais e profissionais, pois isso afetará diretamente a capacidade de contribuir para a vantagem competitiva da empresa. No ambiente atual, uma estratégia que não esteja alinhada com o que existe de mais avançado já está obsoleta: informações sobre novas tecnologias são encontradas com facilidade na internet e as pessoas podem ter acesso a novas oportunidades e comprá-las on-line. Gestores funcionais precisam aproveitar a internet e outras ferramentas para se manter informados sobre novos avanços que conservarão ou conquistarão uma posição de vanguarda para sua divisão. Empresas como Dell e Toyota obtiveram vantagem competitiva por meio de estratégias funcionais de ponta. Um cliente pode encomendar um computador ou um carro personalizado de acordo com suas especificações e recebê-lo em uma velocidade sem precedentes. A tecnologia de fluxo de demanda produziu uma vantagem competitiva para essas organizações. Os gestores funcionais que dominam novos processos e tecnologias serão capazes de ajudar suas empresas a obterem uma vantagem semelhante.

Compreensão plena e detalhada do modelo de negócios, das metas e da direção estratégica de longo prazo. Isso pode parecer óbvio e fácil de alcançar, mas não é. Uma compreensão parcial ou mesmo equivocada costuma ser a norma para novos gestores funcionais, apenas porque estiveram isolados em seu sistema de referência operacional por muito tempo. Líderes maduros reconhecem que é preciso entender o quadro geral, não apenas a pequena porção com a qual se sentem à vontade. Um gestor funcional possui boa compreensão se consegue responder a perguntas como estas:

- O que a empresa quer realizar?
- Como ela deseja se posicionar no mercado?
- A estratégia mudou recentemente ou deve mudar em breve?
- Minha divisão contribui para a vantagem competitiva da empresa?
- Como cada divisão deve contribuir para essa estratégia?
- Como os esforços de minha divisão impactam a estratégia?
- Como minha divisão impacta a capacidade das outras divisões de contribuir?
- Como se ganha dinheiro nesse negócio?

Considerar todos os aspectos da divisão no pensamento estratégico. É nesse ponto que os gestores funcionais precisam mudar seu gerenciamento de tempo. No passado, provavelmente passaram pouco tempo aprendendo sobre as áreas funcionais pelas quais não eram responsáveis. Agora isso é obrigatório e demanda um tempo significativo. Por mais competentes que sejam os subordinados diretos do gestor funcional, ele é responsável por integrar todas as partes em uma estratégia viável. Sem conhecimento suficiente, não é possível fazer isso com eficácia.

Capacidade de fazer escolhas na função em prol da estratégia de negócios, da lucratividade e da vantagem competitiva (e não em mero benefício do sucesso funcional). Esse requisito envolve reconhecer as conexões entre diferentes grupos funcionais. As relações complexas não são evidentes, a não ser que ocorra um diálogo constante. De novo, gestores funcionais devem dedicar tempo a conversar com os subordinados diretos e entender como cada um de seus grupos pode trabalhar melhor com outros grupos. Gestores funcionais também precisam entender de estratégia e pensamento sistêmico para que possam associar o que acontece sob sua supervisão com as questões e as metas maiores da empresa.

Gerenciar toda a divisão

Embora existam muitas responsabilidades vinculadas à gestão da divisão como um todo, talvez a mais significativa envolva a comunicação. Com certeza os gestores desenvolveram certas habilidades de comunicação ao longo dos anos, mas a mudança aqui é de falar para escutar. A liderança nesse nível demanda uma carga intensa de informações, e nada obstrui o pipeline mais rápido do que um gestor que toma decisões e se pronuncia sobre políticas sem ter à disposição todos os fatos e ideias. É preciso solicitar informações do mundo externo – clientes, fornecedores e analistas do setor –, bem como do mundo interno – os colegas. E, dentro desse mundo interno, escutar deve ser entendido como uma oportunidade importante. Agendar reuniões regulares para coletar informações de todos os níveis da divisão é fundamental, pois é a única forma de criar "capacidade de sanar" e detectar riscos e oportunidades antes que venham à tona. Durante essas reuniões, os gestores devem ter os ouvidos e a mente abertos para que possam responder às seguintes perguntas:

- Em que as pessoas estão trabalhando?
- Estão sendo adequadamente gerenciadas, desenvolvidas, recompensadas e orientadas?
- Sabem o suficiente sobre a estratégia da empresa, o modelo de lucros, a estratégia funcional, os desafios da empresa, as condições competitivas e as prioridades de curto prazo para realizar bem o trabalho?
- Quais problemas estão encontrando?
- Quais são os obstáculos?
- Quais ideias têm para melhorar sua contribuição, a divisão ou a empresa?
- Quais inovações estão sendo implementadas?
- Há velocidade suficiente nos tempos de ciclo de decisões?

Escutar (em oposição a falar sem escutar) é um marco inconfundível de um líder maduro e requer paciência, empatia e disponibilidade. Obviamente, gestores funcionais também precisam se comunicar com seu pessoal. Nesse nível de liderança, não há lugar para gestores inexpressivos, isolados ou que só conseguem se comunicar com seus subordinados diretos. Com mais níveis a alcançar, os gestores funcionais precisam se envolver no diálogo com pessoas em níveis acima e abaixo e em todas as subdivisões funcionais. Parte desse diálogo pode ser on-line, mas nada substitui as conversas face a face e o envolvimento emocional que são capazes de gerar. Mais uma vez, isso significa redirecionar o tempo de uma tarefa menos importante para dedicá-lo a essa atividade.

Gestores funcionais precisam dominar uma variedade de habilidades relacionadas ao ato de escutar. Por exemplo, precisam ser capazes de escutar não apenas o que é dito, mas também o que não é dito. Precisam estar alertas para temas que são evitados e para a hesitação em abordar um problema específico. Precisam também ser capazes de interpretar sistemas de referência – isto é, perceber que cada pessoa em uma conversa possui um conjunto de pressupostos e experiências específico que molda o que é dito. Isso é particularmente verdadeiro quando se trata de avaliação. Uma pessoa pode dizer que os resultados são excepcionais, enquanto outra vê esses mesmos resultados como medíocres: tudo depende do sistema de referência delas. Gestores funcionais aprendem a levar esses sistemas de referência em conta durante as conversas para evitar interpretações equivocadas.

Valorizar o que você não conhece

Como os gestores funcionais precisam lidar com muitas questões novas e nada familiares, o desafio apresenta dois aspectos:

- Como aprendem a gerir o que é novo?
- Como aprendem a valorizá-lo?

Valorizar o que é novo e desconhecido é um desafio sobretudo para gestores funcionais jovens, agressivos e ambiciosos. Imaturos, costumam cair na armadilha de achar que precisam saber todas as respostas. Sentindo que precisam "justificar" a promoção, começam a obstruir o pipeline de liderança desde o primeiro dia no cargo. Não estão dispostos a fazer perguntas ou dizer "não sei", temendo ser considerados não merecedores de sua posição de liderança.

O ideal é que os líderes funcionais sejam pessoas que adoram aprender o que nao sabem. Seus subordinados aceitarão perguntas e incertezas desde o início de sua gestão e estarão ansiosos por dar informações. Clientes e usuários finais também estarão mais que dispostos a oferecer conhecimentos e ideias. O segredo está em envolver os outros em diálogos, escutar com atenção e refletir sobre o que foi informado. Os gestores funcionais só valorizam de fato seu trabalho quando o entendem plenamente, e a disposição a aprender os ajudará a ajustar seus valores profissionais de modo adequado. A história a seguir ilustra esse ponto.

História de Ron

Ron foi contratado para ocupar a posição de diretor de vendas em uma empresa de transportes de médio porte. Ele chegou à nova empresa com uma reputação elevada e carta branca para reanimar um grupo de vendas de baixo desempenho. Embora fosse seu primeiro cargo como gestor funcional, Ron era especialista em sua área e havia ajudado o grupo de vendas que dirigira na empresa anterior a ter um desempenho extraordinário. Teria sido fácil para Ron tentar uma reestruturação maciça do departamento de vendas, demitindo boa parte dos funcionários, trazendo seu pessoal e instituindo métodos que haviam funcionado no passado.

Felizmente, Ron se desenvolvera de maneira adequada: ele havia percorrido cada passagem de liderança anterior e reconhecido que era preciso mudar o que valorizava, bem como aprender habilidades e gerenciamento de tempo novos ao percorrer as passagens. Por isso, decidiu não repetir o que fizera no passado (concentrar energia e tempo em melhorar o desempenho das vendas). Em vez disso, fez um esforço coordenado para conversar pessoalmente não apenas com os subordinados diretos, mas também com os vendedores mais jovens, representantes de atendimento ao cliente e o pessoal de atendimento dos pedidos. Embora tivesse sido convidado pelo próprio CEO da empresa, Ron não concentrou toda a sua atenção naquele relacionamento e se esforçou para entender as preocupações dos outros gestores funcionais. Depois de reunir informações suficientes, criou uma estratégia que levou em conta as complexidades da empresa, bem como as interações das subfunções em seu departamento.

Ron optou por se concentrar em melhorias no serviço ao cliente. Aquilo surpreendeu a todos, porque pensaram que ele se concentraria em trazer grandes vendedores de fora ou em reorganizar a estrutura do grupo de vendas, tornando-o parecido com a equipe eficaz com que contara na empresa anterior. Ron, porém, escutara com atenção e pensou em termos estratégicos e holísticos sobre sua divisão. O serviço ruim era o motivo principal do crescimento lento das vendas, e não a equipe de vendas considerada fraca. Clientes novos vinham sendo adicionados, mas os clientes existentes estavam abandonando o barco.

Como resultado da visão de Ron, o desempenho da empresa apresentou melhora significativa e ele foi promovido para um cargo que lhe deu responsabilidades ainda maiores.

Identificação de sinais disfuncionais

Como acontece com líderes em níveis mais baixos, os gestores funcionais muitas vezes confiam nas mesmas habilidades e gerenciamento de tempo e conservam os valores profissionais de seus cargos anteriores. Embora devesse ser um sinal de alerta claro de que não estão lidando bem com a transição, isso costuma ser mascarado pela alta competência deles em uma subdivisão específica. Eles *parecem* realizar um ótimo trabalho porque continuam tendo ótimas ideias e gerando resultados em uma área. No entanto, estão obstruindo o pipeline de liderança porque não adotaram o que realmente importa nesse nível. Divisões funcionais geridas por líderes que não fizeram essa passagem não levam a empresa rumo às metas estratégicas. Provocam raiva, ressentimento e rotatividade por causa de favoritismos e acabam prejudicando o desempenho da divisão no longo prazo.

Para identificar gestores que estão tendo problemas nessa passagem, procure sintomas nas três áreas indicadas a seguir:

- Incapacidade de fazer a transição de uma orientação operacional e de projeto para uma orientação estratégica:
  - demonstra pouco conhecimento sobre a dinâmica do negócio;
  - carece de pensamento de longo prazo (sendo muito mais focado no curto prazo);
  - carece de uma estratégia funcional que vincule a atividade funcional às metas da empresa;
  - ignora padrões, necessidades, políticas e programas funcionais corporativos.
- Incapacidade de gerir e valorizar o trabalho que lhe é desconhecido ou relativamente desinteressante:
  - dedica pouco ou nenhum tempo às pessoas e aos problemas de áreas com as quais tem pouca afinidade e investe muito tempo nas pessoas e nas oportunidades de áreas conhecidas;
  - demonstra preferência por uma área familiar em termos de salários, bônus e orçamentos;
  - perde pessoas de sua divisão em uma taxa mais alta que o normal (embora essa perda também possa resultar de uma arrumação necessária).

- Imaturidade na liderança e na gestão:
  - não demonstra interesse em assumir as responsabilidades de um líder, sendo muito mais interessado em ser um gestor e executor prático;
  - não confia nos outros, sobretudo em subordinados que atuam em divisões não familiares;
  - não consegue abrir mão da execução e tem necessidade de controlar tudo;
  - possui habilidades de comunicação deficientes, tanto em termos de escutar quanto de falar; isola-se, com a exceção de alguns amigos de subdivisões;
  - delega demais e não tem um sistema de controle (ou vice-versa).

Embora a imaturidade na liderança se manifeste também nas primeiras duas áreas, o terceiro grupo de sintomas oferece sinais mais evidentes de que alguém está tendo problemas nessa passagem.

Desenvolvimento de gestores funcionais maduros, estratégicos e completos

A maturidade é resultado do aprendizado obtido com o sucesso e com os erros – em outras palavras, é aprender com a experiência. Em tese, as pessoas já tiveram a oportunidade de conhecer o negócio como um todo e de mergulhar em diversas situações, experimentando tanto êxitos quanto fracassos. Tiveram a chance de se portar de forma imatura e de aprender com os erros via *mentoring*, coaching, feedback, etc. No entanto, como muitos executivos de alto desempenho vêm sendo promovidos a cargos de gestor funcional ainda jovens, nem sempre essa maturidade está plenamente desenvolvida. Para ajudar esses gestores a crescer, é preciso que sejam escalados para forças-tarefa e comitês de gestores de diversas divisões ou subdivisões funcionais com formações, habilidades e experiências variadas. Ser forçado a trabalhar com eficácia ao lado de pessoas diferentes é uma experiência de crescimento. Os gestores funcionais aprenderão não só sobre novas áreas de trabalho como também vão estabelecer relacionamentos com pessoas que usam métodos e habilidades distintas das suas. Isso vai tirá-los do casulo da zona de conforto de sua divisão e os ajudará a vislumbrar uma variedade maior de opções.

Desenvolver competências estratégicas pode ser um processo mais formal. Depois de três a seis meses no cargo, o treinamento nessas habilidades pode ser realizado por cursos acadêmicos, consultores ou recursos internos. O melhor método de treinamento, porém, envolve atividades práticas de aprendizado nas quais o gestor usa os próprios dados, desafios e recursos da divisão em uma tarefa ligada à estratégia. Após concluída a tarefa, o gestor deve ser avaliado e receber feedback.

O desenvolvimento visando ajudar as pessoas a se tornarem gestores funcionais completos pode envolver uma série de atividades, mas uma das melhores opções é se reunir com outros gestores funcionais capazes de compartilhar suas avaliações em relação à função desse gestor específico. Onde eles veem necessidade de melhoria? Onde veem oportunidades de sinergia? As perspectivas dos colegas podem fornecer a um novo gestor funcional uma compreensão de sua divisão bem mais abrangente do que normalmente desenvolveria.

O progresso do desenvolvimento pode ser medido com uma verificação da agenda: gestores funcionais precisam implementar mudanças profundas no modo como investem seu tempo se quiserem fazer uma boa transição para esse nível de liderança. É preciso reservar tempo para reuniões de estratégia, de comunicação com diversos representantes de subdivisões e assim por diante. Os gestores funcionais devem registrar em suas agendas o tempo dedicado a essas atividades. Além disso, devem investir algum tempo ao benchmarking de outros setores e se envolver em redes locais, como grupos da Young Presidents' Organization (organização que reúne presidentes e CEOs de empresas que conquistaram o cargo antes dos 45 anos). Uma análise regular das agendas dirá se eles estão de fato dedicando o tempo necessário a se desenvolverem como gestores funcionais.

Talvez o melhor meio de medir o progresso no desenvolvimento seja procurar sinais de maturidade. Há muitos sinais possíveis, mas a maturidade também pode ser medida pelo desenvolvimento de traços como humildade. Um líder maduro não precisa ser um especialista em cada área funcional (na verdade, isso nem é possível) e está disposto a admitir que outros sabem mais do que ele – e a aprender com essas pessoas. Líderes maduros também reconhecem que, para ter sucesso, é preciso obter a cooperação dos outros. Para tanto, eles delegarão, comunicarão e se certificarão de que as informações fluam de forma uniforme e rápida.

Por fim, um sinal claro de maturidade é abrir mão da mentalidade de feudos. Quando os feudos dominam, as divisões e subdivisões funcionam isoladamente, sem cooperação. Embora a gerência procure derrubar esses feudos, as atitudes antigas persistem. Líderes maduros se afastarão de uma dedicação limitada à sua divisão e adotarão uma filosofia de negócios mais integrada.

Perguntas frequentes

P. *Qual é o propósito central de um gestor funcional além de liderar a divisão?*

R. Espera-se que os gestores funcionais estabeleçam a vantagem competitiva de um negócio ou empresa. Eles determinam como derrotar a concorrência na entrega do serviço aos clientes. Precisam saber o que os concorrentes estão fazendo e descobrir meios de se destacar. Por exemplo: "Nossa empresa tem equipes mais eficientes que a concorrência porque recrutamos, assimilamos e treinamos melhor que qualquer um em nosso setor." Ou: "Somos mais inovadores em solucionar problemas dos clientes ou atender às necessidades deles porque temos maior expertise em pesquisa de mercado e comunicação mais transparente com os clientes." O gestor funcional precisa se ver como o primeiro nível de competição com todos os outros que buscam vencer no mercado.

P. *Por que os gestores funcionais costumam ser mais competitivos do que cooperativos com seus colegas, os demais gestores funcionais?*

R. Dois conceitos equivocados sobre a liderança funcional parecem explicar esse problema. Primeiro, os gestores com frequência pressupõem um jogo de soma zero ao buscar recursos da empresa. Eles acreditam que cada centavo que outros gestores recebem é um dólar que eles deixam de receber, porque a quantidade de dinheiro é fixa para a empresa. Segundo, competem em vez de colaborar por causa da sucessão iminente: eles se veem competindo com os colegas pela promoção ao próximo nível, o de gestor de negócios.

Essas duas premissas são falsas. No primeiro caso, o sucesso da empresa não é um jogo de soma zero. Quanto melhor o desempenho do todo, mais recursos estarão disponíveis para cada parte. Portanto, gestores funcionais devem reconhecer que, se deixarem de ajudar outras divisões, essa falta de esforço colaborativo trará efeitos negativos – primeiro para a empresa e, segundo, para a alocação de recursos. De um ponto de vista positivo, eles precisam entender que, se ajudarem outra divisão a alcançar uma meta empresarial, isso gerará lucro e satisfação, ambos resultando em mais acesso aos recursos corporativos. De forma semelhante, o sucesso e o progresso pessoal são mais prováveis quando a empresa tem bom desempenho. O sucesso pessoal à custa dos colegas não leva a empresa nem a pessoa a lugar algum.

P. *Qual a melhor forma de desenvolver gestores funcionais altamente eficazes? Eles deveriam ter atribuições interfuncionais antes ou depois de alcançar esse nível?*

R. Assumir atribuições importantes em diversas subdivisões funcionais parece ter o maior efeito de desenvolvimento. Atribuições em criação, fabricação, engenharia, controle da qualidade, compras e planejamento da produção – ou em ao menos três destas – ajudam a preparar pessoas para cargos de gestor funcional de fabricação, por exemplo. Todas as outras divisões possuem várias subdivisões a serem dominadas. Ascender por apenas uma subdivisão não produz a amplitude de realização, experiência e conhecimentos desejada. Além disso, forneça uma atribuição interfuncional antes de oferecer cargos de gestor funcional. Uma visão diferente da empresa e conhecimentos em primeira mão do funcionamento de outras divisões servem como uma preparação valiosa para participar da equipe gerencial de uma empresa.

Observações

- A transição para gestor funcional é mais difícil do que retratamos originalmente. Um gestor funcional novo precisa entender que não é mais um membro da divisão – mas o líder da divisão. Realizar um trabalho funcional, como resolver os problemas técnicos ou profissionais mais complexos, deixou de ser sua responsabilidade, apesar da importância dessas tarefas. Esse trabalho deve ser realizado no nível do gerente de gestores ou abaixo dele. Ser o solucionador de problemas funcionais vincularia os gestores funcionais ao trabalho do dia a dia ou de curto prazo, quando eles deveriam estar mais voltados para o futuro. Além disso, se eles sempre resolverem os problemas técnicos ou profissionais mais difíceis, os outros jamais aprenderão a solucioná-los.
- Vamos esclarecer a confusão sobre como os gestores funcionais são definidos em determinados ambientes. Algumas empresas são de fato

um único negócio e o CEO acumula as funções de gestor de negócios e CEO. Portanto, os gestores funcionais encabeçam o trabalho funcional corporativo, bem como o trabalho funcional do negócio. O trabalho funcional corporativo perpetua a empresa, bem como a posiciona no mercado.

- O trabalho funcional do negócio concentra-se em servir clientes ou permitir o serviço ao cliente. Nessa configuração de apenas um negócio, o trabalho funcional corporativo costuma ser prejudicado e o crescimento de longo prazo fica comprometido. O gestor funcional precisa se organizar para que os dois tipos de trabalho sejam realizados.
- Outro exemplo vem de empresas nas quais os gerentes de produto estão subordinados ao gestor de negócios e têm responsabilidade por lucros e perdas. Eles pensam que são gestores de negócios, mas a responsabilidade por lucros e perdas não passa de uma designação inadequada. Na verdade, eles não têm responsabilidade real pelos custos nem pelas receitas, já que grande parte do custo está na fabricação, que é subordinada a outra pessoa, e a receita é gerada pela equipe de vendas, que também possui outra chefia. Portanto, esses gerentes de produto exercem *influência* sobre o que é produzido e vendido, mas não a gestão direta. Gestor funcional é uma classificação melhor para esses cargos do que gestor de negócios. A estratégia e o posicionamento competitivo são requisitos centrais, mas sozinhos não são suficientes para caracterizar um gestor de negócios.
- Não defender os interesses do negócio ou da empresa dentro da divisão funcional é um problema comum e grave. Quando o gestor funcional atua isolado do gestor de negócios e de seus colegas que gerenciam as outras divisões, o valor da divisão é bastante reduzido. O trabalho produzido pode alcançar excelentes padrões funcionais – por exemplo, pesquisas com precisão científica ou programas de recrutamento de alta qualidade –, mas deixa de dar suporte à estratégia do negócio. Em muitos casos, a fidelidade ou o empenho do gestor funcional é para com a profissão, não o negócio, ou o gestor funcional não concorda com a estratégia do negócio. Qualquer que seja a causa, certifique-se de que os gestores funcionais entendem e aceitam a estratégia do negócio e que todos os membros da divisão façam o mesmo.
- A corrida para o nível de gestor funcional não é saudável para o indivíduo nem para a organização. Não caia na tentação de colocar pes-

soas brilhantes e ambiciosas nesses papéis-chave. Aprendemos que esses cargos são importantes demais para serem confiados a profissionais despreparados, por mais inteligentes que sejam. Este capítulo enfatizou a maturidade emocional como um requisito primordial – e a maioria das pessoas leva anos para desenvolvê-la. Se jovens talentos parecem ter dominado as subdivisões funcionais rapidamente, dê-lhes uma atribuição interfuncional como gerentes de gestores antes de promovê-los a gestores funcionais. A visão mais ampla do negócio e o aprendizado sobre a nova função fornecerão uma ótima base para buscarem vantagem competitiva como gestores funcionais. Mudar o ambiente ajudará no ganho de maturidade.

5

De gestor funcional a gestor de negócios

Muitos altos executivos recordam as experiências como gestores de negócios como as mais gratificantes de suas carreiras. Nesse cargo, são responsáveis pelo desenvolvimento de um produto ou a criação de um serviço e também por sua venda. Eles gerenciam o custo e a receita, e isso gera uma enorme sensação de domínio. Ao mesmo tempo, o primeiro cargo de gestor de negócios representa um grande desafio – provavelmente o maior de todas as seis passagens de liderança. Não se trata apenas de aprender habilidades novas ou gerenciar o tempo: gestores de negócios precisam mudar a forma como pensam.

Qualquer pessoa que passa da gestão funcional para a gestão de negócios é exposta a um "choque de liderança". Um gestor de negócios está em um cargo bem mais em evidência e é observado de perto por todos os líderes funcionais, bem como pela alta direção, o mercado financeiro e outros públicos. Muitos gestores de negócios também sentem que estão "por sua conta", pois recebem bem menos orientação dos chefes do que quando eram gestores funcionais. Além disso, existe uma enorme complexidade nesse nível de liderança. Desenvolver uma estratégia de negócios e ao mesmo tempo integrar o trabalho funcional requer ligar muitos pontos. E é claro que existe uma gigantesca mudança de valores: de valorizar a própria divisão funcional a valorizar todas as divisões de maneira adequada.

Para tornar esse desafio ainda maior, o comércio eletrônico está mudando a dinâmica de competição entre as empresas, o que gera ainda mais impacto nesse nível de liderança do que nos demais.

Vamos examinar cada uma das mudanças desafiadoras nas habilidades, no gerenciamento de tempo e nos valores profissionais e discutir por que essa passagem de liderança atormenta tantos gestores funcionais bem-sucedidos. Começaremos examinando como uma gestora funcional brilhante e talentosa reagiu ao primeiro cargo de gestora de negócios.

Não é preciso ser uma supermulher para ter um superdesempenho

Como gestora funcional, Katarina era uma estrela. Trabalhava em uma grande companhia de serviços financeiros e, na liderança da área de operações, ajudou a recuperar a divisão de cartões de crédito da empresa. Sua perspicácia financeira, combinada com a compreensão das nuances operacionais do grupo de cartões de crédito, permitiu que ela conquistasse resultados que chamaram a atenção de todos. Quando Katarina foi designada para liderar um banco recém-adquirido na América do Sul, ninguém se surpreendeu. Ela tinha vivido e trabalhado em diversos países e se sentia à vontade com missões internacionais. O banco amargava prejuízos porque possuía agências de mais, precisava de uma estratégia clara e não tinha bons sistemas de controle, entre outros problemas. Katarina ficou empolgada com a chance de estar no comando de uma situação de mudança radical.

Ela estava confiante de que conseguiria reverter o destino do banco. Com o alto grau de controle que vinha com o cargo, tinha certeza de que atenderia às expectativas da alta direção. Mas estava enganada. Embora compreendesse os problemas de custos envolvidos melhor do que quase todos os outros, sua estratégia de recuperação era toda operacional. Ela se concentrou apenas em suas habilidades técnicas para fazer tudo funcionar. Como havia aumentado significativamente os lucros dos cartões de crédito implementando processos mais eficientes, tentou fazer o mesmo em escala maior com o banco. No entanto, ainda que alguns de seus processos novos fossem eficazes, isso não foi suficiente. A carteira de produtos era grande demais e alguns deles estavam obsoletos. Ela deveria ter eliminado produtos em vez de tentar torná-los mais eficazes. Seu pensamento se baseava em "fazer melhor" em vez de "deveríamos fazer isso?".

Katarina percebeu que a melhoria dos processos não bastava e começou a trabalhar sem parar e microgerenciar cada área do banco. Na época em que foi gestora funcional, trabalhava noite e dia para alcançar suas metas e havia obtido sucesso. Agora, seus esforços sobre-humanos falharam. Ela se viu paralisada diante da complexidade das questões que enfrentava. Katarina gastou muito tempo e esforço em discussões sobre a decisão de fechar agências deficitárias, indecisa com os prós e contras que pareciam ter o mesmo peso. A equipe que ela herdou, representando as diferentes áreas de atuação do banco, ofendeu-se com a microgerência – eles não estavam interessados em receber ordens sobre rotinas diárias vindas de alguém sem experiência em suas funções. Em pouco tempo, pararam de tentar ajudar e só faziam o que lhes era ordenado.

Katarina queria pedir ajuda da alta direção, mas não se sentia à vontade. Sabia que estava em evidência. Grandes resultados eram esperados dela e a última coisa que queria era demonstrar suas fraquezas perante o novo chefe. Além disso, ele estava afastado geográfica e emocionalmente do banco. Antes, ela desfrutara uma relação de trabalho íntima com os chefes, mas o novo chefe já havia deixado claro que ela deveria se virar sozinha quando a nomeou para o cargo, explicando que naquele nível "espera-se que você resolva os próprios problemas". Foi o que Katarina tentou fazer. Ela trabalhava em ritmo frenético, mas só conseguia se exaurir. Katarina deixou não apenas o banco, mas a companhia de serviços financeiros, incapaz de entender como uma oportunidade que parecia ser ótima se transformara em um grande fracasso. Todos saíram perdendo – Katarina, seus colegas e a companhia de serviços financeiros.

Mudar a forma de pensar

O primeiro requisito – aprender como mudar a forma de pensar sobre o negócio – é mais difícil do que parece. Embora todas as transições de liderança exijam algumas mudanças de mentalidade, nessa passagem a mudança é monumental. É qualitativamente diferente dos níveis anteriores em termos de escopo, escolhas, espaços de tempo e decisões externas e internas. A liderança funcional se concentra no que pode ser feito: podemos obter o pedido? Podemos elaborar um plano de remuneração melhor? Podemos lançar o produto a tempo? Já os gestores de negócios devem se concentrar em um conjunto diferente de questões: como vamos crescer? Como ter receitas maiores do que o custo do capital? O nível de lucro é sustentável? Como melhorar a vantagem competitiva?

Até esse ponto, os gestores eram estimulados e motivados a alcançar novos níveis de competência. Agora devem temperar o foco na competência com um novo conjunto de indicadores. Precisam pensar em termos de rentabilidade e vantagem competitiva sustentável em um contexto global, o que não é fácil para quem passou anos pensando taticamente sobre metas funcionais e de curto prazo ou em um contexto local.

O pensamento estratégico funcional é bastante diferente do pensamento estratégico de negócios, que requer um sistema de referência mais amplo. Gestores de negócios precisam levar em conta um sem-número de fatores externos, como clientes, concorrentes, dados demográficos, questões macroeconômicas e públicos externos, como governos e comunidades. Eventos que acontecem no setor e no mundo precisam ser incorporados ao pensamento estratégico.

Não subestime a dificuldade de fazer essa mudança de mentalidade. Por mais que você diga a um novo gestor de negócios que é preciso mudar a forma de pensar, involuntariamente ele retomará seu velho modelo mental. Durante 10 ou 20 anos, ele exercitou o pensamento pragmático, de curto prazo. Assim como Katarina, usará essa forma de pensar quando estiver sob pressão, mesmo sabendo que é o jeito errado de abordar essa nova posição de liderança.

Lidar com a complexidade

Para entender a complexidade de um cargo de gestor de negócios nos dias de hoje, veja a Tabela 5.1.

Poucos profissionais estão preparados para essa avalanche de responsabilidades. Além de muitas não serem familiares, o volume em que se apresentam é intimidador. Embora alguns gestores funcionais recebam atribuições interfuncionais como preparação para responsabilidades mais complexas e amplas, muitas vezes isso não é suficiente. Como resultado, aprender sobre novas atribuições – o que fazer e como fazer – é uma prioridade inicial que consome bastante tempo dos gestores de negócios.

Seria mais fácil se esse aprendizado fosse apenas linear. Gestores funcionais precisam aprender sobre atividades que desconhecem dentro das divisões funcionais, de modo que o processo não é de todo novo para eles. Mas o aprendizado nesse nível é ao mesmo tempo linear e tridimensional. Conceitualmente, o desafio é criar conexões entre pessoas, divisões e pro-

Tabela 5.1 Cem elementos encontrados na maioria das empresas

Acessórios	Contas	Experiência	Marca	Proprietários
Ações	Contas a receber	Expertise	Marcas registradas	Publicidade
Ameaças	Credibilidade	Fábricas	Matérias-primas	Receita
Associações	Crédito	Financiamentos	Mérito	Redes de relacionamento
Ativos	Cultura	Fornecedores	Metas	Regras
Automóveis	Custos	Garantias	Missão	Relatórios
Autoridade	Dados	Gratificações	Mobiliário	Reputação
Benefícios	Depósitos	Ideias	Obrigações	Risco
Capital intelectual	Descrições de cargos	Imóveis	Opções de ações	Seguros
Cargos	Dinheiro em espécie	Inadimplência	Organização	Serviços
Cheques	Direitos autorais	Indicadores	Passivos	Sindicatos
Clientes	Empregos	Inovação	Patentes	Sistemas
Clientes potenciais	Empresas afiliadas	Intranet	Pesquisa	Sócios
Colaboradores individuais	Energia	Laboratórios	Planos	Suprimentos
Compromissos	Envolvimento com a comunidade	Licenças	Planos de previdência	Tecnologia
Computadores	Escritórios	Licenciados	Posicionamento no mercado	Terceirizados
Comunicação	Esquemas	Líderes	Processos	Títulos
Concorrência	Estoques	Livros contábeis	Produtos	Treinamento
Conhecimento	Estratégia	Logística	Programas	Visão
Consumidores	Ética	Logo	Projetos	
		Lucro		

Fonte: Drotter Human Resources, Inc.

cessos diversos. Só que essa responsabilidade de "ligar os pontos" é muito mais do que brincadeira de criança, pois é preciso que os gestores de negócios estabeleçam conexões tanto para o curto quanto para o longo prazo. Por exemplo, o recrutamento nos níveis mais baixos da hierarquia precisa não apenas preencher cargos vagos agora, mas também produzir gestores funcionais e de negócios em potencial. A unidade de vendas não pode se limitar a desenvolver uma base de clientes rentável no presente; precisa encontrar clientes que continuarão fiéis nos anos vindouros.

São tantas as complexidades que nenhum gestor de negócios consegue ligar todos os pontos sozinho. Alguns gestores funcionais podem ter tido sucesso como cavaleiros solitários, mas isso não funcionará nesse nível de liderança. Tentar fazer tudo sozinho é arriscar a passar pelo esgotamento vivenciado por Katarina. Gestores de negócios confiam nas equipes de gestores funcionais que criam, mas essa confiança é menos nos gestores individuais do que na própria equipe. Existe tanta complexidade em qualquer negócio que é preciso uma abordagem multidisciplinar para solucioná-la. Um problema de recursos humanos pode também ser um problema de planejamento estratégico e orçamento. Um gestor de negócios só será capaz de enfrentar toda essa complexidade reunindo uma equipe forte e liderando-a de modo que seus membros trabalhem juntos de forma eficiente e eficaz.

Aprender a valorizar todas as áreas e divisões

À medida que os gestores deixam seu papel funcional tradicional e se tornam responsáveis por todo um espectro de atividades, precisam dedicar tempo a aprender sobre os ingredientes-chave das áreas individuais e como elas se integram do ponto de vista dos negócios para produzir resultados. Aparentemente, não se trata de uma tarefa difícil – basta um pouco de tempo, inteligência e perseverança. O desafio está em aprender a valorizar todas as divisões funcionais de maneira adequada. Desse ponto de liderança em diante, o preconceito funcional torna-se um problema grave. Ele pode gerar uma série de problemas, da dependência excessiva de uma divisão específica à perda de oportunidades para maximizar a contribuição de uma ou mais divisões.

Apesar da possibilidade de algumas das áreas principais estarem entre as desvalorizadas, o desprezo por áreas de apoio é um problema particularmente destrutivo. Certa vez, um novo gestor de negócios disse: "Passei minha carreira evitando o pessoal dos recursos humanos e agora tenho um monte deles sob minha gestão." Esse tipo de atitude costuma ser consequência de uma experiência ruim no passado (a área de RH vetou a promoção de um subordinado favorito) ou de ignorância. É espantoso que gestores de negócios possam atingir suas posições de liderança com tão pouca compreensão das áreas de RH, finanças, auditoria, crédito, atuarial e jurídica.

Sem essa compreensão, muitas vezes eles ignoram ou rejeitam essas divisões, para seu prejuízo como líderes. Um bom pessoal de apoio serve como um sistema de alerta para problemas em uma empresa. Eles são os primeiros a identificar uma súbita mudança nas vendas, problemas de motivação ou um padrão emergente de ações judiciais. Com frequência, o pessoal de apoio também consegue corrigir ou deter um problema antes que exploda. Além disso, podem ser os olhos e os ouvidos de um gestor de negócios. Graças a seus papéis de apoio, são mais propensos a interagir com várias outras áreas e conseguem manter um gestor de negócios informado sobre acontecimentos que os outros subordinados diretos talvez não percebam ou optem por não comunicar à chefia. Infelizmente, constatamos que, em um grande número de casos, os gestores de negócios deixam de lado as áreas de apoio para aumentar a eficácia do negócio.

Visibilidade elevada

Todo cargo de liderança possui certo grau de visibilidade – todo mundo tem um chefe que observa e avalia seu desempenho em um novo cargo gerencial. A visibilidade nesse nível, porém, é bem mais intensa. A alta direção com certeza tem grande interesse em quão bem um gerente geral consegue administrar um negócio.

O mais importante é que, quando um gestor de negócios assume o cargo, todas as pessoas abaixo dele estão observando e aguardando. Quase todos têm perguntas como:

- O gestor de negócios terá sucesso?
- Ele mudará a estratégia?
- Conseguirá obter os recursos dos quais precisamos?
- Manterá a mesma equipe?
- Será que ele vai mudar, agora que tem todo esse poder?

- Ele favorecerá sua antiga divisão?
- Adotará uma postura prática demais ou vai ficar só no discurso?
- O foco será para dentro ou para fora do negócio?

Gestores de negócios possuem grande poder sobre projetos, planos e pessoas, e esse poder sujeita cada uma de suas ações ao escrutínio geral. Paradoxalmente, precisam usar esse poder para correr riscos e aprender. Gestores de negócios costumam ter um milhão de perguntas e, para obter respostas, às vezes precisam se arriscar e cometer erros – que são ampliados porque todos estão observando e julgando seu desempenho.

O contraste com sua visibilidade como gestores funcionais é grande. A visibilidade dos gestores funcionais existe basicamente dentro de sua divisão funcional. Embora seu pessoal também ouça com atenção tudo que diz e observe cada ação, um propósito funcional em comum e uma linguagem compartilhada moderam o efeito dessa visibilidade. É claro que pessoas em outros papéis funcionais, bem como o gestor de negócios, ficam de olho no gestor funcional, mas em geral a pressão por estar no centro das atenções é mais intensa para os gestores de negócios.

Encarar o desafio do comércio eletrônico

O comércio eletrônico já alcançou o patamar de segmento de maior crescimento da economia americana, e tanto os negócios da antiga quanto da Nova Economia têm prosperado nesse ambiente. Além disso, sabe-se que a cada ano milhares de pessoas passam a ter acesso à internet. Com isso, muitos gerentes gerais enfrentam o desafio de acrescentar um braço de comércio eletrônico a seus negócios.

Embora o comércio eletrônico afete todos os níveis de liderança, os gestores de negócios são os que enfrentam o maior impacto. As mudanças de gerenciamento de tempo, valores profissionais e habilidades que precisam ser feitas são atordoantes. Muitas de suas premissas e boa parte de seus conhecimentos sobre a própria natureza do negócio devem ser reavaliadas. Eis alguns dos choques mais comuns que os líderes nesse nível sentem:

- O achatamento das margens de lucro é uma realidade, exigindo um enxugamento da infraestrutura interna (corte de custos e aumento de velocidade de produção) antes da redução de preços.

- Modelos de negócios podem se tornar obsoletos da noite para o dia. Podem mudar de verticais para horizontais em um clique.
- Todo negócio é global.
- A infraestrutura precisa liderar o crescimento. Clientes atuais e em potencial vão embora se não conseguirem navegar por um site com rapidez e facilidade.
- Os custos aumentam rapidamente e é fácil ser pego de surpresa. Gastar em técnicos habilidosos e tecnologia é necessário, mas ambos podem se tornar ultrapassados a qualquer momento.
- A marca é mais importante do que nunca: ajuda os usuários a selecionar em meio a um número de opções que parece infinito.
- O equilíbrio de poder está pendendo para o lado do cliente.
- O pessoal do planejamento precisa receber alta prioridade, não apenas da área de RH, mas de todos os líderes.
- O capital intelectual pode ser usado para gerir negócios de modo inovador e com mais vantagens. Intranet, bancos de ideias, avaliações de negócios globais on-line e outras ferramentas do tipo podem concentrar várias mentes diferentes em problemas e oportunidades.

Sinais de alerta contra problemas na transição de liderança

Para identificar gestores com dificuldades nessa passagem de liderança é preciso uma observação atenta, já que os sinais e sintomas não são óbvios. Pessoas com problemas em gerir a complexidade de um negócio, por exemplo, não ficam se queixando. E nenhum gestor de negócios em seu juízo perfeito criticaria o comércio eletrônico. Os sinais de alerta estão mais relacionados ao desafio que eles precisam enfrentar – que é mais longo e difícil do que em qualquer outro nível de liderança.

Eis alguns dos sinais mais comuns de problemas com essa transição de liderança:

Comunicação sem inspiração. É como se a complexidade desse novo nível de liderança os deixasse mudos. Pessoas que se comunicam de forma poderosa e convincente como líderes funcionais acham difícil inspirar e motivar suas equipes. Talvez enfrentem dificuldades com o modo de se expressar, já que estavam habituados a usar uma linguagem funcional compartilhada, não uma multifuncional. A raiz do problema é que esses gestores não mudaram o seu jeito de pensar sobre o negócio, portanto não aprenderam a falar dele de forma nova e empolgante. Tanto ao falar para grupos quanto em conversas individuais, não encontraram um sistema de referência estratégico adequado para transmitir sua mensagem.

Incapacidade de reunir uma equipe forte. Montar a equipe certa é fundamental nesse nível por causa da complexidade, da falta de familiaridade e do volume de trabalho. Mesmo assim, alguns gestores de negócios insistem na atuação solitária. Um sintoma comum dessa mentalidade é uma equipe ineficiente de subordinados diretos. Em geral, o gestor de negócios demonstra favoritismo por uma divisão funcional (aquela na qual ele atuava), o que faz os outros membros da equipe se sentirem deixados de lado. Também é possível que esse gestor de negócios não forneça a motivação e a compreensão necessárias à boa atuação conjunta dos gestores funcionais. Assim, percebe-se um clima de desconfiança quando esses gestores se reúnem e, em alguns casos, há uma guerra declarada entre eles. Quando as equipes de gestores funcionais são belicosas, desconfiadas e ineficazes, é sinal de que o gestor de negócios não está realizando bem a transição. Por fim, alguns gestores não sabem como recrutar fora de sua divisão para garantir a formação de uma equipe forte.

Outro sinal relacionado é gerir o negócio com base em produtos ou tecnologia, e não em pessoas. No lugar de contar com sua equipe para lidar com os aspectos do produto e da tecnologia, o gestor de negócios entra em cena e assume a "responsabilidade pessoal". Isso não só enfraquece aqueles que são responsáveis por essas funções como também prejudica os papéis de integrador e estrategista que o gestor de negócios deveria assumir. Qualquer gestor de negócios com problemas nessa área tem poucas chances de se tornar um CEO eficaz. Mesmo assim, alguns gestores de negócios que administram por meio de produtos ou tecnologia podem chegar ao topo da empresa, embora em geral pela rota do headhunter.

Falta de entendimento sobre como o negócio gera lucro. Aqui a responsabilidade é por gerar lucros com alto nível de eficiência de capital, e muitos gestores não sabem quais são os requisitos para aumentar os lucros. Embora possam entendê-los em certo nível, não são capazes de traduzir essa compreensão em comportamentos adequados. Por exemplo, novos gestores de negócios oriundos das áreas de operações ou finanças às vezes ficam obcecados com chamadas de clientes, supondo equivocadamente ser essa a chave para o lucro. Em vez de avaliar toda a cadeia de lucro, concentram-se em apenas um aspecto, prejudicando assim a divisão de vendas.

Além disso, essa incapacidade de reconhecer a origem do lucro revela falta de compreensão dos processos principais do negócio. Entender os processos é trabalhoso, implica fazer muitas perguntas e admitir desconhecimento, e ainda é preciso encontrar conselheiros confiáveis capazes de preencher as lacunas. A transição de uma divisão funcional que o gestor conhecia como a palma da mão para um cargo interfuncional com muitos aspectos não familiares é muito desafiadora. É tentador para alguns gestores de negócios fingir que sabem tudo em vez de se esforçar e sacrificar seu ego para de fato conhecer quais processos básicos são necessários ao sucesso. Gestores de negócios precisam ter autoconfiança para admitir que não conhecem algumas áreas em profundidade e devem demonstrar abertura para acionar as pessoas que detêm o conhecimento necessário.

Problemas com a administração do tempo. Se um gestor de negócios fica frenético, pulando de um projeto para outro, e nunca tem tempo suficiente para conversar com o pessoal-chave, é um sinal claro de que está enfrentando dificuldade nesse nível de liderança. Gestores de negócios com frequência têm problemas com a administração do tempo e não conseguem encontrar o equilíbrio apropriado entre trabalhar para avançar na organização, fazer visitas externas a clientes e assim por diante. Por ainda estarem presos à mentalidade funcional do nível de liderança anterior, tentam fazer coisas demais. Em vez de criar uma equipe forte e confiar a ela grande parte do trabalho tático, os gestores de negócios decidem solucionar eles mesmos os problemas. A chave para o sucesso é priorizar o ponto de vista do negócio e fornecer resultados com base tanto no curto quanto no longo prazo.

Desprezo das questões culturais. Gestores que ignoram questões culturais não aprenderam a valorizar a cultura, o feedback, as crenças organizacionais e assim por diante. Com isso, evitam dedicar tempo, energia emocional ou recursos à avaliação ou ao ajuste da cultura de suas empresas, ou ainda à definição do que suas unidades representam. Ser o guardião da cultura é uma nova responsabilidade para esses líderes, e sua reação é ignorá-la ou lhe atribuir baixa prioridade.

Opções de desenvolvimento: autodidatismo, novas experiências e reflexão

Nesse nível de liderança, o desenvolvimento costuma ser autodirigido, com uma ajuda ocasional do chefe do gestor de negócios. São muitos os desafios enfrentados ao tentar fazer essa transição de liderança, e o mais difícil talvez seja lidar com a complexidade do cargo. O triângulo do alinhamento é uma boa ferramenta para compreender essa complexidade (ver Figura 5.1).

Como é possível observar, o triângulo do alinhamento é concebido para designar e conectar as diversas responsabilidades e requisitos do cargo de um gestor de negócios. No mínimo, esse triângulo lembrará aos gestores de negócios os conhecimentos que precisam adquirir e o equilíbrio que devem atingir entre diversas áreas. Traduzir esses conhecimentos em planos e ação significativos é a melhor forma de os gestores de negócios lidarem com a complexidade nesse nível.

Figura 5.1 O triângulo do alinhamento

Fonte: Drotter Human Resources, Inc.

Por exemplo, se a participação de mercado estiver caindo ou a empresa não estiver atingindo suas metas nesse quesito, o gestor de negócios pode usar o triângulo para fazer a si mesmo algumas perguntas sobre os elementos em cada vértice (ver Esquema 5.1) e usar as respostas como orientação para as ações que deve tomar. Esse método de análise ajuda a evitar reações automáticas, como reduzir de imediato o preço para ganhar participação de mercado.

Esquema 5.1 Exemplos de perguntas baseadas no triângulo do alinhamento

Direção estratégica	• Temos os produtos certos? • Estamos nos mercados certos? • Minha vantagem competitiva é viável? • O posicionamento de minha empresa é diferenciado e sustentável? • Estamos atingindo os segmentos de clientes corretos?
Organização	• Temos o processo adequado para definir as necessidades dos clientes? E quanto ao potencial de mercado? • Minha área de desenvolvimento de produtos está habilitada a fazer as pesquisas necessárias? • Meus custos estão altos demais, forçando a alta dos preços? • Estamos bem organizados para enfrentar o desafio que temos pela frente?
Pessoal	• Meu pessoal é inovador o suficiente? • Somos capazes de criar produtos que atendam às necessidades dos clientes? • Temos uma mentalidade voltada para os clientes? • Entendemos nossa posição em relação à concorrência e às nossas metas?

Fonte: Drotter Human Resources, Inc.

Ajudar gestores de negócios a aprender a valorizar todas as funções, bem como a reunir e contar com equipes fortes de subordinados diretos, demanda uma série de ações. O ideal seria que todos os gestores funcionais tivessem a experiência e a expertise necessárias para facilitar o tratamento apropriado e a total confiança por parte do gestor de negócios. Na realidade, isso raramente acontece. Portanto, o chefe do gestor de negócios deve considerar tomar as seguintes atitudes:

- Incentivar o gestor de negócios a se reunir com cada um dos gestores funcionais para fazer perguntas, ouvir as respostas e refletir sobre o que ouviu.
- Fixar metas específicas para o gestor de negócios relacionadas com cada uma das divisões, vinculando essas metas às áreas de apoio para que sirvam de sistema de alerta prematuro a eventuais problemas.

- Sugerir que o gestor de negócios torne uma rotina ser acompanhado por um chefe funcional nas viagens, a fim de ficar mais sintonizado com o valor de cada divisão funcional em situações reais do dia a dia.

Ainda que mudar a mentalidade de um gestor de negócios não seja fácil para nenhum chefe, a questão pode ser simplificada se for abordada no primeiro dia no cargo. Constatamos que as pessoas são mais abertas e receptivas a conselhos nos estágios iniciais de um cargo novo ou quando estão em dificuldades. Desde o primeiro dia, o chefe deve programar uma série de reuniões que esclareçam essa transição de liderança e os diferentes valores profissionais, gerenciamento de tempo e habilidades nesse nível de liderança.

Como parte dessas discussões iniciais, os chefes devem enfocar o equilíbrio entre resultados operacionais de curto prazo e posicionamento do negócio no longo prazo. Essa transição no pensamento é desafiadora, e os gestores de negócios precisam aprender a conseguir as duas coisas – e não uma à custa da outra. Ao abordar as questões e ajudar o gestor de negócios a pensar e conversar sobre o tempo e os recursos que destinará a cada uma, um chefe pode promover o pensamento equilibrado.

Lidar com a alta visibilidade inerente a esse nível de liderança é um processo permanente. Em alguns casos, os gestores terão desenvolvido um grau de maturidade no nível anterior que os ajudará a enfrentar a notoriedade. A reação natural de alguns gestores diante do olhar atento de todos é uma atitude defensiva e rígida. Para estimular a abertura e a flexibilidade, os gestores de negócios devem tentar as seguintes táticas:

- Testar previamente ideias, decisões e propostas com um colega de confiança, de modo que não se vejam na posição de "travar" caso suas ações sejam questionadas em público.
- Dizer "Eu não sei" quando se sentir inseguro em relação a respostas e decisões e depois se comprometer a descobrir o que não sabia dentro de determinado prazo.
- Coletar várias opiniões – tanto a favor quanto contra – antes de tomar decisões. Buscar informações externas também.
- Usar o teste da manchete de jornal: perguntar a si mesmo como se sentiria sobre uma ideia ou transação se ela aparecesse na primeira página do jornal do dia seguinte.

A questão final – o desafio do comércio eletrônico – exige um questionamento constante de si mesmo e dos outros para desenvolver um ponto de vista informado e ser capaz de implementar o comércio eletrônico no mix com eficácia. Eis apenas algumas das perguntas que os gestores de negócios deveriam fazer sobre seu conhecimento relativo ao comércio eletrônico e a suas capacidades:

- Estou *de fato* entendendo a dinâmica do comércio eletrônico? Estou disposto a desafiar o paradigma das vendas tradicionais que governam meu negócio?
- O departamento de tecnologia da informação está em sintonia com a dinâmica do comércio eletrônico? Se a área estiver separada do negócio (como costuma ocorrer), será que está prejudicando em vez de contribuindo com o plano de comércio eletrônico?
- Dada a importância do indivíduo, estamos centrados o bastante no ser humano? Estamos atraindo e conservando as pessoas certas?
- Estou avançando rápido o bastante?

Uma transição de sucesso: abrindo mão da mentalidade funcional

Em muitas organizações, os pipelines de liderança estão obstruídos com gestores de negócios que fogem da complexidade de seus cargos. Em vez de dedicar tempo e energia mental a compreender as situações com as quais devem lidar, eles recorrem às antigas abordagens de liderança que lhes são familiares.

Gary é um exemplo de líder que adotou a complexidade em vez de fugir dela quando foi nomeado gestor de negócios na gigantesca organização de serviços financeiros para a qual trabalha. Durante 10 anos, Gary recebeu várias atribuições, cada vez mais difíceis, no negócio de comércio de commodities da empresa. Ele estava se saindo bem e, quando o chefe foi promovido, Gary o substituiu como gestor de negócios. Foi uma promoção esperada, já que o negócio de Gary era considerado um dos melhores do mundo e ele tivera grande participação nesse sucesso.

O chefe de Gary também tivera grande êxito na direção do negócio e quando Gary assumiu o cargo poderia facilmente ter mantido a estratégia do predecessor. As receitas giravam em torno de 500 milhões de dólares e o negócio apresentava a excelente margem operacional de 23,8%. Gary, no entanto, deixou de lado qualquer pressuposto sobre o negócio e utilizou o triângulo do alinhamento como ferramenta para avaliar, entender e conectar a direção estratégica, a competência coletiva e a competência organizacional. Ele também estava disposto a fazer perguntas aos subordinados diretos e clientes que revelavam seu desconhecimento em áreas nas quais não tinha experiência.

O que descobriu foi que o setor como um todo vivia um momento de excesso de capacidade, o valor dos produtos tradicionais estava caindo e a União Europeia estava prestes a se tornar realidade, o que reduziria a demanda por seus produtos. Seu negócio global era forte na Europa, mas o talento não era distribuído de maneira uniforme pelo negócio e as metas não estavam bem integradas. Interagindo de perto com a equipe, Gary chegou à conclusão de que o modelo de negócios vigente não estava alinhado com as realidades e as necessidades dos clientes.

Aquela foi uma descoberta alarmante, mas que ajudou Gary a mudar seu pensamento sobre o negócio. Não foi fácil por várias razões, entre elas o fato de que devia seu cargo ao antigo chefe e de que estava prestes a embarcar em uma estratégia nova que se afastava da estratégia bem-sucedida formulada por ele. Gary, porém, se esforçara para enfrentar um ambiente bastante complexo e confiava em sua equipe para deixar que o ajudasse a agir em meio àquela complexidade. O resultado foi um plano de transição que afastou o negócio das transações com produtos rumo à consultoria especializada. Isso implicou reduzir o número de operadores no negócio e aumentar o número de especialistas para oferecer consultoria sobre uma variedade de questões comerciais. Também ocasionou uma mudança nos processos básicos de aquisição de novos clientes e de atendimento aos clientes existentes.

A estratégia funcionou à perfeição. Gary e sua equipe haviam descoberto uma forma inteligente de aumentar a rentabilidade do negócio. A consultoria, cobrada por serviço, reduziu a posição de risco do negócio e capitalizou uma série de tendências de mercado importantes. Tudo aquilo exigiu coragem. Ainda que estivesse mais exposto que a maioria dos novos gestores de negócios, Gary não hesitou quando se viu no centro das atenções. Pelo contrário, fez seu dever de casa, interagiu com a equipe, decifrou a complexidade, fez as conexões e embarcou em uma estratégia que era exatamente a que o negócio precisava.

Perguntas frequentes

P. *Quais são as melhores ações para ajudar um gestor funcional a se tornar rapidamente um gestor de negócios eficaz?*

R. Afastar-se da divisão funcional que o "abrigou" por 15 anos ou mais é o maior desafio para o novo gestor de negócios. Hábitos, processos mentais, interações diárias, participação em organizações funcionais, entre outros fatores, precisam mudar. O controle rigoroso da agenda é o primeiro passo. O chefe ou consultor de recursos humanos do novo gestor de negócios deve dedicar bastante tempo a adequar a agenda dele para incluir pensamento estratégico e tempo de planejamento; reuniões com executivos seniores de empresas clientes (e não seus contatos de vendas); reuniões individuais com os novos subordinados diretos, sobretudo se foram colegas; revisões de processos básicos da empresa; e sessões para coletar informações com representantes dos níveis mais baixos. Os novos gestores de negócios podem sentir que dominam todas essas tarefas. No entanto, sua perspectiva precisa mudar, passando de participante funcional a dono do negócio e da eficácia funcional à integração do negócio.

Uma segunda ação decisiva é desenvolver a própria capacidade de avaliar o pessoal-chave individualmente e todos os funcionários em conjunto. Parte dessa ação consiste em desenvolver e transmitir padrões de avaliação. Na medida do possível, antigos critérios de avaliação fundamentados em experiências funcionais devem ser abandonados em favor de novos critérios que se baseiam na contribuição para o sucesso do negócio.

Por fim, uma terceira ação essencial é definir a contribuição que querem dar à empresa. Quando seu período como gestores de negócios chegar ao fim, o que esperam que as pessoas digam sobre sua atuação no cargo? As respostas podem incluir *crescimento rápido, ótima liderança, liderança de mercado, ótimo conselheiro*. Quando gestores de negócios se comprometem com essa contribuição predefinida, ficam motivados a obter habilidades capazes de ajudar a romper os padrões da habilidade funcional.

P. *Você mencionou "ligar os pontos" como uma responsabilidade-chave. O que isso significa?*

R. Ligar os pontos significa enxergar como todos os elementos no negócio se relacionam e afetam uns aos outros. Muitos gestores de negócios foram gestores funcionais bem-sucedidos que ligaram os pontos da própria divisão com alguns pontos de outras divisões. Agora precisam entender e ligar todos os pontos no negócio, em particular no momento de tomada de decisão. Por exemplo, se damos a um cliente um desconto maior, qual o efeito disso para o relacionamento com os outros clientes, a posição de mercado, a rentabilidade, a cadeia de suprimentos, o relacionamento com os fornecedores, o orçamento de pesquisa e desenvolvimento, as comissões de vendas e assim por diante? Planos, decisões e ações (ou inações) precisam ser vistos em função do efeito que geram sobre tudo mais. Isso requer que o gestor de negócios esteja familiarizado com todos os aspectos do negócio, sobretudo aqueles evitados no passado.

P. *Qual a parte mais difícil de se tornar um gestor de negócios?*

R. Muitos gestores de negócios nos contaram que tiveram dificuldades com a revisão de seus critérios de julgamento sobre pessoas. Amigos de tarefas anteriores podem não estar à altura se avaliados do ponto de vista das exigências do gestor de negócios. Aqueles "amigos" talvez tenham que ser realocados ou demitidos. Gestores de negócios novos podem se sentir em dívida com eles pela fidelidade ou o desempenho no passado, mas o que de fato lhes devem é feedback franco sobre como se saíram no cargo. Todos os olhares estão voltados para esses gestores de negócios, portanto, eles precisam se esforçar para ser justos e coerentes, por mais doloroso que isso possa ser na esfera pessoal.

Observações

- Adotar uma verdadeira perspectiva de negócios sobre o comércio eletrônico é mais importante agora do que quando publicamos a primeira edição deste livro há 10 anos. Hoje o comércio eletrônico é fundamental para as organizações, mas nem sempre a integração do comércio eletrônico ao negócio consegue ser bem-sucedida. Muitos sites são difíceis de navegar, contêm explicações inadequadas sobre produtos ou termos e condições de serviços, apresentam fotos ruins e oferecem informações desatualizadas. Os gestores de negócios precisam prestar mais atenção ao comércio eletrônico em vez de delegar a responsabilidade ao pessoal técnico. Garantir que o design do site seja bom, repensar as condições para os negócios eletrônicos, desenvolver parcerias de comércio eletrônico e aceitar e responder ao feedback eletrônico devem ser partes importantes da agenda do gestor de negócios.

- Com bastante frequência, os gestores de negócios são pressionados por exigências de lucro a curto prazo. Embora o desenvolvimento da estratégia e o pensamento estratégico sejam atribuições reconhecidas desse papel, o trabalho e o tempo dedicados a essa questão são mínimos, isso quando essas tarefas não são delegadas a outras pessoas. Atingir os números do mês corrente parece então ser o único foco do gestor de negócios. A mudança nos valores profissionais da capacidade funcional para um foco na rentabilidade parece ocorrer, mas o lucro a curto prazo domina. Delegar o trabalho sobre o futuro ao executivo de estratégia ou ao gerente de desenvolvimento de negócios talvez acalme a consciência assoberbada dos gestores de negócios por um período. No entanto, eles precisam dedicar tempo ao futuro, para que consigam internalizar uma ideia clara do rumo de seus mercados e do que será necessário para se manter competitivo. Os lucros a curto e longo prazo deveriam ser igualmente valorizados.
- Um erro grave que gestores de negócios costumam cometer é não reconhecer seu papel fundamental na criação de uma equipe orientada para o negócio. Observamos muitos gestores de negócios apoiando o treinamento e o desenvolvimento em termos gerais, mas não vemos coaching individual suficiente de seus subordinados diretos: os gestores funcionais. Os gestores de negócios veem seus subordinados diretos como especialistas funcionais, não como fontes de vantagem competitiva. Por não conhecerem a fundo a maioria das divisões (é provável que só tenham trabalhado em uma ou duas delas), eles evitam aconselhar os gestores funcionais. Entretanto, é fundamental que o gestor de negócios ajude cada um deles a ter conhecimento pleno da estratégia e de suas implicações para o trabalho funcional. Essa é a base para o sucesso sustentável do negócio. Além disso, cada gestor funcional deve ter uma mentalidade voltada para o negócio, não uma mentalidade funcional. Os gestores de negócios podem e devem orientar os subordinados diretos para se certificarem de que eles entendem e aceitam a estratégia e para que vejam o trabalho com uma mentalidade de negócios. Permitir que o gestor funcional trabalhe isoladamente ou apenas de acordo com os padrões funcionais constitui um grave erro.

- Facilitar o alinhamento é crucial, e o triângulo do alinhamento ajuda a alcançar essa meta. Essa ferramenta fornece um modelo para rastrear o progresso do esforço da empresa a fim de sincronizar todos os elementos. Gestores de negócios que o utilizam conversaram conosco sobre seu valor e sua utilidade. Observamos líderes de recursos humanos alcançando maior envolvimento dos gestores de negócios com o uso do triângulo do alinhamento. Todas as funções deveriam usar essa ferramenta para garantir que estão na direção do alinhamento. Gestores de negócios deveriam exigir que subordinados diretos utilizassem essa ferramenta ou algo semelhante. O modelo pode ser adaptado para diferentes habilidades, mentalidades, processos, clientes e assim por diante. Gestores de negócios devem coordenar esse alinhamento, compartilhando a responsabilidade com seus gestores funcionais para fortalecer a interface entre o negócio e as divisões funcionais.

6

De gestor de negócios a gestor de grupo

Essa passagem de liderança pode ser um grande desapontamento. Como enfatizamos, em geral os gestores de negócios adoram seu trabalho porque dirigir o próprio negócio é divertido e recompensador. No entanto, quando passam ao papel de executivos de grupo, deixam de gerenciar um negócio. Às vezes não têm o próprio pessoal e precisam tomar emprestada uma equipe de uma unidade de negócios ou da corporação. As habilidades requeridas nesse nível são mais sutis e indiretas. Executivos de grupo precisam se envolver nas questões, por vezes frustrantes, de distribuir recursos corporativos limitados entre negócios concorrentes, desenvolver gestores de negócios sem pisar em seus calos e criar uma estratégia de portfólio que gere sinergia horizontal entre diferentes unidades de negócios e inicie novos negócios de acordo com o que for apropriado. Também precisam avaliar os gestores de negócios, suas equipes e suas culturas, comportando-se como se fossem os únicos responsáveis pelas unidades de negócios, estabelecendo metas voltadas para o mercado e exigindo o melhor desempenho. Em outras palavras, passam do cargo de liderança que reúne as atribuições de que mais gostam para aquele que demanda a parte menos divertida do trabalho. Alguns executivos de grupo contam que enfrentam essa dura transição apenas porque a veem como um trampolim para o cargo de CEO. Outros chegam a encará-lo como um cargo simbólico.

Não se pode negar que em algumas grandes empresas esse cargo é visto apenas como um intermediário: o executivo de grupo ajuda o CEO ao reduzir o número de pessoas diretamente subordinadas a ele. Essa é uma definição necessária, porém degradante, desse papel. Empresas que de fato entendem o potencial desse nível exigem que uma estratégia de grupo, geralmente de alcance global, seja desenvolvida, abrangendo questões como mercados e segmentos de clientes não atendidos e aumentos prováveis na capacidade requerida. Muitas dessas empresas inteligentes também tornam os executivos de grupo responsáveis por promover iniciativas importantes que devem ser disseminadas por todos os níveis da organização e testam sua capacidade de desenvolver relacionamentos externos para a empresa como um todo, atribuindo-lhes os contatos com o governo, o mercado financeiro, o setor ou um cliente-chave. Quando as responsabilidades do executivo de grupo são ampliadas dessa forma, o papel de intermediário inclui mais do que apenas a supervisão dos gestores de negócios: envolve ter seu potencial como futuro CEO testado ao realizar algumas atribuições desse cargo. Se isso for feito corretamente, o gestor de grupo ganhará experiência na liderança de várias – e muitas vezes diversificadas – unidades de negócios.

Embora a gestão de grupo seja uma experiência de desenvolvimento importante para futuros CEOs, também é um nível fundamental para qualquer organização. Pipelines de liderança costumam ficar obstruídos porque os executivos de grupo não estão preparados ou não recebem apoio para fazer essa passagem. Com isso, usurpam as funções de seus gestores de negócios, que por sua vez usurpam o papel de seus gestores funcionais, e assim por diante na hierarquia. Na prática, eles iniciam uma reação em cadeia na qual todos empurram seus subordinados diretos para o nível de liderança inferior.

Nesse caso, existem alguns paralelos com a transição de liderança para gerente de primeira viagem. Em ambas as situações, as pessoas precisam abrir mão de um trabalho do qual realmente gostavam e que definiu seu sucesso anterior. Precisam renunciar às responsabilidades práticas em favor de tarefas mais efêmeras e menos gratificantes no curto prazo. Em alguns casos, isso pode até significar desmontar algo que construíram: talvez tenham que reduzir recursos para um negócio que desenvolveram ou até encerrá-lo por causa de mudanças nas condições de mercado ou nos objetivos estratégicos gerais do portfólio.

Antes de abordarmos os requisitos específicos para esse nível de liderança, gostaríamos de enfatizar o valor profissional mais importante nesse nível.

Sucesso indireto

Valorizar o sucesso de outras pessoas e de seus negócios é fundamental. A eficácia dos executivos de grupo depende muito de sua capacidade de ajudar equipes e negócios a serem bem-sucedidos. Talvez esse conceito pareça estranho para pessoas muito ambiciosas e orientadas para resultados que se tornam executivos de grupo. Por mais que tenham aprendido a delegar e orientar nos níveis de liderança anteriores, essa é a primeira vez que devem ceder quase todo o envolvimento direto na administração para outras pessoas. Também é a primeira vez que precisam pensar sobre um conjunto de negócios e sua relação com a corporação como um todo (em vez de pensar apenas em um negócio individual). Como disse um executivo de grupo insatisfeito: "Não posso *fazer* nada. Sempre gostei de pôr a mão na massa; era por isso que meu cargo anterior era ótimo. Agora a diversão acabou."

O sucesso, portanto, vem por um caminho diferente daquele com o qual estavam acostumados. Julgar as habilidades estratégicas de gestores de negócios e usar seu poder e sua influência para aprovar projetos são apenas duas das exigências que diferem daquelas que encontraram em níveis de liderança anteriores. As três perguntas seguintes ajudarão a descobrir se um novo gestor de grupo fez essa transição de valor:

O gestor de grupo consegue tomar boas decisões, diferenciando-as entre os negócios, com base em resultados prováveis?

A meta já não é desenvolver o próprio negócio, mas criar o mix certo de investimentos em vários negócios. A alocação de recursos é uma habilidade crucial do CEO, e gestores de grupo precisam começar a valorizá-la. Isso significa pesar os prós e os contras de desenvolver um negócio fazendo novo investimento ou remanejando recursos de um negócio que pode gerar dinheiro para o crescimento de outros. Também significa olhar para diferentes países e grupos de clientes a partir de uma perspectiva de crescimento e tomar decisões de investimento compatíveis. Descobrir como o mercado financeiro avaliaria um movimento estratégico também é crucial aqui. Como é fácil imaginar, trata-se de um processo bem mais complexo e ambíguo do que investir recursos em um único negócio. Requer a habilidade não apenas de desenvolver uma estratégia, mas também de criticá-la.

O gestor de grupo consegue trabalhar com seus subordinados diretos para desenvolvê-los como líderes de negócios?

Como discutiremos adiante neste capítulo, esse papel é bem difícil para muitos gestores de grupo porque consiste basicamente em promover o desenvolvimento, sem intervenção. O maior erro que gestores de grupo podem cometer é assumir parte ou todas as responsabilidades de um gestor de negócios ou impor uma estratégia a um negócio em vez de deixar que o gestor de negócios aprenda sozinho. Mais uma vez, o problema está ligado ao que os executivos de grupo valorizam. A maioria assume o cargo valorizando um relacionamento mais engajado e interativo com os subordinados diretos. Agora precisam recuar e ser mais socráticos em seu estilo de supervisão.

O gestor de grupo consegue priorizar um portfólio de estratégias em vez de estratégias individuais?

Muitos executivos de grupo acabam, por força do hábito, concentrando-se em estratégias individuais para negócios individuais. No passado, valorizavam o desempenho de um negócio, e essa perspectiva costuma ser um obstáculo para a estratégia de portfólio necessária nesse nível. É preciso assumir uma mentalidade multidimensional, a fim de integrar uma variedade de necessidades de negócios e questões em um plano holístico. Essa é uma forma bem mais indireta de ver o planejamento estratégico do aquela a que a maioria dos gestores está acostumada.

Vejamos como esses valores – ou a falta deles – determinam os requisitos de habilidades e de tempo durante essa passagem de liderança.

Gerenciar e desenvolver gestores de negócios

Os executivos de grupo orientam os gestores de negócios e aprovam as estratégias deles, mas não conduzem os negócios desses gestores. Não se trata de uma questão puramente semântica. Os executivos de grupo sentem uma forte tentação de mudar a estratégia de negócios, desafiar a precificação, consolidar fábricas e realizar todas as atividades "divertidas" a que estavam acostumados como gestores de negócios. Embora seja fundamental fazer perguntas e avaliar se os gestores de negócios estão realizando suas tarefas com eficácia, eles causam um enorme dano ao pipeline de liderança se decidem executá-las sozinhos. Como na transição pela qual passa um gestor de gestores, os executivos de grupo precisam se conter. Mesmo nas organizações maiores e mais complexas, em geral não há mais de 200 a 300 gestores de negócios. E eles são os melhores e mais brilhantes, o acervo de talentos que alimentará os cargos de alta liderança da organização. Se não forem desenvolvidos com eficiência, é quase certo que a empresa terá que buscar talentos de fora para preencher esses altos cargos. Assim como é vital desenvolver subordinados diretos em todos os níveis, desenvolvê-los nesse nível é de suma importância para o futuro da empresa.

Portanto, para ajudar a desenvolver gestores de negócios de modo adequado, executivos de grupo precisam deixar de criar estratégias de negócios individuais e aprender a analisar as estratégias dos gestores de negócios. Precisam resistir ao impulso de impor uma estratégia ao negócio de um subordinado direto e, em vez disso, fazer perguntas e fornecer orientação que permita que esse subordinado elabore a própria estratégia. Os melhores executivos de grupo agem com inteligência em relação à capacidade de planejamento estratégico de seus gestores de negócios. Ao fazer perguntas e observações, conseguem descobrir se os subordinados diretos fizeram a própria passagem de liderança com sucesso ou se o pensamento deles ainda está preso ao nível de gestor funcional. Habilidades de análise de estratégia são aprimoradas aqui e são cruciais para o sucesso.

Executivos de grupo precisam aprender ainda a avaliar os gestores de negócios com base em mais do que apenas resultados financeiros. Como é possível imaginar, é difícil ver além desse importante indicador. No entanto, como discutimos no capítulo anterior, grande parte do êxito de gestores de negócios advém do aprendizado de ligar os pontos e integrar divisões. Quando um executivo de grupo faz um pedido que requer pensar sobre um assunto em termos amplos, de vários níveis, como reage o gestor de negócios? Ele é incapaz de fazer as conexões entre os diferentes elementos de um negócio, incluindo clientes e fornecedores? Fica bloqueado quando precisa reunir as divisões e ajudá-las a alcançar uma meta ambiciosa? Prestar atenção no desempenho dos gestores de negócios nessas áreas e reconhecer quando um indivíduo está com problemas são habilidades perceptivas nas quais os executivos de grupo devem se concentrar. Esses gestores também precisam comunicar aos subordinados diretos que tudo conta e que eles são responsáveis por mais do que o bom desempenho financeiro.

Além disso, é preciso que os executivos de grupo dediquem bastante tempo aos gestores funcionais. Tornar-se exímio em selecionar gestores funcionais capazes de enfrentar um cargo de gestor de negócios é fundamental. Executivos de grupo que são bons nessas avaliações não possuem nenhuma magia intuitiva, apenas observam os padrões de realização, as habilidades e a motivação dos gestores funcionais. Eles também testam os gestores funcionais em atribuições interfuncionais ou internegócios, observam o desempenho e conversam com os candidatos. Graças à disposição a investir esse tempo na avaliação, tornam-se bons juízes do talento dos gestores de negócios. Com isso, formam uma equipe de subordinados diretos que não precisa que um executivo de grupo viole seu nível de liderança e comece a gerir os negócios de seu pessoal.

Conectar o negócio à corporação

Nenhuma unidade de negócios é uma ilha. Apesar da mentalidade de cavaleiro solitário de alguns gestores de negócios, é preciso que eles estejam alinhados às metas e estratégias corporativas, e cabe aos executivos de grupo monitorar e garantir essa harmonia. As ações de um negócio impactam a corporação como um todo de várias maneiras. Quando um negócio polui o ambiente ou infringe uma lei, por exemplo, o público não diferencia entre esse negócio e a empresa. Se a imagem de uma das marcas for manchada, toda a organização será prejudicada.

Os executivos de grupo devem se certificar de que suas unidades de negócios obedeçam às leis, cumpram as políticas da empresa e mantenham ou melhorem a imagem das marcas enquanto buscam lucros. A tarefa deles não se limita a *o que*, mas também inclui o *como* – como os lucros são gerados. Para monitorar o cumprimento dos valores e das políticas corporativos, os executivos de grupo precisam contar com os olhos e os ouvidos do pessoal de apoio. Se tentarem realizar essa enorme tarefa sozinhos, esses problemas de *compliance* passarão despercebidos.

Outra responsabilidade relacionada à integração dos negócios envolve a alocação de capital. O executivo de grupo controla diversos negócios com metas de lucros acordadas e distribui o capital corporativo estrategicamente entre eles. Essa é outra atribuição desse nível que demanda mudança de mentalidade. Um gestor de negócios possui um foco mais localizado e com frequência é um defensor de um produto específico, um segmento de clientes e assim por diante. Executivos de grupo devem manter uma perspectiva mais ampla e objetiva. Precisam avaliar a probabilidade de sucesso de cada empreendimento proposto antes de tomar decisões relativas a alocação de capital. Precisam também descobrir quais produtos possuem maior potencial de crescimento e refinar sua análise financeira. As decisões de distribuição de capital são difíceis porque sempre haverá gestores de negócios que não as aceitarão bem e desafiarão os executivos de grupo a cada passo do caminho.

Esse cenário nos traz à terceira habilidade: diferenciação estratégica. Isso envolve decidir qual negócio possui a melhor estratégia, qual está mais alinhado à estratégia corporativa e, portanto, qual deve receber financiamento pleno. Quando alcançam esse nível de liderança e começam a desempenhar essas atribuições pela primeira vez, os gestores precisam se equilibrar na corda bamba entre fazer o que é melhor para a empresa e apoiar os negócios de seu grupo. Essa pode ser uma posição delicada, já que o que é melhor para a corporação nem sempre é o melhor para o negócio. Por essa razão, executivos de grupo precisam desenvolver os conhecimentos, as habilidades analíticas e a credibilidade pessoal para manter bons relacionamentos tanto com os subordinados diretos quanto com a corporação. Executivos de grupo respeitados por sua imparcialidade e sagacidade nos negócios têm maior probabilidade de ultrapassar com êxito esse desafio.

Gerenciar o inexplorado

Antes de alcançar esse nível de liderança, os gestores se concentram basicamente em lidar com o que é "visível". Nesse novo nível, é preciso se acostumar a refletir e elaborar estratégias sobre o que é invisível. Lembre-se de que a maioria dos executivos de grupo é responsável por negócios dentro de determinada categoria, unidos por um mercado comum, tecnologia e outros fatores. Dentro de qualquer categoria, existem todos os tipos de oportunidade em potencial que os executivos de grupo precisam descobrir e analisar. Caso descubram uma oportunidade, precisam decidir se ampliarão um negócio para abrangê-la, criarão um negócio novo ou farão uma aquisição. Ser capaz de prever com eficácia para onde uma categoria de negócios está avançando, projetar quais poderão ser os novos *players* do mercado e onde a inovação pode acontecer demanda alto nível de pensamento estratégico.

As principais oportunidades ainda inexploradas na atualidade podem ser aquelas relacionadas ao comércio eletrônico. Considerando os diferentes negócios que um executivo de grupo supervisiona, é provável que haja inúmeros nichos inexplorados que operações de comércio eletrônico poderiam visar. Para avaliar essas oportunidades, executivos de grupo precisam responder a perguntas como:

- Cada negócio deve ter o próprio sistema de comércio eletrônico ou deveria haver apenas um sistema para o grupo inteiro? Ou ainda um sistema único de comércio eletrônico a ser compartilhado por toda a corporação?
- Qual estratégia de comércio eletrônico atenderá melhor os clientes?
- Qual estratégia garantirá ao grupo maior influência no mercado?
- Quais são os benefícios de longo prazo em comparação com os de curto prazo?
- Quais são as ameaças do comércio eletrônico e como é possível se proteger?

Além de tudo isso, oportunidades ainda inexploradas podem ser aproveitadas com iniciativas não tradicionais de comércio eletrônico em vez de lançamentos de negócios tradicionais. Talvez um investimento em lojas físicas se mostre desnecessário e o negócio on-line seja igualmente eficaz (ou mesmo mais eficaz). Para tomar essa e outras decisões, os executivos de grupo precisam estar dispostos a dedicar muito de seu tempo a refletir, aprender e criar estratégias.

Mentalidade de gestor de negócios no corpo de um executivo de grupo

David é um bom exemplo de alguém que teve dificuldades com essa transição de liderança e acabou contribuindo para a obstrução do pipeline de sua empresa. Responsável por uma filial estrangeira de uma grande multinacional, o americano David fora muito bem-sucedido ao desenvolver o negócio da empresa na Polônia. Ninguém se surpreendeu quando ele foi recompensado com um cargo de executivo de grupo, supervisionando as operações da companhia em todo o Leste Europeu, o que incluía os seis gestores de negócios responsáveis pelos países nos quais a empresa estava presente, colegas seus quando ele dirigia as operações na Polônia.

Apesar do ótimo desempenho na Polônia, David teve dificuldades em seu novo papel. Seus subordinados diretos reclamavam que ele competia com eles em vez de oferecer ajuda ou conselhos. David fazia comentários como: "Essa estratégia não é tão completa ou focada em dados como a minha na Polônia." Quando o chamavam para discutir um problema crítico ou um negócio novo, a resposta era sempre a mesma: "Estarei aí em poucas horas." E ele corria pela região a fim de apagar incêndios e fechar negócios. David comprometia a maior parte do seu tempo visitando países, impondo soluções para problemas e tomando decisões no nível de negócios sobre preços e produtos.

Os subordinados de David começaram a relutar em chamá-lo por qualquer razão. A região vinha crescendo e eles precisavam de recursos para aproveitar as oportunidades. Logo descobriram que, em vez de falar com o chefe, era melhor percorrer a cadeia funcional financeira para obter um reforço para o orçamento ou recursos extras, ou seja, pediam que o gerente financeiro ligasse para o colega em nível global, que por sua vez fazia contato com o pessoal financeiro no nível corporativo. Quando tomou conhecimento dessa prática, David ficou indignado.

Um de nós havia sido colega de David na Polônia e ficou responsável por ligar para ele e pedir um conselho. Quando chegamos em seu escritório, um de seus diretores-gerais havia acabado de pedir demissão para assumir um cargo na concorrência. David disse que estava chocado com a notícia. Após discutirmos as questões com ele e nos reunirmos com alguns dos diretores-gerais de vários países, os problemas ficaram claros. David sentia-se responsável pelo sucesso de cada negócio, mas não pelo sucesso dos gestores de negócios. Além disso, ele nunca havia gostado do papel de coach, por isso o evitava. David gostava de fechar negócios e, sobretudo, de ação. Muitos diretores-gerais eram brilhantes e dinâmicos, seus negócios vinham crescendo e eles também queriam crescer. David sentia que alguns eram capazes de alcançar um sucesso extraordinário, mas não assumia a responsabilidade por ajudá-los, porque acreditava que as pessoas deveriam ser responsáveis pelo próprio sucesso.

David não estava fazendo a mudança de valores que acompanha a passagem para o nível de executivo de grupo. Na verdade, essa incapacidade era a razão pela qual ele falhava em oferecer o apoio adequado a seus subordinados diretos. David ainda valorizava seu sucesso individual e, por causa desse valor "antigo", nunca se deu o trabalho de aprender a orientar os outros.

Sinais de alerta

Embora os executivos de grupo possam apresentar vários comportamentos que indicam que ainda não realizaram a transição necessária, em geral eles costumam cometer estes quatro pecados:

Agir como gerentes gerais de negócios, não como executivos de grupo. Em geral, eles desenvolvem a estratégia para um ou todos os negócios existentes, fornecem instruções de trabalho aos gestores funcionais e fazem mudanças em produtos e serviços. Qualquer desses comportamentos indica que o executivo de grupo está tendo dificuldade na passagem de liderança. Outro indicador são gestores de negócios que sentem como se ainda fossem gestores funcionais e que reclamam que não conseguem trabalhar. Talvez o sinal mais óbvio e perturbador seja quando níveis de liderança inteiros são empurrados um nível abaixo. Isso pode não se limitar a executivos de grupo e gestores de negócios: gestores funcionais podem estar liderando como gerentes de gestores, e gerentes de gestores, como gerentes de primeira viagem.

Manter um relacionamento antagônico com a empresa. Alguns executivos de grupo evitam o trabalho corporativo como se envolvesse as tarefas mais odiosas. Muitos deles passaram boa parte das carreiras trabalhando em campo, distantes da alta administração. Com isso, têm uma visão desfavorável em relação ao universo corporativo, usando termos como "torre de marfim" para demonstrar seu desdém. Quando um executivo de grupo diz "Este não é um lugar para um executivo operacional", você sabe que ele está tendo problemas com a transição. Executivos de grupo devem dedicar boa parte de seu tempo – cerca de um terço – a assuntos corporativos. Se estão dedicando apenas 5% ou 10%, algo está errado. Eles precisam valorizar as necessidades da corporação e, se não estão fazendo um esforço para entendê-las e reagir a elas, é um mau sinal.

Ignorar o inexplorado. Leva algum tempo até um executivo de grupo reunir os conhecimentos necessários para lidar com essa responsabilidade desafiadora, portanto, não tire conclusões precipitadas se ele não abordar áreas inexploradas de sua categoria de negócio de imediato. Em geral, são necessários vários meses para fazer a exploração, a pesquisa e a análise indispensáveis para entender determinado setor ou categoria de negócio. Depois disso, o executivo de grupo precisa trabalhar em questões inexploradas, criando negócios novos ou ampliando negócios existentes para desenvolver um novo nicho. Pessoas que reclamam de quão desnecessária é essa tarefa ou que evitam o trabalho duro envolvido nessas questões não estão cumprindo as responsabilidades desse nível de liderança. Aqueles que se concentram apenas nos negócios existentes provavelmente fracassarão.

Deixar passar oportunidades de desenvolvimento dos gestores de negócios. O desenvolvimento gerencial é uma responsabilidade crítica para executivos de grupo. Um sinal claro de que não a estão cumprindo é não dedicarem tempo aos subordinados diretos e suas palavras e ações indicarem que não valorizam seu papel de desenvolver gestores. Os gestores de negócios são os propulsores básicos do lucro nas organizações, bem como o banco de talentos do qual a alta direção é escolhida. Quando executivos de grupo os tratam de modo paternalista (dizendo-lhes o que fazer e como), estão se comportando como gerentes de primeiro nível, não como executivos de grupo.

Desenvolvimento de executivos de grupo: mistura de treinamento, indicadores e experiência

Nesse nível, as melhores empresas consideram o desenvolvimento uma responsabilidade corporativa e levam a sério essa tarefa. Na General Electric e no Citibank, o planejamento da sucessão concentrava-se em candidatos a executivos de grupo, designando-os para uma série de atribuições com o objetivo de desenvolver sua capacidade de gerir vários negócios.

> Quando José era diretor-geral em um dos países nos quais o grupo Global Jewelry Corp. atuava, foi considerado um bom candidato para um cargo de executivo de grupo e recebeu duas outras atribuições de diretor-geral na América Latina. A primeira foi em um país de tamanho médio com uma grande variedade de produtos, vários deles novos para José. A segunda foi em um país grande com mercados complexos. À medida que José ia de um país a outro, seu progresso era monitorado e ele recebia

treinamento. Feedback sistemático sobre seu desempenho, bem como designações especiais para desenvolver habilidades fracas ou ausentes (por exemplo, ele foi designado para uma força-tarefa a fim de enfrentar um problema de distribuição pertinente a toda a região), prepararam José para seu cargo de executivo de grupo mais à frente.

Talvez a experiência de desenvolvimento mais importante para gestores de grupo, portanto, seja gerir mais de um negócio. O ideal é que eles tenham oportunidade de gerir negócios bem diferentes, como aconteceu com José. Isso os ajudará na transição de conhecer apenas um modelo de negócios para experimentar diferentes modelos de negócios e a superar a crença de que o modelo conhecido é o único a ser seguido. Embora alguns executivos sejam bem-sucedidos nessa transição de liderança mesmo tendo se desenvolvido em apenas um negócio, a maioria enfrentará dificuldade se não for exposta a vários negócios e não aprender a se adaptar a eles.

Por meio da experiência e do coaching, executivos de grupo também podem aprender a arte de avaliar estratégias. Para tanto, a habilidade que precisam dominar é a de ajudar os gestores de negócios a elaborar uma estratégia melhor, fazendo as perguntas certas e examinando os dados subjacentes. Isso significa saber quais perguntas fazer a esses gestores, analisar as opções estratégicas apresentadas, avaliar os riscos e dizer a eles para continuar ou voltar ao planejamento. Até certo ponto, algumas dessas habilidades estratégicas podem ser adquiridas com treinamento. Uma unidade de planejamento estratégico de uma organização possui pessoal capaz de avaliar estratégias e de transferir boa parte desse conhecimento. Constatamos que a maioria dos executivos de grupo está ávida por obtê-lo, sobretudo quando os temas são gestão de portfólio e aquisições.

Selecionar gestores funcionais para cargos de gestores de negócios é outra habilidade do executivo de grupo que pode ser desenvolvida. A seleção é uma habilidade importante em todos os níveis, mas, da perspectiva do pipeline de liderança, é especialmente relevante nesse nível, porque muitos gestores funcionais não conseguem fazer essa difícil transição. Ainda que um executivo de grupo já tenha tido treinamento em avaliação e seleção ao longo da carreira, é importante receber treinamento adicional de pessoal qualificado da área de recursos humanos, pois a propensão de um indivíduo a assumir um cargo de gestor de negócios pode ser difícil de avaliar. CEOs costumam participar da seleção de gestores de negócios, e executivos de grupo que recomendam a pessoa errada podem sofrer consequências negativas na carreira. O propósito desse treinamento deve ser ajudar os executivos de grupo a definir as especificações de cargos e candidatos, saber quais perguntas fazer durante as entrevistas e como interpretar as respostas. Um processo de entrevistas e seleção que os ajude a identificar a pessoa certa para o cargo certo é o resultado desejado.

O CEO está incumbido de desenvolver a habilidade do executivo de grupo em conectar o negócio com a corporação (e vice-versa). Alguns CEOs não se preocupam com essa exigência, mas deveriam. Um CEO experiente vai doutrinar seus executivos de grupo, certificando-se de que entendem e valorizam a direção e as necessidades corporativas, bem como os programas de identidade corporativos e as imagens que estão tentando projetar. Ao mesmo tempo, porém, o CEO precisa evitar "sufocar" seu executivo de grupo e deve lhe dar a chance de usar o pessoal corporativo de modo adequado.

Por fim, a ferramenta mais poderosa para desenvolver executivos de grupo é o conjunto de indicadores usados para avaliar seu desempenho. Indicadores puramente financeiros são insuficientes. Eles enviam a mensagem de que extrair lucros do negócio é o único imperativo nesse nível, e os executivos de grupo avaliados dessa maneira muitas vezes se sentem compelidos a gerir eles mesmos o negócio, rebaixando os gestores de negócios e os funcionais em um nível ao tentar assumir o controle da unidade para aumentar a rentabilidade. Para evitar essa situação, os indicadores precisam incluir a seleção e o desenvolvimento de gestores de negócios, competências de diferenciação estratégica, cidadania corporativa e a capacidade de avaliar oportunidades ocultas do negócio e planejar sua exploração, além dos indicadores financeiros.

O executivo de grupo perfeito

Gostaríamos de contar a história de um dos melhores executivos de grupo que já conhecemos. Em muitos aspectos, Bob corporifica as habilidades, o gerenciamento de tempo e os valores profissionais que descrevemos, qualidades cruciais para transpor com sucesso essa passagem de liderança.

Quando Bob assumiu o comando do grupo de energia da organização na qual trabalhava, havia negócios que fabricavam equipamentos para gerar e distribuir energia elétrica, bem como para armazenar e transportar petróleo. Cada negócio se baseava em um conjunto de produtos e também incluía um pequeno departamento de peças e manutenção. Ainda que o grupo se considerasse o líder mundial em seu setor, de modo geral o negócio apresentava declínio havia vários anos. O moral dos funcionários estava baixo, e a perspectiva era sombria. Diante da desregulamentação do setor, um processo de vendas em transformação, problemas com a qualidade dos produtos e baixa demanda nos Estados Unidos, Bob reconheceu e aceitou os desafios. Ele também estava ciente de que havia pouco senso de direção no grupo e que o pessoal sênior vinha perseguindo interesses individuais em vez de colaborar como uma verdadeira equipe. As estratégias propostas pelos gestores de negócios eram superficiais e um recém-lançado produto promissor vinha fracassando no mercado. A avaliação de Bob mostrou que seu pessoal sênior vinha "correndo sem sair do lugar" e pertencia a uma época anterior, de quando o grupo dominava de tal forma os mercados que era relativamente fácil alcançar os objetivos.

Desde o princípio, Bob estava certo de que a chave para o sucesso era a seleção de bons gestores de negócios. Após avaliar acuradamente a equipe herdada, ele logo transferiu algumas pessoas, substituiu outras e redefiniu os papéis de duas outras. Duas pessoas com desempenho excepcional receberam responsabilidades maiores. Ele fez tudo isso com o olhar atento aos requisitos de gestor de negócios que havia desenvolvido em seu cargo anterior, quando geria um grupo bem menor. Uma vez que Bob contava com o pessoal certo, não se intrometeu nos negócios existentes e deu aos gestores grande autonomia para gerirem dentro do modelo estratégico que ele havia desenvolvido. No entanto, Bob também dedicou tempo a orientá-los e desenvolvê-los, para que seus esforços estivessem alinhados com os requisitos corporativos para líderes de negócios.

Com relação às questões empresariais mais amplas, Bob viajou pelo mundo para se encontrar com alguns clientes, ligou para outros potenciais e obteve uma visão panorâmica do mercado. Como ele se desenvolvera de tal maneira a entender uma variedade de modelos de negócios, não demorou a identificar oportunidades de negócios globais que o grupo não havia aproveitado no passado. Como resultado do que aprendeu, Bob tomou a decisão estratégica para o grupo de atacar o mercado global, medida que estava alinhada com as iniciativas e orientações corporativas. Mais uma vez, ele não impôs estratégias específicas aos gestores de negócios, limitando-se a fornecer-lhes orientação e um modelo geral. E os gestores de negócios formularam as próprias estratégias dentro daquele modelo.

Bob também identificou e ajudou a preencher segmentos inexplorados do mercado com produtos e serviços. Como essa estratégia demandava muitas tecnologias que faltavam ao grupo, Bob iniciou uma série de aquisições que trouxeram novos negócios com os recursos tecnológicos requeridos e alguns produtos novos.

Devemos observar também que Bob foi brilhante em redistribuir investimentos em diferentes negócios e criar uma estratégia de portfólio eficaz. Ele reformulou o negócio, aumentando a ênfase no componente de serviço. O potencial do mercado de serviços era cinco vezes maior que o do mercado de produtos, e Bob concluiu corretamente que oferecer mais serviços poderia reduzir os custos dos clientes, além de aumentar as receitas. Como era seu pessoal quem melhor conhecia os produtos, podia prestar os serviços de forma mais barata e lidar com toda a base instalada de produtos do negócio, não apenas aqueles vendidos havia pouco tempo.

O resultado dos esforços de Bob foi a transformação de um grupo desmoralizado e com mau desempenho em um motor do crescimento para a empresa. O grupo dobrou as vendas, triplicou os lucros e desenvolveu um caminho novo para o crescimento em quatro anos. Além de todas essas realizações empresariais, Bob abriu o pipeline de liderança, ajudando gestores funcionais na transição para gestores de negócios. Ele estimulou a organização inteira a acrescentar novos talentos em cada nível de seu grande e complexo negócio. Os padrões de desempenho foram elevados e cumpridos em todos os níveis da organização.

Perguntas frequentes

P. *Como os gestores de grupo deveriam distribuir seu tempo a fim de fazer as melhores contribuições?*

R. Descobrimos que os gestores de grupo mais bem-sucedidos gastam 50% ou mais de seu tempo fazendo coaching e desenvolvendo pessoas. Eles tratam quase todas as interações com os gestores de negócios como oportunidades de aprendizado e fazem as perguntas certas mais do que dão as respostas certas. No entanto, seu esforço não se limita aos gestores de negócios: os melhores gestores de grupo também estendem seu coaching aos gestores funcionais. Assim, esforçam-se por entender a capacidade das divisões funcionais em sua totalidade e o potencial dos gestores funcionais. Os gestores funcionais são o banco de talentos a partir do qual será feita a seleção dos gestores de negócios e dos cargos do grupo de apoio (veja Capítulo 12). Se não houver potencial suficiente, então os talentos novos precisam ser adquiridos ou desenvolvidos. Os melhores gestores de grupo também prestam atenção na capacidade e no potencial dos gerentes de gestores. Por isso, os gestores de grupo mais bem-sucedidos conduzem o processo de planejamento da sucessão.

Ademais, os gestores de grupo deveriam dedicar ao menos 25% do seu tempo à estratégia e aos trabalhos ligados a ela: desenvolver estratégias de portfólio, examinar estratégias de negócios, avaliar parceiros potenciais e comparecer a reuniões de clientes nos níveis mais elevados.

Entre 10% e 20% do tempo devem ser dedicados às necessidades corporativas; ajudar o CEO a dirigir a empresa, atacar problemas com ampla abrangência na organização, reunir-se com grupos externos importantes e cooperar com colegas em qualquer redistribuição necessária de recursos fazem parte disso. O restante varia de empresa para empresa e de setor para setor.

P. *Como saber se um gestor de negócios é um bom candidato ao cargo de gestor de grupo?*

R. Desde a publicação da primeira edição deste livro, trabalhamos com muitas empresas que enfrentavam dificuldades em selecionar gestores de grupo. Existem muitas semelhanças entre o desafio dessa escolha e a seleção do CEO da empresa. Os critérios óbvios se aplicam, como resultados excepcionais, habilidades estratégicas fortes, desenvolvimento de pessoal eficaz, paixão por satisfazer os clientes e tino desenvolvido para os negócios. Os indicadores mais sutis são demonstrar preocupação pelo sucesso da empresa apoiando iniciativas corporativas, disposição a compartilhar recursos, viver os valores corporativos e disponibilizar tempo para eventos corporativos. Gerir um negócio com sucesso, mas ignorando a corporação, é um sinal de perigo.

Amplitude de pensamento e aprendizado é outro indicador-chave. O gestor consegue sugerir ótimas ideias que os gestores de negócios vão respeitar? Consegue enxergar as lacunas entre os negócios que precisam ser preenchidas? Tem interesse em negócios diferentes do seu e aprende com eles? A estratégia de portfólio requer que os gestores de grupo pensem e aprendam para além das fronteiras do negócio existente.

Um terceiro indicador é a influência sobre os colegas. Candidatos a gestor de grupo devem ser capazes de convencer os colegas de que vale a pena seguir determinado rumo ou um programa novo. Precisam desenvolver credibilidade e confiança entre os gestores de negócios. Liderança de pensamento também é parte importante de ser um líder nesses níveis da organização.

Observações

- Trabalhar com o CEO para gerir a companhia é um requisito crucial, porém negligenciado. Na verdade, nós também deixamos de enfatizá-lo na primeira edição deste livro. Quando o CEO reúne seus subordinados diretos, incluindo os gestores de grupo, precisa que eles deixem de lado suas responsabilidades específicas e participem do pensamento e da tomada de decisões empresariais. Três CEOs diferentes, todos na mesma semana, nos perguntaram como fazer os subordinados diretos participarem das reuniões da alta direção como se fossem responsáveis pela empresa inteira. Quando a equipe do CEO está reunida, ele precisa ver a empresa como um todo, como uma bola de basquete, não como várias unidades ou um monte de bolas de golfe em uma sacola. Essa perspectiva da "bola de basquete" requer que todos na sala entendam que, se a bola está murchando, o problema é de todos e que precisam estar dispostos a participar da solução. O mundo tornou-se muito pequeno e os negócios tornaram-se complexos demais para que uma só pessoa (o CEO, por exemplo) disponha de todas as respostas. A equipe inteira precisa contribuir para resolver o problema a fim de assegurar que uma ampla expertise seja aplicada.
- Valorizar resultados de longo prazo, não apenas os de curto prazo, é ainda mais essencial aos gestores de grupo do que aos gestores de negócios. Na verdade, o ponto de desconforto mais comum para novos gestores de grupo é a falta de satisfação de curto prazo. Eles declaram ser difícil voltar para casa todas as noites sem o sentimento familiar de missão cumprida por ter concluído tarefas naquele dia. Grande parte do sucesso passa a ter origem no esforço de longo prazo; portanto, apreciar essa satisfação tardia é a norma e um sinal de maturidade executiva. Gestores de grupo precisam dessa maturidade para desempenharem bem seu papel. Caso contrário, acabarão se intrometendo no nível dos negócios.
- Ser um gestor de grupo é um treinamento valioso para cargos de CEO. Embora isso pareça óbvio, constatamos que muitas empresas não se-

lecionam gestores de grupo tendo em mente a sucessão do CEO. Colaborar com o CEO na direção da empresa e aprender a conviver com a satisfação tardia são duas formas de gestores de grupo se prepararem para assumir as responsabilidades de CEO. A terceira é se afastar da gestão de um negócio. Essa separação é uma necessidade para ser eficaz como CEO. Gestores de grupo também devem dominar a avaliação de diversos negócios para fins de alocação de capital. Trata-se de um requisito do CEO que deve ser aprendido no nível de gestor de grupo. Embora nem todas as empresas possam ou devam ter gestores de grupo, esse cargo tem grande valor de treinamento, sobretudo porque o salto de gestor de negócios para CEO é grande demais para a maioria das pessoas. Gestores de grupo deveriam ser escolhidos levando-se em conta seu potencial para se tornarem CEOs.

- Criar cargos de gestor de grupo em empresas que não os possuíam antes oferece muitos benefícios. Esse esforço libera o tempo do CEO dedicado a questões corporativas, permite que haja mais coaching para os gestores de negócios e direciona mais energia à melhoria do portfólio de negócios. Esses benefícios são imediatos, ainda que alguns desafios precisem ser enfrentados antes. A definição precisa das tarefas do CEO e dos gestores de negócios é o primeiro e maior desafio. Tanto o CEO da empresa quanto o gestor de negócios devem abrir mão de algum trabalho estimado para obterem os benefícios do novo gestor de grupo. Os relacionamentos com o pessoal corporativo devem ser redefinidos antes que uma luta por poder irrompa. A maioria dos gestores de grupo deseja e tem os próprios executivo financeiro, executivo de recursos humanos, assistência jurídica, etc. Isso levanta dúvidas sobre o acesso corporativo aos diretores de finanças, RH e outros líderes dos negócios. Discutiremos essa questão no Capítulo 12, A passagem da carreira funcional.
- Nós acrescentaríamos outra advertência: nada de "crianças"! Cargos de apoio a gestores de grupo requerem pessoas com experiência nos negócios e maturidade emocional para dar a contribuição certa enquanto desenvolvem e conservam um conjunto complexo de relacionamentos. Gestores de grupo precisam da própria equipe. Se não a têm, consumirão o tempo das equipes dos gestores de negócios.

7

De gestor de grupo a gestor corporativo

Essa passagem de liderança envolve uma grande dose de reconhecimento – e de fracasso. Quando novos CEOs são designados, artigos são publicados na mídia especializada, a nomeação é saudada por amigos e colegas, as agendas ficam lotadas rapidamente. No entanto, poucos anos depois, muitos já deixaram a empresa ou estão de saída, e nos últimos tempos a rotatividade aumentou de forma quase inacreditável. Não se trata de pessoas estúpidas. Na verdade, muitos CEOs fracassados eram estrategistas brilhantes e visionários. Entretanto, não tinham as habilidades, o gerenciamento de tempo e os valores profissionais exigidos nesse nível de liderança.

CEOs bem-sucedidos têm uma sólida capacidade de julgamento em relação a questões de pessoal e sua atuação vai a fundo na organização. Ainda que capacidade estratégica, visão e outros fatores sejam habilidades importantes nesse nível de liderança, essas habilidades não salvarão um CEO que não consegue fazer as coisas acontecerem ou sem a capacidade de pôr a pessoa certa no cargo certo.

O que torna tão difícil a transição para gestor corporativo é o fato de que o executivo está gerindo uma empresa em sua totalidade, não um negócio. CEOs prestam contas a vários públicos: conselhos de administração, analistas de mercado, investidores, parceiros, a força de trabalho, acionistas, subordinados diretos, comunidades do entorno e assim por diante. Mais que qualquer outro líder, são observados muito de perto por todos esses públicos.

Também há menos margem para equívocos nesse nível. O preço de cometer erros hoje em dia é muito alto para a maioria dos CEOs: quando não conseguem cumprir as expectativas de lucro por três ou quatro trimestres, costumam ser duramente penalizados. Para algumas pessoas, em particular aquelas que não experimentaram muitos fracassos na vida profissional, isso pode ser um choque.

Tornou-se bem mais comum agora profissionais se tornarem CEOs com muita rapidez e sem a experiência adequada. Eles saltaram algumas das passagens de preparação para se tornarem CEOs de sucesso e, com isso, demonstram falta de discernimento diante de questões novas ou condições incertas.

A falta de experiência não está vinculada à idade. Jack Welch, quando foi eleito CEO da GE aos 45 anos, já havia percorrido algumas passagens e experiências rigorosas a fim de se preparar para o cargo. Já John Reed assumiu o Citibank na faixa dos 40 anos e com pouca experiência no setor bancário. Os dois se mantiveram em seus cargos de CEO por cerca de duas décadas, apesar das turbulências, porque eram aprendizes incansáveis.

Ao mesmo tempo, estamos vendo mais CEOs de 45 anos do que nunca. Sobretudo na indústria do conhecimento, as pessoas estão chegando ao topo a uma velocidade sem precedentes, de modo que precisam passar de um nível de liderança para o próximo bem rápido. As empresas pontocom não estão livres dessa regra: jovens brilhantes de 24 anos podem criar empresas pontocom, atrair o melhor pessoal e alardear suas ações, mas acabam prejudicados pela falta de experiência pelas passagens de liderança porque também precisam atender às exigências do mercado financeiro. Chegar lá sem treinamento e experiência suficientes configura um risco muito elevado para a empresa e o indivíduo. Além disso, alguns gestores de negócios contornam o nível de executivo de grupo e passam direto para o de CEO. O nível de executivo de grupo é um ótimo passo intermediário para o topo, reduzindo o salto intelectual e emocional exigido quando se assume a liderança de uma corporação inteira.

Como é possível ver, essa passagem impõe grandes desafios mesmo para executivos altamente bem-sucedidos e talentosos. Vejamos os cinco desafios de liderança mais importantes enfrentados pelos gestores corporativos.

Desafio um: entregar resultados financeiros e de faturamento consistentes e previsíveis

Em qualquer empresa de capital aberto, a maioria dos CEOs é avaliada por investidores e analistas financeiros. Indicadores são divulgados a cada hora nas bolsas de valores e, a cada trimestre, o mercado financeiro publica expectativas de crescimento do faturamento e dos resultados financeiros. Qualquer frustração das expectativas e na entrega de resultados prejudica a credibilidade do CEO, que é seu ativo mais importante. Os dirigentes da Honeywell, da Boeing e da Amazon experimentaram essa perda de credibilidade ao entrar no século XXI. Para sobreviver, os CEOs precisam aprender a valorizar os resultados de curto e longo prazos, desenvolver a capacidade de equilibrá-los e investir o tempo necessário para alcançar esse equilíbrio.

Essa passagem não acontece da noite para o dia. Na maioria dos casos, pessoas que fazem a transição com sucesso percorreram todas as passagens anteriores do pipeline de liderança. Aprenderam a avaliar dilemas em cada nível. Desenvolveram a capacidade de prever ramificações de longo prazo e ajustar táticas de curto prazo considerando o longo prazo. Com o tempo, consolidaram a postura de ver o quadro mais amplo, lidar com vários públicos e se comunicar. A certa altura, adquiriram a força emocional necessária para tomar decisões difíceis. O seleto clube de CEOs que dirigiram organizações por 20 anos e enfrentaram o desafio do curto e do longo prazo inclui Jack Welch, da GE, Reuben Mark, da Colgate, Chuck Knight, da Emerson, e Andy Grove, da Intel.

Desafio dois: definir o rumo da empresa

Para entender a dimensão desse desafio, imagine tentar manter uma empresa estável em uma área geologicamente volátil. Com as placas tectônicas se movimentando com frequência, é preciso ter conhecimentos e instinto para manter a empresa em terreno sólido. Visão, perspicácia estratégica e experiência na definição de posicionamento são, todas, habilidades cruciais. Esse desafio tem assustado muitos CEOs apesar do amplo uso de consultorias caras. O gestor corporativo precisa decidir para onde levar a empresa, quais são suas premissas sobre o setor ou o campo em transformação, quais receitas ou modelos de negócios darão lucro e quais padrões competitivos seguir. Sem dúvida, os CEOs de empresas como Sears, Sprint, Motorola e IBM se viram diante desse desafio de posicionamento. Enfrentá-lo exige mais que uma declaração de visão. Muitas empresas possuem essas declarações e as penduram na parede, mas a maioria é tão ampla e difusa que se torna vazia. Como um teste, colete as declarações de 50 empresas. Você constatará que são bem semelhantes. O desafio real para o CEO é produzir uma definição concreta de aonde a empresa quer chegar. No mínimo, isso exige que ele exiba uma coragem real – como a exibida pelos CEOs que reinventaram a Intel e estimularam a volta da Compaq.

Em um sentido bem real, essa passagem de liderança requer que os CEOs valorizem tarefas que nunca realizaram antes, o que pode ser assustador. Mais de um CEO nos contou que essa foi a primeira vez que sentiram falta de confiança na capacidade de definir o rumo estratégico. A valorização da tomada de riscos, do pensamento profundo e das complexidades nesse nível é crucial para o sucesso dos CEOs.

Desafio três: moldar as habilidades interpessoais

Toda empresa é uma organização social. Quando duas ou mais pessoas trabalham juntas, sempre desenvolvem relacionamentos, sejam eles positivos ou negativos. Gerir os relacionamentos sociais, bem como o ambiente onde evoluem, é uma responsabilidade essencial do CEO. Concentrar-se nessas questões culturais ao mesmo tempo que cuida dos negócios frios representa certo malabarismo com o qual nem todo CEO consegue lidar.

Mais do que nunca, os CEOs precisam motivar as pessoas, liberando essa energia em todos os níveis, em particular no mais baixo, onde acontece a ação. Por exemplo, o CEO da Electronic Data Systems (EDS) enviava e-mails regulares para 145 mil funcionários ao redor do mundo informando-os sobre êxitos e fracassos e mantendo-os "pessoalmente" cientes dos eventos que impactavam a empresa e seus empregos. Os funcionários, por sua vez, respondiam com feedback e perguntas difíceis ao CEO. Aquela era uma tarefa que o CEO não delegava, mas assumia como sua responsabilidade, e com isso estabeleceu um vínculo com o pessoal. Comunicar-se de forma a motivar grupos amplos e diversificados de funcionários é uma habilidade que os CEOs precisam aprender a valorizar e dominar.

Nenhuma empresa é capaz de prosperar sem as pessoas certas nos cargos certos, sobretudo em uma época em que alguém altamente qualificado pode ver seus conhecimentos se tornarem obsoletos em um piscar de olhos (ou mudança de tecnologia). Selecionar as pessoas certas e cuidar para que continuem aprimorando suas habilidades e seus conhecimentos é uma responsabilidade que, em última análise, recai sobre o CEO. Enquanto os outros cuidam dos aspectos técnicos da seleção e do desenvolvimento, o

CEO precisa desencadear, preservar e gerir o processo. Ele deve sempre fazer perguntas como:

- Somos bons em selecionar as pessoas certas?
- Somos francos em oferecer o feedback adequado?
- Estamos dispostos a eliminar as divergências entre cargos e pessoas com rapidez?
- Estamos atentos para reter as pessoas de alto desempenho, ajudá-las a avançar rapidamente, recompensá-las de forma apropriada e oferecer oportunidades de testarem a si mesmas?

Desafio quatro: manter uma vantagem na execução

Ao contrário da crença popular, os CEOs não precisam ser magos da estratégia ou visionários brilhantes para terem sucesso. Mas devem garantir a realização do trabalho. CEOs indecisos ou que não cumprem os compromissos prejudicam suas organizações e acabam sendo convidados pelos conselhos de administração a deixar as empresas.

A execução é mais crítica para os CEOs agora do que no passado. Quase todos os setores estão mais competitivos por causa do mercado global e do comércio eletrônico. A tecnologia da informação empoderou os clientes, tornando ainda mais importante que as organizações não tentem vender gato por lebre. Assim, é preciso que o CEO entregue mais do que apenas papo de vendedor. Em outros níveis de liderança, ele pode ter conseguido se sair bem mesmo com falhas de execução. Nesse nível, porém, as falhas acabam com um CEO.

Valorizar a execução nem sempre é fácil para os CEOs. Ocupar-se com os detalhes essenciais da realização do trabalho não é o aspecto mais glamouroso do cargo. Os melhores CEOs, porém, reconhecem que é aí que está o benefício para eles enquanto líderes empresariais e para suas organizações. Aqueles que mantêm uma vantagem na execução costumam se fazer as seguintes perguntas:

- *Como está o meu desempenho?* Para responder positivamente a essa pergunta, os CEOs desenvolvem previsões de desempenho para os próximos oito trimestres (não apenas os quatro usuais). Desde cedo, pensam em mudanças voltadas para o desempenho que talvez precisem implementar lá na frente.

- *Eu sei o que está acontecendo?* A execução requer as últimas informações das fontes mais importantes. Os CEOs devem ter canais de comunicação diretos com os clientes e os funcionários da linha de frente e se manter bem informados em relação ao desempenho da empresa e dos mercados. Sam Walton, por exemplo, instituiu a prática diária de visitar lojas, certificando-se de estar sempre perto de onde ocorria a ação. Bill Marriott visita hotéis como parte de sua rotina regular, percorrendo mais de 300 unidades em um ano. Ele aprendeu a identificar com rapidez se as coisas estão indo bem ou mal. Os CEOs também precisam estar sempre cientes se seus subordinados diretos estão cumprindo seus compromissos. E o mais importante: devem dar atenção às suas observações sobre o desempenho da empresa e agir com base nelas.
- *As pessoas estão me dando más notícias?* Em algumas organizações, as pessoas temem dar notícias ruins ao CEO. Em outras, eles não estão dispostos a ouvi-las e ficam buscando desculpas para cada relato negativo. Os CEOs não conseguirão executar corretamente se deixarem que as más notícias evoluam para uma crise. Quando estiverem dispostos a agir, será tarde demais.
- *O conselho de administração está desempenhando seu papel?* Se a atuação do conselho se limitar a fazer exigências burocráticas, vai prejudicar a capacidade do CEO de obter resultados. Quando o conselho responsabiliza o CEO e seus subordinados diretos e pede informações sobre o planejamento de sucessão e os mercados da empresa, está aumentando a capacidade de execução do CEO.
- *Minha equipe é produtiva e motivada?* Quando a equipe de um CEO é desunida e inconsistente, isso costuma ser um sinal de que o CEO está em dificuldades. Quando a equipe não consegue atingir o consenso e alcançar uma meta relativamente simples, é provável que o CEO enfrente problemas para produzir resultados aceitáveis.

Para concluir com sucesso essa passagem de liderança, os CEOs devem mudar suas habilidades, gerenciamento de tempo e valores profissionais na direção da execução. Isso significa que precisam desenvolver um apetite insaciável pela realização e pelos resultados; entender profundamente o negócio, adquirindo uma noção quase instintiva de como a empresa ganha dinheiro; e dedicar muito de seu tempo a avaliar se a organização está funcionando em seu potencial pleno. Significa que devem ter a capacidade de converter aprendizado em prática, identificando as melhores ideias e traduzindo-as em ferramentas e programas que beneficiem a organização.

Desafio cinco: gerir a empresa em um contexto global

Nenhuma empresa consegue sobreviver sem prestar atenção ao mundo a seu redor. Da mesma forma que toda organização tira algo da sociedade, ela também precisa retribuir. As organizações devem estar conscientes e ser ativas em solucionar os problemas globais com os quais deparam. Precisam prestar atenção e se posicionar sobre questões relativas ao meio ambiente, à segurança e à saúde. Ford e Du Pont, por exemplo, assumiram uma posição de liderança firme no Movimento Verde. Todo CEO precisa conhecer seus grupos de interesse ou stakeholders, sejam eles de ambientalistas ou outros grupos especiais.

Muitos CEOs assumem seus cargos sem ter conhecimento ou experiência nessas áreas. Talvez nunca tenham pensado muito sobre como sua organização está impactando o aquecimento global ou se de algum modo ela prejudica a economia de um país em desenvolvimento. Na verdade, muitos CEOs nos contaram que não sabem como lidar com vários grupos comunitários cujos modus operandi e bases de poder são diferentes dos seus. A experiência de liderar a empresa em um contexto global mais amplo é estranha para eles. No entanto, para fazer uma transição eficaz para esse nível de liderança, os CEOs precisam adaptar sua mentalidade e seus valores a esse contexto mais amplo.

Uma importante mudança de valores

Dados os cinco grandes desafios enfrentados pelos CEOs ao fazer essa transição de liderança, é necessário que adaptem seus valores de forma compatível. Como sugerimos, a liderança corporativa demanda um sistema de crenças bem diferente de outros níveis de liderança. Embora tenhamos discutido alguns dos valores que se revelam úteis aos CEOs, gostaríamos de enfocar aqui as maiores mudanças de valores que devem acontecer.

Até esse ponto, a maioria dos gestores aprendeu a valorizar resultados operacionais de curto e médio prazos e realizações regulares e mensuráveis. Ainda que reconheçam a necessidade de haver planejamento e metas de longo prazo, caso tenham navegado com sucesso por níveis de liderança anteriores, muitas vezes eles acham difícil aceitar o ritmo em que os resultados empresariais aparecem. Uma mudança cultural ou um novo programa de qualidade, por exemplo, pode levar um longo tempo até ser plenamente implementado. Para gestores que construíram suas carreiras obtendo resultados mais rápido e com maior eficácia do que os colegas, valorizar resultados lentos, evolutivos, talvez seja um desafio. Desistir de programas de ciclos longos (como aqueles baseados na qualidade) antes de estarem totalmente implementados e produzindo resultados mensuráveis é uma falha comum dos CEOs.

De modo semelhante, muitos CEOs têm dificuldade em valorizar apenas três ou quatro objetivos-chave. Gestores de negócios e até executivos de grupo costumam ter listas longas de metas. Eles obtêm satisfação em concluir um item após outro. O gestor corporativo, porém, deve buscar satisfação em uma lista curta de iniciativas com ciclos de tempo longos. Mudar a identidade da marca, por exemplo, pode levar anos. Em um sentido bem real, a mudança de valores se dá com a transição da satisfação imediata para o progresso sustentado. Os gestores corporativos reconhecem que os objetivos mais ambiciosos e significativos levam tempo para serem alcançados, e aprendem a trabalhar sem a satisfação imediata que caracteriza outros níveis de liderança a favor do progresso lento, porém seguro, rumo a um grande sucesso. O paradoxo é que, lado a lado com a necessidade de paciência, está a de atingir metas trimestrais. Os CEOs resolvem esse paradoxo aprendendo a fazer com que determinadas ações ocorram rapidamente e outras mais devagar, e se certificam de não confundir as duas (realizando devagar o que precisa ser feito rápido, por exemplo). Encontrar o equilíbrio entre o curto e o longo prazos e executá-lo é o que faz o sucesso dos CEOs.

Outra mudança de valores problemática envolve dar ouvidos aos conselhos de administração. Para pessoas acostumadas a gerir o próprio negócio, esse valor pode ser um obstáculo. No passado, os gestores podem ter recebido conselhos de colegas, coaches ou chefes, mas os conselhos de administração são diferentes. As opiniões dos membros do conselho podem parecer superficiais ou menos informadas do que a perspectiva de alguém que está dentro da empresa. Além disso, os membros do conselho às vezes fornecem orientações conflitantes, e alguns CEOs desvalorizarão seus conselhos apenas por se sentirem perplexos com eles. Constatamos, porém, que gestores corporativos que se mostram abertos aos conselhos de administração e fazem um esforço para escutá-los e aprender com eles acabam beneficiando seu processo de tomada de decisões. Se o conselho de administração é incapaz de fornecer orientações informadas, cabe ao CEO instruí-lo até que se torne capaz de fazê-lo.

Por fim, os melhores CEOs passam a valorizar o hábito de fazer perguntas e ouvir um amplo espectro de pessoas. Esse é quase um valor anti-intuitivo, dado o poder que advém do cargo de CEO e o ego necessário para obtê-lo. Na verdade, uma porcentagem significativa de CEOs ascendeu de um nível de liderança ao próximo graças a seu estilo forte, agressivo e sua capacidade de exercer o poder. O poder, porém, torna-se problemático quando os gestores corporativos não exercitam a moderação. Ainda que os CEOs possuam o poder supremo do cargo, os verdadeiros líderes nesse nível não contam exclusivamente com isso para que o trabalho seja feito. Eles reconhecem que a influência é capaz de fazer as coisas serem realizadas com energia e inovação, não apenas com obediência relutante. Gestores corporativos influentes compartilham sua visão com uma variedade de pessoas a fim de conquistar seu interesse e motivá-las a ter bom desempenho.

O CEO ditatorial, motivado pelo ego, tende a perguntar pouco e a não ouvir as respostas. Valoriza sua opinião acima de todas as outras e, dessa forma, ignora ideias e perspectivas contrárias às suas. Embora a maioria dos CEOs não se enquadre no estereótipo ditatorial, muitos não valorizam a diversidade de perspectivas. É comum que um CEO confie em um assessor de confiança em vez de solicitar uma variedade maior de opiniões e ideias.

Sinais de que um CEO está tendo dificuldades

O sinal mais óbvio é uma espiral financeira descendente que ocorre sob os olhos do novo CEO. Embora uma crise financeira possa não ser causada especificamente pelas dificuldades de um gestor corporativo em transição de liderança, sua reação (ou a ausência dela) à crise pode sinalizar problemas de transição. Em muitos casos, porém, os sinais são um pouco mais sutis. Os quatro comportamentos e atitudes a seguir indicam que essa passagem está criando dificuldades para um CEO:

Não saber como a empresa realiza o trabalho. Isso nos traz de volta ao desafio quatro: manter uma vantagem na execução. Às vezes novos CEOs não entendem como a empresa funciona. Tanto nas conversas quanto por suas ações, demonstram não saber o que é necessário para pôr as pessoas certas nos cargos certos ou implementar um novo programa ou política. Eles não entendem como usar sua influência para acionar as alavancas certas a fim de superar a inércia ou derrubar outros obstáculos para obter resultados. Não estão interessados em aprender como a empresa executa, ou estão satisfeitos com seus falsos pressupostos. Qualquer que seja o caso, eles fazem pouco ou nenhum esforço para examinar as operações em todos os negócios, ouvir as pessoas em todos os níveis e obter a visão dos clientes sobre os serviços/produtos e sua qualidade.

Sinais de desinteresse por essas questões são um tanto sutis. Os mais visíveis são os financeiros, e a deterioração dos lucros indica que um CEO está se aproximando da beira do abismo. Conhecemos ao menos quatro CEOs que não tinham a menor ideia de como suas empresas executavam, o que resultou em um prejuízo de ao menos 1 bilhão de dólares em cada caso. Quando um novo CEO é pego de surpresa por lacunas em seu conhecimento operacional, em geral é um sinal de que ele não sabe como as coisas são feitas.

Ainda que o CEO de uma empresa com menos de 200 funcionários possa entender a execução da empresa se já estiver nela há alguns anos, em uma companhia maior, uma organização em rápido crescimento ou uma empresa em um setor complexo, a curva de aprendizagem é mais brusca. Um CEO que se isola de uma série de pessoas e informações ou deixa a execução para os outros não está fazendo essa transição de liderança.

A maior parte do tempo do CEO é dedicada a relacionamentos externos. Não estamos dizendo que relações com clientes, reuniões governamentais, eventos comunitários ou festas de celebridades não sejam importantes. Parte do papel do CEO é interagir com grupos externos e projetar uma imagem pública positiva de si mesmo e da empresa. No entanto, esse é um papel sedutor que faz alguns CEOs perderem de vista as responsabilidades de liderança mais amplas nesse nível. Em outras palavras, eles deixam de ver que não há ninguém "cuidando da loja". Os CEOs devem distribuir seu tempo de forma equilibrada entre questões externas e internas. Se a balança pende para um dos lados – e em geral é o lado de fora –, algo está errado. CEOs que acabam se envolvendo em desempenhar um papel em vez de gerir de verdade costumam levar a empresa (e a si mesmos) para o buraco.

O CEO não está dedicando tempo suficiente às questões culturais da empresa. Esse comportamento remete ao desafio três: moldar o lado cultural da empresa. As questões de gestão de pessoal podem ser terrivelmente complexas da perspectiva de um CEO, e alguns gestores corporativos acham mais fácil lidar com questões relacionadas a produtos. Por exemplo, CEOs estão incumbidos do pipeline de liderança e, se não mostram nenhum interesse em selecionar e desenvolver lideranças em todos os níveis, eis um sinal seguro de que o lado cultural da empresa não está recebendo a devida atenção. De forma semelhante, algumas pessoas assumem cargos de CEO e logo nomeiam sua "patota" para cargos-chave. Embora um executivo principal tenha direito de selecionar uma equipe de pessoas que conheça e nas quais confie, qualquer forma de nepotismo corporativo envia a mensagem errada para a organização. Desmotiva os bons funcionários e encoraja respostas acríticas aos superiores em vez do diálogo honesto. Os CEOs devem criar um processo e requisitos para cargos-chave; se não o fazem, estão demonstrando aversão pelas questões culturais.

Os membros do conselho de administração vivem fazendo as mesmas perguntas. Quando os resultados estão abaixo das expectativas e os acionistas resolvem observar mais de perto uma empresa, os membros do conselho de administração sentem a pressão e começam a fazer perguntas difíceis ao CEO. Se ele não as estiver respondendo de forma satisfatória e as mesmas perguntas estiverem sendo repetidas em diversas reuniões do conselho, é sinal de problemas. Ainda que os conselhos de administração não exibam mais a postura passiva que era comum no passado, raramente são antagônicos. Um relacionamento desarmônico com o conselho de administração muitas vezes significa que o executivo principal carece de uma habilidade de CEO importante ou não possui valores adequados para esse cargo de liderança.

Desenvolvimento do CEO: não é permitido pular níveis

Existem muitos caminhos até a posição de executivo principal, mas todos deveriam permitir aos gestores fazer transições de liderança em cada nível. Pessoas que se tornam gestores corporativos tendo saltado níveis ficam sobrecarregadas por uma lacuna em sua experiência de liderança. Poderão nunca aprender a valorizar o sucesso de outros gestores ou nunca se tornar proficientes na gestão de mais de um negócio. Todas as habilidades, o gerenciamento de tempo e os valores aprendidos em níveis anteriores têm um efeito cumulativo que facilita a transição de gestor de grupo para gestor corporativo.

O caminho de desenvolvimento ideal para futuros CEOs começa cedo em suas carreiras, com uma diversidade de experiências funcionais em torno das competências centrais do negócio. Muitos CEOs ainda trabalham sob um viés funcional, tendo saltado essa transição no início. Com o avanço de suas carreiras, deveriam ocupar pelo menos um cargo internacional, bem como uma sequência de cargos com responsabilidade cada vez maior sobre lucros e perdas em diferentes setores da empresa. Desenvolver negócios diferentes é fundamental, e o ideal é que incluam uma startup, bem como uma recuperação de empresa. Por todo o caminho, essas pessoas deveriam receber coaching e feedback formal e informal como parte do processo de aprendizagem.

Uma das chaves para o desenvolvimento de gestores de grupo para gestores corporativos é fazê-los dirigir um grupo diferente – seja no posicionamento de mercado, no produto ou nos clientes – daquilo com que estão acostumados. Eles precisam aprender a lidar com um modelo de negócios novo. Trata-se de uma boa preparação para o cargo de CEO, porque gerir a empresa é bem mais desafiador do que compreender um modelo de negócios novo. E, se não conseguirem dominar novos modelos de negócios, não dominarão seu papel como líderes corporativos.

Outro passo no desenvolvimento é atribuir-lhes um cargo de apoio com responsabilidades por toda a empresa. É esperado que executivos operacionais rejeitem essa atribuição. "Não sou um sujeito de apoio", costumam dizer com desdém. E quanto mais desdenhosos soam, mais precisam da experiência. Pesquisas, análises profundas, planejamento de longo prazo e avaliações são necessários ao sucesso do CEO, e os cargos de apoio podem oferecer oportunidades de desenvolver essas habilidades. Além disso, darão uma ideia desse trabalho e ajudarão a valorizar e empregar o pessoal de apoio com mais eficácia quando estiverem gerindo a empresa.

Outra boa ideia é expor executivos de grupo e até gestores de negócios ao conselho de administração e aos analistas do mercado financeiro. Expor significa mais do que permitir que assistam a uma reunião. O ideal é que recebam projetos reais e tenham de entregar resultados para entender como os conselhos de administração e os analistas trabalham. Em meados da década de 1990, por exemplo, Jack Welch começou a expor seus gestores a analistas financeiros, e essa prática ajudou a desenvolver a confiança do mercado nos genes de liderança da GE, em particular no tocante a questões de sucessão. Ao mesmo tempo, os líderes da GE tiveram insights sobre o que o mercado financeiro espera.

É claro que os CEOs podem se desenvolver no cargo e os melhores estão abertos a oportunidades de desenvolvimento. Eles participam de fóruns e redes onde trocam ideias sobre as melhores práticas com outros executivos e, além disso, fazem um esforço para marcar encontros com acadêmicos e outros líderes intelectuais, além de assistir a palestras. Também leem muito e permanecem informados sobre tendências sociais, econômicas e empresariais.

Talvez o melhor método de desenvolvimento para os CEOs seja dispor de um coach ou algum outro "colega" que possa fornecer feedback. Em uma situação ideal, os conselhos de administração desempenhariam esse papel. Em alguns casos, um membro específico do conselho pode assumir essa atribuição de coaching e orientar os novos CEOs enquanto eles aprendem os segredos do ofício.

Ainda que nenhum curso ou método de treinamento específico prepare gestores para se tornarem CEOs, uma variedade de experiências, coaching e feedback ao longo do caminho e a disposição a ouvir e aprender contribuem muito para preparar pessoas para esse cargo de liderança desafiador.

Não coloque um CEO no caminho do fracasso

As organizações às vezes escolhem CEOs com base em sua inteligência ou suas capacidades estratégicas. Por esses motivos, muitos consultores estão sendo promovidos a altos cargos operacionais e até de CEOs. Constatamos, porém, que os consultores costumam não se sair bem no cargo porque deixaram de percorrer todas as passagens de liderar pessoas.

Liderar uma empresa requer inteligência, mas não é um exercício de lógica. O cargo não se resume a fazer apresentações incríveis no PowerPoint para o conselho de administração. Envolve assegurar a boa execução, escolher as pessoas certas, valorizar os resultados da empresa e desenvolver relacionamentos dentro e fora da organização. CEOs que não tenham habilidade nessas tarefas – que não fazem ideia de como selecionar e cultivar líderes ou desenvolver relacionamentos em todas as direções – provavelmente fracassarão, por maior que seja sua capacidade de mapear a estratégia.

Em geral, consultores saltaram passagens, e o resultado é, muitas vezes, a ausência de compreensão e habilidade nos requisitos de trabalho nos níveis médio e inferior. Com frequência também enfrentam dificuldade em motivar funcionários de primeiro nível, integrar divisões distintas, oferecer coaching, saber quais perguntas fazer e aceitar conselhos das funções de apoio.

Para garantir o sucesso de um CEO, as organizações precisam apenas se assegurar de que esse indivíduo tenha navegado com sucesso pelas passagens mais críticas do pipeline de liderança.

Perguntas frequentes

P. *Quanto tempo novos gestores corporativos levam para ter domínio completo do cargo?*

R. A transição é árdua porque o cargo é complexo. Segundo nossa melhor estimativa, são necessários dois anos para se adaptar à altitude, reunir a equipe certa e desenvolver uma estratégia na qual eles acreditem e que possam vender à organização. Levará mais tempo, talvez três ou quatro anos, se a empresa estiver em dificuldades. A prática atual de avaliar novos gestores corporativos apenas com base nos lucros trimestrais e destituí-los após 18 meses não considera as realidades da transição. Quanto maiores os problemas da empresa, mais míope é esse cronograma.

P. *Existem duas ou três características-chave que possamos usar para selecionar um gestor corporativo?*

R. Gostaríamos que fosse fácil assim. Não é raro ter 15 a 20 resultados importantes que precisam ser alcançados no primeiro ano. São necessários de 20 a 30 atributos entre experiência, habilidades e características pessoais. Não há atalhos. Preparar futuros gestores corporativos é um processo longo e calculado. Selecioná-los exige uma avaliação completa por várias pessoas. Concentrar-se em duas ou três características é um erro que vimos conselhos de administração cometerem com frequência. Ter uma visão ampla do trabalho a ser feito e das habilidades, experiências e características pessoais requeridas constitui a melhor oportunidade para o sucesso. Dito isso, três características se destacam: (1) um senso de propósito que transcende os números, (2) um plano claro e (3) a capacidade de comunicar o propósito e o plano a grandes grupos de pessoas que o CEO nunca verá.

P. *Como devo imaginar minha carreira em relação a esse pipeline de liderança se não pretendo me tornar CEO?*

R. Pouquíssimas pessoas têm a chance de navegar pelo pipeline inteiro, e a maioria não quer se tornar CEO. A melhor forma de imaginar sua carreira e o pipeline de liderança é se concentrar em uma passagem de cada vez. Se a passagem para que você está designado fornece recompensas e desafios suficientes em relação às suas habilidades, não busque a próxima passagem enquanto não entender totalmente o que será esperado de você. Evite passar o final de sua carreira fazendo um trabalho de que não gosta só porque lhe ofereceu mais status, dinheiro ou poder. Uma boa combinação entre desafio e habilidades é a melhor oportunidade de felicidade, bem como de sucesso no emprego.

Observações

- Gestores corporativos não são tão poderosos quanto os funcionários da empresa ou aqueles que estão fora dela acreditam. Na verdade, não é raro que estratégias, ordens ou desejos do CEO sejam ignorados nos níveis inferiores. Não se trata necessariamente de conduta maldosa ou negligência inocente; só que é difícil qualquer plano ou ordem ser cumprido por todos os níveis da empresa. A distorção da mensagem é rápida. Cada nível interpreta a estratégia de seu ponto de observação, de modo que ideias importantes se perdem. Ações de apoio necessárias à implementação – como recursos adicionais, treinamento ou remoção de obstáculos – podem não ser realizadas. Um CEO não pode fazer tudo sozinho. É preciso uma equipe e a vontade de executar em cada nível na organização. A maioria dos CEOs seria mais poderosa se prestasse atenção ao que de fato acontece em cada nível e dedicasse mais tempo a convencer todos a aceitarem a agenda.
- O gestor corporativo é o maior beneficiário de um pipeline de liderança cheio e fluindo. Preencher altos cargos executivos com rapidez e confiança é possível se os líderes em cada nível fizerem a transição correta, desenvolverem as habilidades certas, adotarem os valores profissionais adequados e trabalharem com o horizonte de tempo apropriado. Um pipeline de liderança cheio e fluindo também permite um desempenho excepcional. Observamos muitos gestores corporativos que se recusam a dedicar o tempo necessário a acertar o pipeline de li-

derança por causa da falta dos valores profissionais corretos. Eles preferem dedicar tempo e energia a eventos externos mais glamourosos do que ao capital humano do negócio. Os gestores corporativos que dedicam tempo a essa atividade veem benefícios rapidamente, sem exceção. Aqueles que não o fazem ficam se perguntando por que a empresa não está se saindo melhor.

- Avaliar o pessoal corporativo com base em critérios antigos causa grandes transtornos aos novos CEOs. Gestores corporativos sofrem quando seu diretor de recursos humanos não sabe avaliar os talentos, quando o diretor financeiro não é estratégico, quando o diretor de tecnologia da informação é um tecnólogo, não um homem de negócios, e assim por diante. Escolher os chefes corretos para o quadro administrativo torna a vida bem mais agradável e o sucesso mais provável para o CEO e para a empresa. Gestores corporativos decididos a ganhar vantagem competitiva mediante uma nova ênfase na inovação para acelerar o crescimento, para ingressar em um negócio novo ou para fazer uma grande mudança cultural precisam examinar bem seus diretores e se certificar de que estão à altura das novas exigências. O fato de terem servido bem ao antecessor não significa que servirão bem ao seu sucessor em um novo jogo. Além de habilidades diferentes, os novos gestores corporativos talvez também queiram um tipo de relacionamento diferente – com mais iniciativa ou mais disposição a desafiar sua forma de pensar.
- Não tratar os problemas de desempenho com a devida rapidez é a razão número um do fracasso de gestores corporativos. Mesmo aqueles mais rigorosos têm dificuldades em lidar rapidamente com subordinados diretos que não entregam os resultados esperados ou desempenham suas atividade de modo inadequado. O fraco desempenho costuma estar visível a qualquer um que se dê o trabalho de observar e evidente para os outros subordinados diretos. O trabalho de equipe é prejudicado, a motivação diminui e a capacidade do gestor corporativo é questionada. Quanto mais perdura essa situação, pior é para o gestor corporativo. Os CEOs precisam instituir um ambiente de comunicação aberto e honesto, com feedback frequente e franco, de preferência mensal. Seus subordinados devem se sentir livres para questionar o modo como os problemas, em particular os de desempenho, são – ou não – solucionados.

8

Diagnóstico

Identificação de problemas e possibilidades do pipeline de liderança

Como você verá aqui e nos próximos capítulos, é possível usar o modelo de pipeline de liderança de várias maneiras. A gestão do desempenho, o desenvolvimento da liderança, o coaching e o planejamento de sucessão são todos facilitados pela familiaridade com as seis passagens de liderança descritas neste livro. Primeiro, no entanto, gostaríamos de mostrar como esse modelo pode ser usado para diagnosticar e solucionar problemas que estão impedindo as organizações de desenvolver e manter um pipeline de liderança.

É verdade que existem outros modelos que visam ajudar as empresas a diagnosticar problemas de liderança, como o *balanced scorecards* (BSC, ou cartões de escore balanceados, em português) e os modelos de gestão por competência. O BSC ajuda a aumentar a extensão ou as categorias de resultados esperados (como resultados de desenvolvimento de pessoas), ao passo que os modelos de competência listam habilidades e capacidades almejadas. No entanto, embora essas e outras abordagens possam ser úteis, são limitadas pelo foco exclusivo nas habilidades e não fazem distinção entre as seis passagens de liderança (a liderança é vista e tratada da mesma forma em todos os níveis da organização). Mudanças de valores e no gerenciamento de tempo são absolutamente críticas para as pessoas se desenvolverem em cada nível, e vamos nos concentrar mais no diagnóstico de problemas nessas áreas do que em áreas de habilidades (que podem ser identificados com mais facilidade).

O modelo de pipeline de liderança permite obter uma especificidade de diagnóstico que os outros modelos não oferecem. Em vez de pareceres vagos de que a empresa não possui um banco de talentos com líderes jovens, a abordagem pipeline permite apontar o nível exato no qual os problemas estão acontecendo e as habilidades, o gerenciamento de tempo e os valores desse nível que precisam ser desenvolvidos.

Três boas razões para realizar o diagnóstico logo e com frequência

Descobrimos que em quase todas as organizações há pessoas trabalhando nos níveis de liderança errados. Esse problema pode acontecer em qualquer um dos seis níveis, porém é mais comum entre:

- Gerentes de primeiro nível que passam a maior parte do tempo realizando o trabalho de colaboradores individuais.
- Gestores de negócios que realizam trabalho funcional.
- Executivos de grupo que se concentram no trabalho de gestores de negócios.

Como veremos adiante, muitas pessoas que estão no nível errado são indivíduos com grande potencial que, graças ao talento, foram promovidos antes de vivenciar determinadas experiências. Por causa dessa promoção antecipada, acabam não vivenciando ou se apressando por passagens de liderança importantes em que desenvolveriam as bases das habilidades, do gerenciamento de tempo e dos valores profissionais exigidos nos níveis superiores.

Por que é importante diagnosticar esses problemas? Como uma empresa consegue prosperar se seus líderes estão trabalhando nos níveis errados – e como eles conseguem entregar resultados? Aqui estão três motivos convincentes:

> Trabalhos importantes não estão sendo realizados, embora a produção seja significativa.

Por exemplo, quando um gerente de vendas passa o tempo todo vendendo, ele não está gerenciando os vendedores. Por mais que os vendedores se esforcem ou que o gerente de vendas seja um vendedor incrível, é provável que algum trabalho importante não esteja sendo feito. Os vendedores talvez não estejam concentrados em conquistar novos clientes ou podem estar deixando de vender os produtos mais difíceis. Ainda que os resultados de curto prazo pareçam ótimos, ninguém está cuidando da base para obter resultados sustentáveis.

Soubemos de um CEO que estava projetando a sala de espera de uma nova fábrica enquanto sua empresa mergulhava em falência. E também do diretor de RH de um grande banco que passava seu tempo elaborando formas de planejamento de sucessão, enquanto os executivos seniores estavam desesperados por sua ajuda para reduzir a rotatividade de pessoal. Esses são exemplos óbvios de líderes atuando nos níveis errados, mas que estavam se esforçando e produzindo. Embora a falência tenha revelado que o desempenho do CEO era ruim, muitas vezes não percebemos os sinais de que um líder está atuando abaixo de sua capacidade. Sem uma boa ferramenta de diagnóstico, é comum confundir produção com liderança eficaz.

O custo de cada transação de negócios é aumentado.

Lembrando o exemplo anterior, o gerente de vendas é pago para gerenciar, mas na verdade está trabalhando no nível de colaborador individual. Só que o custo não termina aí. É muito provável que o chefe do gerente de vendas – um gestor de gestores – esteja fazendo o trabalho que deveria ser do gerente de vendas. Então ele também está trabalhando abaixo do nível para o qual é pago. Em geral, pessoas de nível mais alto são puxadas para baixo para preencher lacunas. O descompasso entre trabalho e pagamento pode ser endêmico dentro da empresa, e esse descompasso passa a ser "a forma como fazemos as coisas nesta cultura". Quando as empresas aceitam e até institucionalizam esses descompassos, torna-se difícil atingir a verdadeira eficiência. Como é possível saber se os líderes estão nos níveis errados se só estão fazendo o que a cultura considera aceitável? É um enorme desafio diagnosticar e remediar o problema.

As pessoas não se desenvolvem adequadamente.

Se seu chefe está fazendo o seu trabalho, você acaba fazendo o que sobra. Então as pessoas costumam retomar o que era mais importante em seus níveis de liderança anteriores, usurpando as responsabilidades mais importantes de seus subordinados diretos. Essa traiçoeira reação em cadeia não pode ser detida sem um diagnóstico correto. Só quando a causa do problema é identificada e esclarecida uma solução pode ser implementada.

Uma ferramenta para enxergar além do que foi feito

É difícil identificar pessoas que estão trabalhando no nível errado, porque o foco organizacional costuma estar no que foi feito. Ninguém observa o custo financeiro ou a incapacidade de desenvolver pessoas. Em vez disso, se os objetivos são atingidos, parece que o líder está apresentando um bom desempenho. Eis um exemplo que ilustra esse caso.

A história de Mary e Charlie

Mary, uma recrutadora profissional, foi promovida a gerente de recrutamento técnico e especializado em uma grande empresa de segurança. Ela mesma sendo uma excelente recrutadora, agora supervisiona outros nove recrutadores. Durante sua primeira semana no novo cargo, o chefe de Mary, Charlie, pede a ela um relatório sobre uma série de cargos que estão vagos, atrasando um importante projeto da empresa. Mary conversa com cada um dos subordinados diretos sobre a situação de candidatos, ofertas e aceitações, e então informa a Charlie. Ele está sendo pressionado pela diretoria e informa a Mary que existem muitas vagas e o fluxo de candidatos é pequeno demais. Pede que ela se "envolva pessoalmente" em gerar mais e melhores candidatos. Como ela estará ocupada recrutando, Charlie vai elaborar um plano para realocar os recursos que ela estava gerenciando a fim de abordar outras necessidades.

Nesse caso, Mary e Charlie solucionaram o problema e preencheram os cargos críticos. Com isso, Charlie e Mary receberam bônus especiais por desempenho. Na verdade, Charlie informou ao chefe que Mary era sua sucessora mais provável graças a seu ótimo trabalho durante aquela crise.

À primeira vista, parece que Mary e Charlie desempenharam seus papéis de liderança. Na realidade, eles só os subverteram. Charlie criou o precedente de que, quando ocorre uma crise, ele realizará todo o planejamento e Mary poderá voltar a seu antigo papel de recrutadora. Assim, Mary passa a valorizar as coisas erradas e nunca aprende a realocar recursos (entre outras atribuições). Charlie é um gerente de gestores só no nome e no salário do cargo. Em vez de interagir com os gerentes de projetos da empresa para que eles tenham alternativas que garantam a realização do trabalho quando não for possível preencher os cargos-chave rapidamente, ele está trabalhando em um nível inferior e atribuições importantes de seu nível não estão sendo realizadas. Quando Charlie enfim nomear Mary como sua sucessora, ela estará mal preparada para a liderança nesse próximo nível.

A melhor forma de diagnosticar esses problemas de liderança é analisando se os gestores estão cumprindo os requisitos de habilidades, gerenciamento de tempo e valores profissionais de seus níveis específicos. Utilizar o modelo de pipeline de liderança como uma ferramenta de diagnóstico durante crises é especialmente eficaz, pois é nessas ocasiões que as fraquezas em cada uma dessas três áreas têm mais chances de vir à tona.

Vamos aplicar esse diagnóstico a Charlie e Mary. Suponha que você seja o chefe deles e queira avaliar se estão trabalhando no nível de liderança adequado. A princípio, não é necessário fazer uma análise completa do desempenho de cada um em relação a todas as habilidades, gerenciamento de tempo e os valores profissionais em seus respectivos níveis de liderança. Você pode diagnosticar problemas de liderança em relação a uma situação de crise específica e obter uma rápida leitura sobre o desempenho de seus papéis.

Comece se concentrando nas *habilidades de liderança* para o nível de Charlie (gerente de gestores) e faça as seguintes perguntas para determinar se ele apresentou as habilidades durante essa crise:

Habilidades de liderança

- Charlie pediu a Mary que fizesse um trabalho apropriado ao nível dela?
- Charlie sabia como desenvolver um gerente de primeiro nível? Ele tinha as habilidades para isso?
- Charlie sabia criar conexões com as equipes de projeto ou outros funcionários na empresa de modo que pudesse receber alertas antecipados de problemas ou informações atualizadas sobre necessidades críticas?

Responder a essas perguntas envolve certa subjetividade e é bem possível que a falta de habilidades demonstrada por Charlie nessa situação específica possa não ser indicativa do que ele faria em outras circunstâncias. Talvez ele seja um bom desenvolvedor de gerentes de primeiro nível, mas não tão bom em momentos de crise. Portanto, você precisa testar sua avaliação expandindo a investigação. Se Charlie é um bom desenvolvedor de gerentes, seus subordinados diretos (gerentes de primeiro nível) deveriam demonstrar a habilidade em escolher as pessoas certas para os cargos, esclarecer seus papéis e orientá-las. Conversas com alguns subordinados diretos de Charlie, do passado e atuais, podem confirmar ou negar a avaliação inicial. Conversar com colaboradores individuais sobre quem realmente os gerencia – Mary ou Charlie – vai esclarecer se ele desenvolveu seus gerentes com eficácia. Se os colaboradores individuais respondem que Charlie é seu gerente de fato, ele usurpou o papel de Mary (bem como o papel de outros gerentes).

A seguir, apresentamos algumas perguntas relativas ao *gerenciamento de tempo* e aos *valores profissionais* que você pode fazer para esclarecer a situação de Mary e Charlie:

Gerenciamento de tempo

- Quanto tempo Charlie passou ajudando Mary a entender o papel de um gerente de primeiro nível?
- Quanto tempo Charlie dedicou ao coaching de Mary sobre como ser uma gerente de primeiro nível?
- Quanto tempo Charlie passou se comunicando com os principais clientes internos para realizar os serviços de recrutamento e alocação de pessoal?
- O planejamento de Charlie avança até que ponto no futuro? Ele tem um plano anual com previsões sobre os altos e baixos na demanda por pessoal?

Valores profissionais

- Que trabalho Charlie considera realmente importante, de acordo com seu comportamento em relação a Mary e demais subordinados durante essa crise?
- Durante a crise, qual era a primeira coisa que Charlie fazia ao chegar no trabalho? Com quem tinha conversas significativas assim que chegava ao escritório pela manhã?

Gerenciamento de tempo e valores profissionais estão interligados. As pessoas decidem como utilizar suas horas de trabalho com base nos próprios sistemas de valores, bem como nos valores da empresa. Contrariando a crença popular, o tempo não é alocado com base nas ordens do chefe, mas no que o indivíduo considera um trabalho importante. Se você pensar bem e conversar com as pessoas sobre a relação entre o gerenciamento de tempo e os valores, perceberá que vai ficar muito claro se as pessoas estão ou não cumprindo seus requisitos para determinado nível de liderança.

Passos de diagnóstico

Ao fazer as perguntas anteriores, deve ter lhe ocorrido que Charlie pode ter agido daquela maneira por causa dos valores organizacionais formais e informais. Por exemplo, empresas com foco em transações, como nos setores de operações bancárias, transportes e varejo, com frequência adotam um pensamento de curto prazo. Essa ênfase transforma líderes em todos os níveis em colaboradores individuais que valorizam resultados imediatos e mensuráveis acima de todo o resto. Os seis níveis de liderança perdem sua singularidade essencial e fica difícil, ou mesmo impossível, manter o pipeline de liderança fluindo nesse ambiente.

Você também deve ter em mente outro fator organizacional em seu diagnóstico: o sistema de recompensas. Charlie e Mary receberam bônus por obterem os resultados certos da forma errada e das pessoas erradas. Portanto, o sistema de recompensas e as necessidades de desenvolvimento de liderança não estão alinhados. O desalinhamento poder alcançar os níveis mais altos, e vimos organizações cujos executivos seniores estavam focados na produção de curto prazo a fim de alcançar as metas de desempenho. Essas situações afetarão seu diagnóstico, e é importante não saltar para conclusões sobre indivíduos quando as culturas e os sistemas organizacionais são culpados.

Discutiremos mais sobre questões organizacionais nos capítulos a seguir. Por ora, vejamos como você pode diagnosticar problemas das perspectivas individual e do grupo no pipeline de liderança.

Perspectiva individual

Você deve criar um processo que utilize o modelo de pipeline de liderança para avaliar seu pessoal. Isso é importante não apenas porque formaliza o que pode ser um procedimento bastante indisciplinado, mas também porque oferece uma base de comparação para tirar daí conclusões interessantes sobre quem é de fato capaz de assumir um cargo de liderança no futuro ou quem está realizando um trabalho de liderança melhor agora.

Estes passos ajudarão você a avaliar um indivíduo com rapidez e precisão:

1. Identifique os comportamentos e a produção do indivíduo no trabalho observando-o e conversando com ele. Analise a agenda dele para saber como investe seu tempo. Descubra que trabalho está realizando e qual é o foco principal de seus esforços. Entenda qual é a primeira atividade que ele realiza todos os dias. As pessoas com quem se encontra e o tipo de trabalho que executa primeiro revelam quais são suas prioridades.
2. Descubra o impacto dessa pessoa sobre as demais – subordinados diretos, do passado e do presente, bem como o pessoal em outras unidades. Ele desenvolveu subordinados diretos com eficácia para seus níveis de liderança atuais? A interação com pessoas de outras unidades é boa e frequente?
3. Sobreponha essas informações ao modelo de pipeline de liderança. Analise como as ações e as atitudes do indivíduo se alinham ou não com as habilidades, o gerenciamento de tempo e os valores de determinado nível.
4. Descubra o nível em que a pessoa está de fato trabalhando e compare com aquele no qual deveria estar. Ainda que alguém não se enquadre com perfeição em nenhum nível de liderança, talvez lhe faltem apenas algumas das habilidades requeridas no nível designado ou talvez ela use parte do tempo de forma adequada ao nível. Em geral, é possível enquadrar as pessoas em um dos seis níveis com um grau razoável de precisão. Ao fazê-lo, seja específico em identificar as lacunas entre o nível operacional e o nível designado.
5. Crie um plano de desenvolvimento voltado para valores. Falaremos mais sobre isso nos próximos capítulos, mas mesmo assim não esqueça que, se as pessoas aprendem os valores certos, o gerenciamento de tempo eficaz e as habilidades certas virão em seguida.

Perspectiva do grupo

Muitas vezes, o diagnóstico do modelo de pipeline de liderança é útil para diferentes grupos dentro de uma organização. Equipes de negócios podem usá-lo para descobrir se estão trabalhando no nível apropriado, considerando suas atribuições e metas. A área de recursos humanos pode usá-lo para analisar se um grupo específico de pessoas (gerentes de primeiro nível em determinada unidade de negócios, por exemplo) está no nível certo ou se a liderança é profunda o bastante naquele grupo. E as organizações podem usá-lo para examinar o pipeline de liderança como um todo, identificando se existem problemas em um nível específico ou em todos eles.

Os seguintes passos ajudarão grupos a usar o diagnóstico do modelo de pipeline de liderança com eficácia:

1. Realize avaliações individuais dos líderes que fazem parte do grupo avaliado.
2. Examine as avaliações individuais de maneira agregada e descubra se as habilidades, o gerenciamento de tempo e os valores profissionais correspondem ao nível por todo o grupo.
3. Se não corresponderem, quais são as lacunas específicas? Especifique no que consiste o desalinhamento (por exemplo, a maioria dos líderes nesse nível valoriza o trabalho técnico em vez do desenvolvimento de pessoas).
4. Caso esteja olhando o pipeline de liderança como um todo, analise as forças e as fraquezas de cada nível. Por exemplo, o nível de gestor de negócios se mostra adequado (existe alinhamento entre as habilidades, o gerenciamento de tempo e os valores profissionais), mas o nível de gestor funcional é inadequado? Em outras palavras, onde o pipeline está obstruído? Você consegue apontar um nível ou níveis específicos nos quais falta a liderança apropriada?

Salto de níveis: os mais brilhantes nem sempre são os melhores

Uma das melhores contribuições desse diagnóstico de seis níveis para o fortalecimento do pipeline de liderança é identificar pessoas que pularam uma ou mais passagens de liderança fundamentais. Sem dúvida, é importante localizar líderes que passaram por todo o treinamento e tiveram todas as experiências necessárias, mas que continuam sem apresentar as habilidades, o gerenciamento de tempo e os valores profissionais apropriados. No entanto, é mais difícil localizar as supostas estrelas da organização que desapontam como líderes. Eles são os "altos potenciais" e a pessoas costumam lhes conceder o benefício da dúvida porque são estrelas em ascensão e em geral são altamente habilidosos em áreas importantes. Com isso, são promovidos com rapidez e permite-se que vivenciem experiências essenciais de liderança de modo apenas superficial ou as ignorem por completo. Sem o diagnóstico do modelo de pipeline de liderança, as organizações permitem que essas pessoas pulem passagens e assumam em pouco tempo cargos de liderança importantes, posições nas quais acabarão falhando e acelerando o fracasso de outros.

Em uma grande empresa, esse problema tornou-se evidente durante um programa de coaching executivo em larga escala. Mais de mil gestores passaram pelo programa e o feedback de 360 graus era uma das características do processo de coaching. Os gestores funcionais participantes foram separados em dois grupos: o primeiro grupo havia percorrido as passagens de liderança descritas neste livro, recebendo uma combinação de treinamento e experiência que o qualificou para cada cargo de liderança assumido; já o segundo grupo ascendeu para posições de gestores funcionais mais rápido que o primeiro e reunia os altos potenciais da empresa. Muitos deles haviam sido recrutados dos melhores cursos de MBA e entraram na empresa exercendo um papel de apoio, trabalhando no desenvolvimento de negócios e em outros projetos importantes. Nessa divisão, a maioria pulou o nível de gerente de primeiro nível, dedicando-se ao trabalho com equipes de consultores. Como resultado, não receberam o treinamento nem tiveram as experiências que os teriam ajudado a valorizar e aprender os segredos da gestão de desempenho – fixar objetivos, realizar coaching, selecionar membros das equipes, administrar conflitos e assim por diante.

Uma porcentagem significativa desses altos potenciais foi promovida a cargos de gestores funcionais. Após a consolidação dos resultados do feedback de 360 graus, ficou claro que aquelas estrelas em ascensão não apresentavam os valores e as habilidades requeridos para seus níveis de liderança. Embora alguns se destacassem em determinadas áreas – como estratégia, inovação e análise de riscos –, de modo geral todos eram deficientes na área de gestão de desempenho. Muitos ainda queriam trabalhar como colaboradores individuais. Na verdade, seus subordinados diretos se queixavam de que aqueles gestores os tratavam como "abelhas operárias" que os ajudariam a realizar uma série de projetos. Havia muito pouca inclinação a desenvolver talentos ou oferecer orientação. Eles não valorizavam o desenvolvimento de outras pessoas e em alguns casos parecia que estavam competindo com os subordinados diretos para fazer os projetos mais rápido e melhor.

Repetidas vezes, vimos pessoas com alto potencial fracassarem como líderes, ainda que se esforçassem e apresentassem um talento evidente. Mas, quando você conhece os seis níveis de liderança e as habilidades, o gerenciamento de tempo e os valores profissionais que os acompanham, é menos provável que sua visão seja ofuscada pelo brilho pessoal de um indivíduo. Quando você usa esses níveis de liderança como diagnóstico para avaliar se os gestores de fato valorizam o trabalho em seu nível específico, tem mais chances de identificar os líderes que prejudicarão o pipeline de sua organização e aqueles capazes de ascender.

Perguntas frequentes

P. *Como deveríamos orientar líderes que estão trabalhando no nível errado ou que querem evitar cair nessa situação?*

R. Pode ser difícil convencer líderes de que eles não estão trabalhando no nível certo ou no que é adequado. Conversar com o chefe deles é o primeiro passo, mas o chefe pode ser tanto parte do problema quanto da solução. Primeiro, certifique-se de que o chefe entende o problema e está trabalhando no nível correto. Em caso negativo, suba mais um nível para obter o apoio adequado. Além disso, consulte os subordinados diretos para saber se eles estão recebendo apoio, orientação, coaching, clareza de papéis e de prioridades. Apresente os detalhes do que a equipe de um líder precisa e do que o chefe dessa pessoa espera. Explique a essência do que é requerido nesse nível, bem como as consequências de não cumprir esses requisitos. Por fim, monitore a agenda e a aplicação do tempo desse líder.

P. *Como identifico o nível apropriado para um indivíduo se não temos todos os níveis listados no modelo?*

R. É mais fácil trabalhar de cima para baixo do que de baixo para cima. Comece com seu gestor corporativo (CEO) e seus subordinados diretos. Se só existir um negócio, o CEO também é o gestor de negócios e os subordinados diretos são gestores funcionais. Se existirem vários negócios, o CEO é também um gestor de grupo, alguns subordinados diretos são gestores de negócios e outros, gestores funcionais corporativos. Os subordinados diretos dos gestores de negócios são gestores funcionais. Sob o gestor funcional, em cada um desses dois casos, os subordinados diretos podem ser gerentes de gestores, gerentes de outros ou "gerentes de si mesmos", dependendo da estrutura que existe abaixo deles.

P. *Sou consultor interno de RH. Como aprimoro minhas habilidades de diagnóstico?*

R. Os melhores diagnósticos são obtidos quando se examina o trabalho antes de avaliar a pessoa. Descubra quais tarefas estão sendo realizadas e quais tarefas-chave vêm sendo ignoradas ou malfeitas. Avalie quais metas estão sendo atingidas, bem como aquelas em que os grupos têm fracassado. Identifique os líderes cujo pessoal é promovido, bem como aqueles cujo pessoal raramente é cogitado para novos cargos. Com esses conhecimentos, você poderá correlacionar o trabalho que não está sendo feito à passagem no pipeline, para determinar onde estão os problemas. Para fazer um bom diagnóstico, é preciso conhecer os detalhes do negócio.

Observações

- Trabalhar no nível errado é um problema que existe em quase todas as empresas. Inclusive, a expressão "trabalhar no nível errado" passou a fazer parte do vocabulário de administração, embora não fosse um termo comum antes da publicação original deste livro. Apesar de o problema já existir há muito tempo, o modelo de pipeline de liderança ajudou a criar a linguagem necessária para iniciar um diálogo. Encorajamos todos os líderes a usar essa linguagem para seus negócios caso ainda não o façam.
- Compreender os resultados que os líderes estão entregando e como isso é feito nos ajuda a avaliar a adequação deles aos seus níveis. Nos níveis de gestor funcional e acima, o diagnóstico fica mais difícil por causa da amplitude do cargo e da complexidade do trabalho. O horizonte de tempo e a agenda fornecem a melhor visão para se avaliar o nível em que trabalham. Um horizonte de curto prazo, de um ano ou menos, quase sempre significa que estão envolvidos demais no trabalho técnico ou nos problemas do dia a dia. É provável que os resultados de hoje sejam bons, mas o futuro está sendo negligenciado. Além disso, uma agenda cheia de reuniões operacionais, sem nenhum tempo reservado para o pensamento estratégico, a análise e o planejamento, também significa que o futuro está sendo ignorado, embora os problemas atuais estejam sendo solucionados. Algumas crises empresariais exigem um foco no curto prazo, mas, se isso se estender por um longo período, caracterizará uma abordagem de nível inferior.

- Utilizar o triângulo do alinhamento (Figura 5.1) facilita o diagnóstico. Essa ferramenta revela se os líderes estão lidando com toda a extensão de suas responsabilidades. A deficiência revelada com maior frequência é a melhoria da competência organizacional (o canto inferior direito). Infelizmente, as deficiências organizacionais reduzem a eficácia individual. Cargos mal definidos, processos inexistentes ou incompletos, abusos de poder, entre outros fatores, contribuem para o fracasso individual e da organização. Uma organização ruim sempre derrotará uma pessoa boa. Assim, um meio de saber se um líder está trabalhando no nível certo e cumprindo sua tarefa é examinar os problemas que os subordinados diretos dele e o restante da organização enfrentam.
- Lidar com problemas agravados pelo chefe é comum entre líderes nas pequenas empresas. As situações típicas reúnem chefes que dão instruções confusas, demoram demais para tomar decisões, alocam recursos de forma inadequada e oferecem tempo individual insuficiente. O diagnóstico não deve surpreendê-lo se você compreendeu o modelo de pipeline de liderança. O gestor corporativo (CEO) está trabalhando em um nível baixo demais e precisa fazer uma passagem. Como o nível acima não existe, precisa ser criado. A maior necessidade parece ser a transição do CEO de um gestor funcional para um gestor de negócios. O pleno envolvimento em todos os aspectos do negócio no estágio de startup influencia a evolução do cargo de CEO/fundador. Esses indivíduos tendem a permanecer envolvidos em tudo, mesmo acrescentando níveis abaixo deles. Ao serem substituídos, dão o mesmo conselho aos sucessores. Só que, quando a organização atinge determinado tamanho, as funções de apoio precisam se fortalecer e assumir o trabalho que o CEO vinha realizando – como orçamentos, gestão de caixa, planejamento financeiro, programas de recompensas, seleção de funcionários novos, desenvolvimento de novos negócios e controle da qualidade. Assim, o CEO precisa ter bons gestores funcionais e também aprender a se tornar um ótimo gestor de negócios e CEO. Muitos dos subordinados diretos não conseguem fazer a transição para o nível de gestores funcionais e não deveriam ser promovidos só porque o CEO subiu. Uma seleção cuidadosa dos gestores funcionais é tão importante quanto a passagem do CEO.

9

Melhoria do desempenho

Esclarecer papéis e criar padrões de desempenho

Uma vez que o diagnóstico tenha revelado que há um indivíduo ou um grupo trabalhando em níveis de liderança inadequados, é preciso reparar o pipeline. E isso significa que você deve desenvolver seus gestores para que possuam as habilidades, o gerenciamento de tempo e os valores profissionais apropriados a seus níveis específicos a fim de assegurar o bom desempenho do cargo.

Trata-se de uma tarefa desafiadora por dois motivos. Primeiro, porque na maioria das organizações não há definições claras sobre os papéis dos cargos de liderança. Apesar de as organizações realizarem um bom trabalho ao definir os requisitos financeiros e operacionais, costumam negligenciar a definiçao dos requisitos de liderança e a diferenciação por níveis. Com isso, mesmo aqueles que buscam melhorar o desempenho de sua liderança enfrentam dificuldades, pois não sabem direito quais deveriam ser seus objetivos.

O segundo motivo é que a maioria das empresas não cria padrões de desempenho diferenciados por nível de liderança. Na verdade, eles costumam nem existir, uma vez que os líderes são cobrados por resultados financeiros em vez de por um conjunto completo de requisitos de desempenho. Consequentemente, torna-se difícil, se não impossível, medir os resultados da liderança em qualquer um dos níveis. Assim, por mais importante que seja ter as habilidades, o gerenciamento de tempo e os valores profissionais apropriados, eles devem produzir resultados. E, quando o desempenho de alguém é excepcional, considera-se que ele está pronto para passar ao próximo nível de liderança.

Como veremos, nosso modelo de pipeline de liderança é útil tanto na definição dos papéis de liderança quanto na avaliação do desempenho da liderança.

A importância da clareza dos papéis

A maioria dos líderes pensa em seu trabalho em termos de metas e tarefas. No entanto, por mais importantes que sejam esses fatores, eles não abrangem a totalidade do papel de um líder. Por exemplo, os seguintes requisitos para líderes de nível médio costumam ser negligenciados:

- Permitir o sucesso dos outros.
- Envolver a equipe tanto emocional quanto física ou intelectualmente para liberar sua energia.
- Proporcionar orientação específica de forma padronizada.
- Trabalhar horizontalmente (fundamental em um contexto de comércio eletrônico) para garantir um fluxo de trabalho tranquilo.

Além disso, poucas organizações posicionam o trabalho de um líder em relação a outros líderes acima, abaixo e no mesmo nível. Esse é um aspecto essencial da clareza dos papéis hoje em dia, já que o *downsizing* e a redução dos níveis hierárquicos das duas últimas décadas causaram lacunas no pipeline de liderança e alguns papéis se tornaram menos fixos. Quais são as responsabilidades de liderança de uma pessoa em relação aos subordinados diretos e a seu chefe? Alguém está avaliando se os papéis se sobrepõem ou se existe uma lacuna entre eles?

O pipeline de liderança oferece um meio rápido e eficaz de definir os papéis com clareza. Ao comparar o que um líder *faz* com o que *é necessário* em determinado nível de liderança, bem como o que o chefe dele e os subordinados fazem em comparação com o modelo, você pode aumentar a clareza do papel. Como a maior parte do desenvolvimento acontece quando já se está no cargo, é importante definir os requisitos corretos dos papéis para que um líder os entenda e se desenvolva na direção certa. A compreensão desse processo fica mais fácil com o uso de um gráfico. Vamos supor que os cargos sejam representados por círculos. Agora vejamos onde os círculos se posicionam em nosso modelo de pipeline de liderança (Figura 9.1).

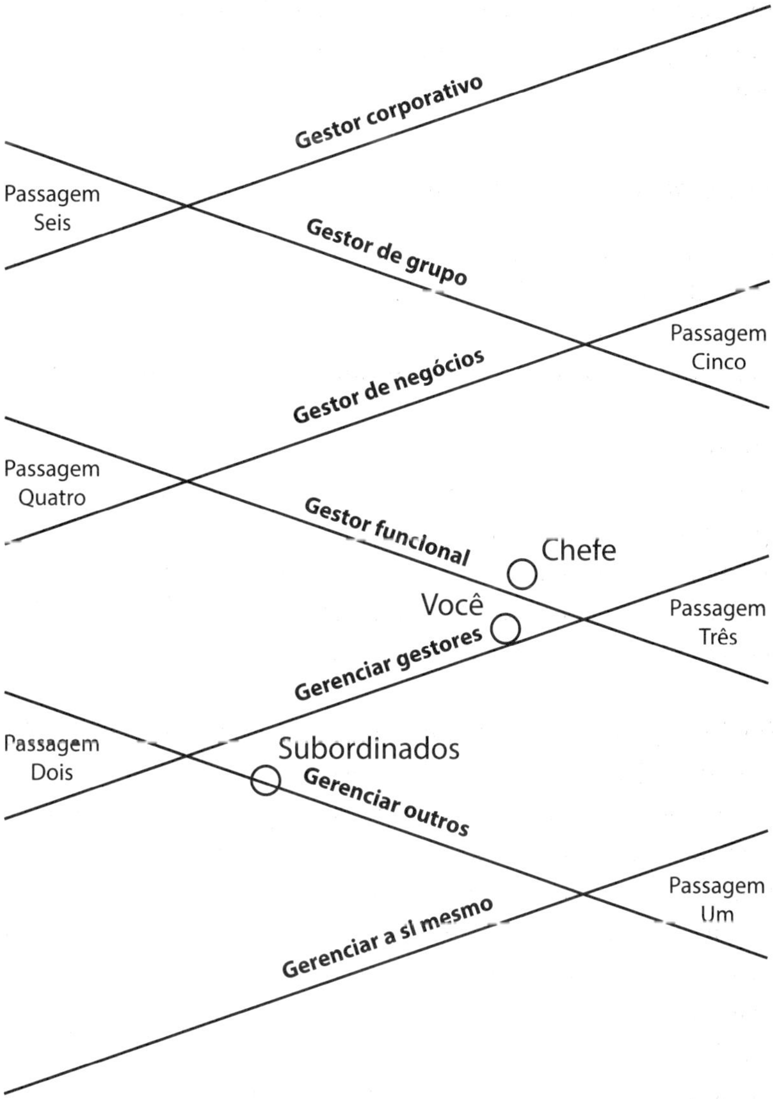

Figura 9.1 Uso do modelo de pipeline de liderança para esclarecer os papéis

Apenas traçar onde um cargo específico está em relação às seis passagens de liderança já é revelador. Em vez de ver um cargo dentro da variedade limitada de tarefas e responsabilidades, agora você pode ampliar e aguçar a visão de modo que o cargo seja visto dentro de um modelo de liderança. Faça o mesmo para o chefe e os subordinados. Tanto a organização quanto os gestores poderão visualizar exatamente quais são os requisitos dos papéis e as fronteiras entre líderes e subordinados diretos. Em grandes organizações, é comum haver vários níveis organizacionais no mesmo nível de pipeline para gerentes de gestores e executivos de grupo. Um gestor funcional, por exemplo, pode perceber que tanto os próprios subordinados diretos quanto os subordinados diretos deles são gerentes de gestores. Fica claro que um trabalho considerável será necessário para esclarecer as diferenças específicas – e que ele precisa dedicar tempo a isso.

Fique atento às seguintes lacunas e sobreposições comuns:

Lacunas

- Um nível não oferece feedback sobre o desempenho para o nível logo abaixo, resultando em um problema recorrente.
- Incapacidade de executar um plano pela falta de recursos. O plano foi elaborado em um nível e o nível logo abaixo deveria executá-lo, mas nenhum dos dois se sentiu responsável por avaliar a necessidade de recursos ou por obtê-los.

Sobreposições

- Tanto o gestor funcional quanto o gerente de gestores dão instruções ao gerente de primeiro nível.
- Tanto o gestor de negócios quanto o gestor funcional de marketing se sentem responsáveis pelo desenvolvimento do planejamento de produto.

A clareza de papéis, portanto, pode ser obtida com os seguintes passos:

1. Utilizar o modelo de pipeline de liderança para identificar o nível de liderança no qual está determinado cargo.
2. Comunicar aos gestores qual é esse nível e as habilidades, o gerenciamento de tempo e os valores profissionais requeridos.
3. Conscientizar todos, acima e abaixo no pipeline de liderança, sobre as lacunas e as sobreposições potenciais entre níveis "adjacentes", e atuar para corrigir lacunas e sobreposições.

Definir padrões de desempenho

A clareza sobre o papel para desenvolver líderes em todos os níveis é muito importante, mas não é tudo. O problema é que o desempenho costuma estar nos olhos de quem vê. Se você falar com seis gerentes de gestores em seis empresas, todos terão argumentos convincentes sobre o que significa "fazer um bom trabalho". Por mais sinceros que sejam seus esforços para trabalhar bem, é provável que nutram ideias diferentes sobre o que é um bom trabalho. E ainda que seus papéis tenham sido esclarecidos em termos de habilidades, gerenciamento de tempo e valores profissionais, eles podem traduzir essas responsabilidades em comportamentos e resultados bem diferentes.

Padrões de desempenho bem definidos, portanto, são fundamentais. Sem eles, é quase impossível transmitir expectativas e requisitos de liderança. E, mesmo que o *balanced scorecard* e as estratégias de negócios sejam úteis, esses métodos se concentram nos resultados organizacionais, não nos individuais. Em geral, não cobrem um conjunto completo de requisitos para sustentar o sucesso de longo prazo. Por esse motivo, as empresas precisam criar padrões de desempenho que atinjam seus objetivos.

> Os padrões cobrem um conjunto completo de requisitos de desempenho.

Os líderes já não podem mais concentrar seus esforços exclusivamente em vendas, lucros, produtos ou em qualquer tema em particular. A liderança em todos os níveis da empresa deve ser multidimensional. O desempenho unidimensional tradicional – ainda que envolva produzir um ótimo produto ou bater recordes de vendas – não é suficiente. É preciso que uma grande variedade de resultados se torne meta de todos os líderes, e essa meta deve girar em torno dos seguintes indicadores:

- resultados operacionais (receitas, custos, lucro);
- resultados relacionados aos clientes (aquisição, retenção, penetração, satisfação);
- resultados relacionados à liderança (definição de rumos, comunicação, desenvolvimento de pessoas, definição de padrões);
- resultados relacionados à gestão (controle, qualidade, pontualidade);

- relacionamentos (relações de trabalho, trabalho em equipe, internos e externos, com empresas e com o governo);
- responsabilidade social (atuação correta em relação à sociedade, aos governos e ao meio ambiente);
- competência técnica individual (as partes do trabalho que apenas você deve fazer).

> Os padrões envolvem tanto o longo quanto o curto prazo.

A ênfase do mercado financeiro nos resultados trimestrais não pode ser o único padrão de desempenho. Questões de prazo mais longo, como desenvolvimento de pessoal, identidade da marca, pesquisa e desenvolvimento de produtos, precisam ser consideradas. Para ter uma ideia de um bom mix de padrões de curto e longo prazo, examine o Esquema 9.1.

Esquema 9.1 Padrões para avaliar o desempenho

Muitas gradações diferentes são possíveis. As três classificações a seguir são consideradas viáveis em uma empresa grande. É muito importante definir o desempenho excepcional para impedir que o desempenho eficaz seja visto como excepcional.

Desempenho excepcional

- Excede sistematicamente os requisitos de produção operacionais, técnicos e profissionais.
- Excede sistematicamente os requisitos para tarefas gerenciais, como planejamento, organização e controle do trabalho; comunicação com colegas e subordinados; e desenvolvimento de pessoal.
- Demonstra excelente capacidade de liderança, inclusive com a criação e a comunicação do direcionamento estratégico, e permite que a equipe apresente desempenho de padrão elevado.
- Alcança resultados de forma a sempre desenvolver e conservar relacionamentos de trabalho construtivos com muitos grupos, incluindo subordinados.
- Atua sempre de forma ativa na comunidade e melhora a reputação da empresa.
- Recebe as atribuições mais difíceis com frequência; o chefe lutaria para manter essa pessoa.

Observação: Esses resultados precisam ter sido atingidos por um período significativo, normalmente durante três anos.

(*continua*)

Esquema 9.1 Padrões para avaliar o desempenho (*continuação*)

Desempenho eficaz

- Atende ou excede sistematicamente os requisitos de produção operacionais, técnicos e profissionais.
- Atende ou excede sistematicamente os requisitos para tarefas gerenciais.
- Demonstra eficácia na liderança.
- Alcança resultados de forma a geralmente desenvolver e conservar relacionamentos de trabalho construtivos.
- Atua de forma ativa na comunidade em algumas ocasiões e contribui para a boa reputação da empresa.
- Recebe trabalhos extras em algumas ocasiões.
- Seu desempenho é considerado bom, mas um talento equivalente pode ser encontrado, se preciso.

Observação: Um indivíduo nessa categoria pode ter um desempenho excepcional por um curto período, mas em geral apresenta desempenho eficaz.

Desempenho insuficiente

- Está abaixo do padrão de execução da maioria dos requisitos de produção operacionais, técnicos e profissionais e das tarefas gerenciais.
- Demonstra a habilidade de liderança necessária em algumas ocasiões, mas em geral é insuficiente.
- Alcança resultados de uma forma que nem sempre desenvolve e conserva relacionamentos de trabalho construtivos.
- Atua de forma pouco frequente na comunidade.
- Requer muito tempo do chefe na gestão.
- O chefe nao ficaria preocupado se essa pessoa deixasse a organização.

Observação: Um indivíduo nessa categoria pode ter um desempenho eficaz por um curto período, mas em geral apresenta desempenho em nível abaixo do padrão.

Fonte: Drotter Human Resources, Inc.

Como é possível observar, categorizamos esses padrões como desempenho excepcional, eficaz e insuficiente. Adiante neste capítulo, vamos demonstrar a importância de usar essas três categorias como uma ferramenta de desenvolvimento de liderança.

Os padrões são diferenciados por nível de liderança.

Essa área final nos traz de volta aos níveis do pipeline de liderança. É crucial que os padrões sejam ajustados às habilidades, ao gerenciamento de tempo e aos valores profissionais de cada nível. Veja um exemplo de como uma empresa ajustou seus padrões. Depois que uma série de pessoas foram demitidas e novas contratações para substituí-las foram feitas, essa empresa decidiu repor seu pipeline de liderança em parte pelo desenvolvimento de subordinados. Como os líderes recém-contratados haviam sido treinados em empresas diferentes, a administração queria garantir que todos trabalhassem com base no mesmo conjunto de padrões de desempenho. Seria impossível transformar subordinados em líderes realmente eficazes sem padrões universais diferenciados por níveis. Os padrões de desempenho pleno estratégico para três níveis foram definidos desta forma:

Gestor de grupo: cria uma visão e a traduz em um modelo estratégico de longo prazo para os grupos; cria oportunidades; aloca recursos para assegurar o sucesso de longo e curto prazos.

Gestor de negócios: dentro do modelo estratégico do grupo, cria e obtém aprovação para a estratégia de negócios de longo prazo; cria oportunidades.

Gestor funcional: entende e apoia a estratégia do negócio e a estratégia do grupo; revisa planos funcionais conforme necessário para apoiar as mudanças de estratégia.

Esses padrões vinculam os níveis sem criar lacunas ou sobreposições. Como se pode ver, cada padrão é definido a partir das habilidades, gerenciamento de tempo e valores profissionais dos três níveis de liderança envolvidos.

Uso dos padrões de desempenho para desenvolver líderes

Os padrões de desempenho são conceitos bons na teoria, mas difíceis de aplicar. Os padrões que definimos e usamos com o pipeline de liderança permitiram que organizações desenvolvessem líderes em todos os níveis com grande rapidez e eficácia. Para facilitar o uso desses padrões, considere os círculos da Figura 9.2 como um símbolo para determinado cargo.

Tudo que está dentro do círculo é de responsabilidade do indivíduo que ocupa o cargo e o que está fora do círculo compete a outra pessoa. Para desenvolver ainda mais essa ideia, fizemos sete linhas dentro do círculo para

Figura 9.2 Retratos de desempenho: desempenho pleno e desempenho insuficiente

Fonte: Drotter Human Resources, Inc.

representar as sete dimensões de desempenho que observamos: resultados operacionais, resultados relacionados aos clientes, resultados relacionados à liderança, resultados relacionados à gestão, relacionamentos, responsabilidade social e competência técnica individual. Alguém com desempenho pleno teria, portanto, um círculo como o que está à esquerda na Figura 9.2. Esse círculo do desempenho pleno é a meta do pipeline de liderança e das atividades de desenvolvimento. O círculo mais comum indica que, embora algumas dimensões de desempenho estejam sendo cumpridas, outras não o são (Figura 9.2, à direita).

O círculo à esquerda na Figura 9.3 representa o desempenho excepcional, mas ele tem um preço. Pessoas nessa situação sentem como se tivessem superado seu nível de liderança e sua capacidade de exceder os requisitos do cargo, o que as torna inquietas e vulneráveis aos apelos de caçadores de talentos. O último perfil é o mais preocupante, já que o indivíduo representado ali claramente tem potencial para fazer mais (Figura 9.3, à direita). Ele não está fazendo o trabalho que deveria e muitas vezes se distrai com atividades de que gosta, mas que não são atribuições de seu cargo específico.

Esses quatro círculos podem ser usados para comunicar problemas de desempenho a líderes em todos os níveis, ajudando-os a enxergar em que estão falhando (bem como em que estão se saindo bem). A Figura 9.4 ilustra de que forma preencher o pipeline de liderança utilizando esses círculos como guia de desenvolvimento.

1. Quando pessoas são nomeadas para novas passagens de liderança, cria-se de imediato uma lacuna de desempenho, pois não é possível

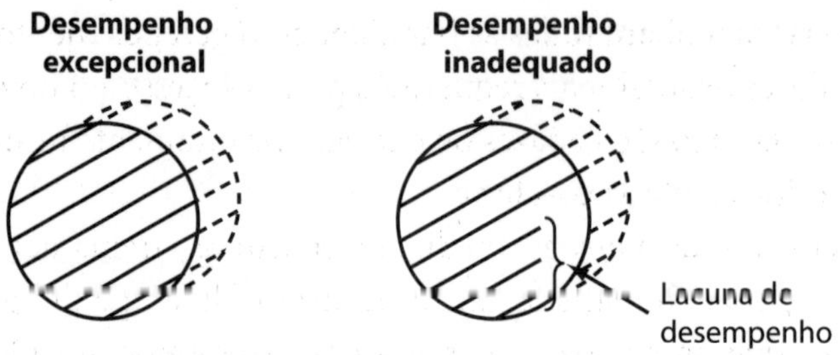

Figura 9.3 Retratos de desempenho: desempenho excepcional e desempenho inadequado

Fonte: Drotter Human Resources, Inc.

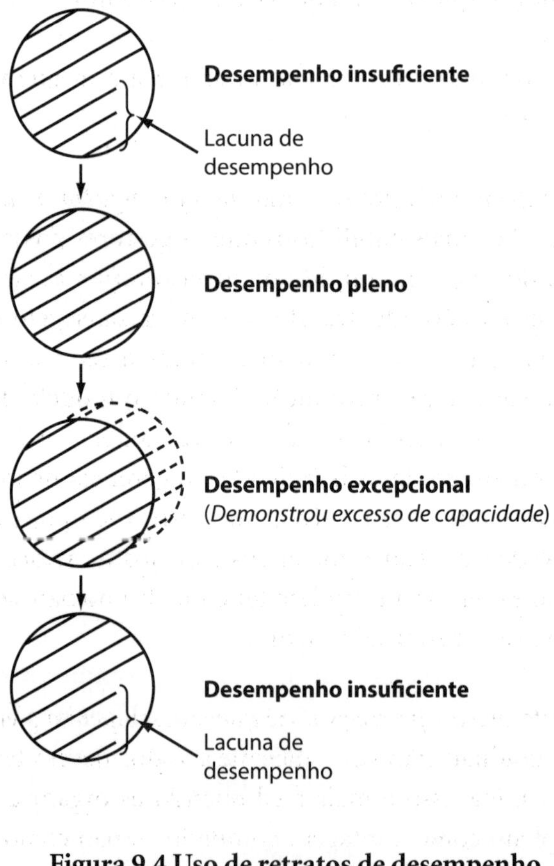

Figura 9.4 Uso de retratos de desempenho para definir necessidades de desenvolvimento

Fonte: Drotter Human Resources, Inc.

que elas já tenham todas as habilidades, o gerenciamento de tempo e os valores profissionais requeridos para o sucesso no novo nível. Portanto, elas não são capazes de entregar prontamente resultados fortes em todas as sete áreas-chave.

2. Desenvolva as pessoas mediante coaching, treinamento e outros meios para eliminar a lacuna e alcançar o desempenho pleno.
3. Assim que as pessoas apresentarem o desempenho pleno, teste-as para verificar se conseguem lidar com responsabilidades adicionais e se demonstram excesso de capacidade.
4. Transfira aquelas com desempenho excepcional para atribuições mais desafiadoras ou para o próximo nível de liderança. Ao transferi-las para o próximo nível, esteja ciente de que haverá outra lacuna de desempenho, o que o levará de volta ao passo um.

Esse processo de quatro passos não funcionará sem que você aceite as seguintes premissas:

Lacunas de desempenho sempre surgirão quando alguém assumir um novo nível de liderança. Por mais habilidosos que os gestores possam ser ou por mais bem-sucedidos que tenham sido no nível anterior, as lacunas são inevitáveis porque eles estão adentrando uma nova passagem de liderança. Ao aceitar esse fato, as lacunas podem começar a ser reduzidas desde o momento em que acontece a promoção. Usando o modelo de pipeline de liderança, você pode fornecer orientação e treinamento e acompanhar os resultados levando em conta as habilidades, o gerenciamento de tempo e os valores profissionais de cada nível. Ao mesmo tempo, os gestores em desenvolvimento devem estar informados e dispostos a abrir mão de métodos de trabalho e crenças que podem ter contribuído para seu sucesso no passado, mas não são apropriados agora.

O desenvolvimento precisa prosseguir até que o desempenho pleno seja alcançado. Melhorias graduais não são suficientes. Todos devem ter o desempenho pleno como meta. Isso é mais fácil quando as organizações encaram o desempenho pleno como vantagem competitiva, não como um conceito técnico qualquer de recursos humanos. De fato, uma empresa precisa estar disposta a fazer um investimento estratégico no desenvolvimento de líderes até que eles alcancem o desempenho pleno.

Aqueles com desempenho pleno devem ser recompensados. O desempenho pleno não deveria ser considerado algo comum, já que é o principal objetivo do desenvolvimento da liderança. Aqueles com desempenho pleno não apenas deveriam ganhar recompensas, mas também receber atribuições novas e importantes, e ser convidados a opinar em assuntos-chave. No entanto, é comum que os líderes passem a maior parte do tempo trabalhando com funcionários de desempenho ruim, desfazendo os erros deles.

Aqueles com desempenho pleno devem ser testados e promovidos caso demonstrem excesso de capacidade. O excesso de capacidade é sinal de que a pessoa está pronta para subir um nível de liderança, e isso deveria acelerar as promoções. As pessoas podem ser testadas ao receberem um trabalho da mesa de alguém um nível de liderança acima para ver quais dos círculos da Figura 9.5 emergem. Promover aqueles com desempenho pleno tarde demais ou muito cedo constitui um grande erro. Isso reduz o valor dessas pessoas, sendo quase impossível reverter o processo.

Estratégias para alcançar o desempenho pleno

É impossível ter um pipeline de líderes com desempenho pleno se você ficar limitado às abordagens-padrão de desenvolvimento. É crucial identificar as causas primárias dos problemas de desempenho para localizar e eliminar obstruções do pipeline. Descobrir as causas primárias requer considerável comunicação entre o chefe e os subordinados, bem como uma análise situacional.

Esse não é um serviço exclusivo da área de recursos humanos. Cada líder no negócio deve estar envolvido em localizar e corrigir problemas de desempenho. Se isso parece exagero, faça uma analogia com uma fábrica de alto desempenho: insumos e produção são mensurados com rigor e o desempenho é alto porque os operadores das máquinas são treinados e avaliados com grande precisão. A meta é a operação perfeita. Suporte técnico e treinamento são utilizados em profusão. É claro que essa analogia não é perfeita, já que as causas e os efeitos dos problemas de liderança podem ser muito menos evidentes que os insumos e a produção em uma fábrica. Mesmo assim, o treinamento e a mensuração exatos podem beneficiar muito o desenvolvimento da liderança em qualquer organização, especialmente se a meta for o desempenho pleno (veja a Figura 9.5).

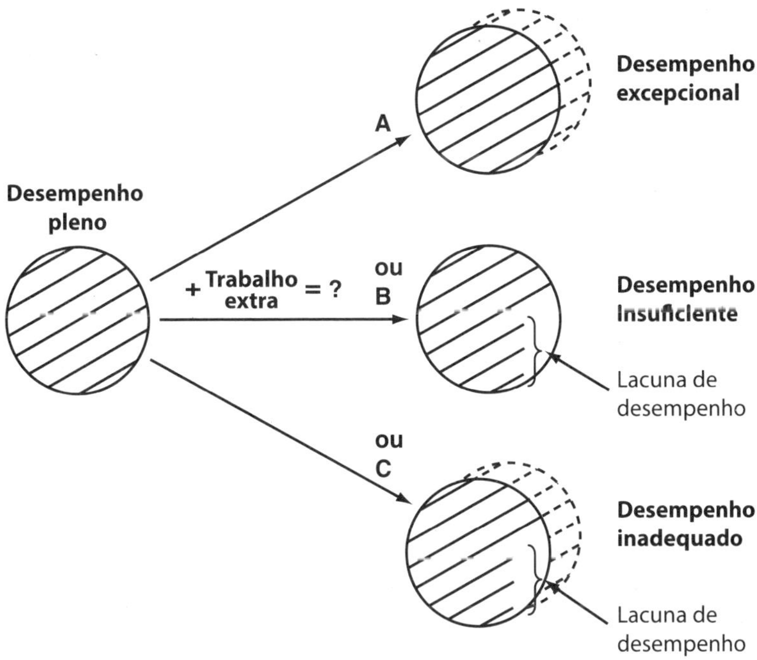

Figura 9.5 Teste de pessoas com desempenho pleno para avaliar a capacidade futura

Fonte: Drotter Human Resources, Inc.

Descobrimos que quatro estratégias de desenvolvimento da liderança se mostraram eficazes para empresas que procuram melhorar o fluxo de seu pipeline de liderança.

Estratégia um: comece com o chefe, não com o subordinado

Quando realizamos programas de treinamento para o planejamento de sucessão, pedimos que os participantes desenhem os círculos de desempenho de seus subordinados diretos. Em seguida, que listem os motivos das lacunas de desempenho. Incríveis 75% dos motivos mencionados dizem respeito ao chefe. Por exemplo, os chefes podem estar trabalhando no nível de liderança errado, microgerindo ou se comunicando mal. Não estamos dizendo que o chefe seja a causa de todos os problemas de liderança e desempenho, mas que ele é o ponto de partida para se alcançar o desempenho pleno por meio do pipeline de liderança.

Os chefes precisam se perguntar o que estão fazendo (ou deixando de fazer) que prejudica o desenvolvimento da liderança e o desempenho de seus subordinados. Também devem refletir sobre como poderiam mudar seu comportamento a fim de promover o melhor desempenho. Os círculos do desempenho são bastante úteis para mostrar problemas de desempenho causados por chefes (Figura 9.6).

Outros problemas de desempenho comuns causados por chefes incluem:

- demora em solicitar o reparo de equipamentos quebrados;
- definição deficiente de cargos;
- comunicação insatisfatória;
- recursos inadequados;
- falta de padrões de desempenho;
- favoritismo.

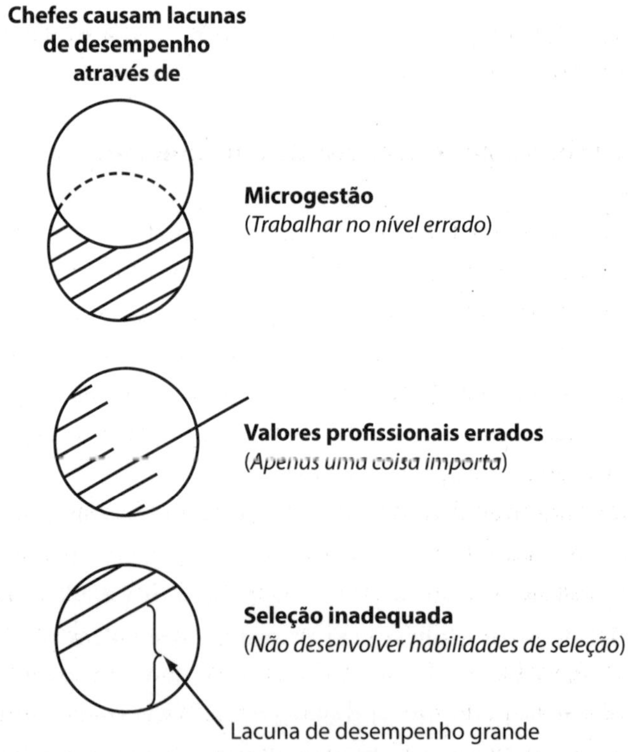

Figura 9.6 Como chefes causam lacunas de desempenho e obstruem o pipeline de liderança

Fonte: Drotter Human Resources, Inc.

Ao mesmo tempo, também é preciso estar ciente de que fatores organizacionais – sobre os quais o chefe costuma ter algum controle – podem resultar em lacunas de desempenho. Os fatores citados com mais frequência são:

- Estrutura organizacional inadequada. A causa costuma ser uma sobreposição desnecessária (uma estrutura de matriz muitas vezes produz essa sobreposição).
- Definição de cargos insatisfatória. Apesar de várias responsabilidades terem sido identificadas e atribuídas, talvez elas não sejam viáveis ou mesmo necessárias.
- Processos incompletos ou inexistentes. O desempenho pleno é raro quando o trabalho não flui ou pessoas-chave são deixadas de fora dos processos que as afetam.
- Má distribuição de poder ou de autoridade. O problema aqui é a responsabilidade sem autoridade.
- Alocação imprópria de pessoal, feita sem uma análise inteligente dos requisitos do cargo e das características dos candidatos.

Estratégia dois: busca por evidências de uma mudança de valores profissionais

A maioria das pessoas faz alguns ajustes de curto prazo em seu estilo operacional quando um cargo é novo e ainda não foi bem compreendido. Com base nas primeiras impressões, pode parecer que houve uma mudança de valores. Não confie nas aparências. A viabilidade do pipeline de liderança depende de uma mudança real de valores entre muitos líderes. Sem isso, o novo comportamento não se sustentará no longo prazo e as pessoas não farão suas curvas de liderança com sucesso.

Os sinais de uma mudança de valores implicam pessoas dispostas a ver seus papéis de forma diferente e realocar seu tempo, mudar o modo como lidam com os problemas ou alterar o aspecto do problema de que tratam pessoalmente, além de aceitar novos requisitos de desenvolvimento de habilidades. A verbalização dos valores novos não é suficiente. As pessoas podem falar à vontade sobre sua disposição a dar mais autonomia aos subordinados diretos ou se tornar mais integradoras do que executantes, mas, se não houver sinais tangíveis de uma mudança sustentável de comportamentos, os valores não terão mudado. Para coletar esses sinais, faça o seguinte:

Conduza uma conversa sobre "lições aprendidas" tanto após sucessos quanto após fracassos. Como enfatizamos, verbalizar valores não é suficiente. Mesmo assim, o que as pessoas dizem sobre suas ações e seus comportamentos pode ser revelador. Faça perguntas depois dos sucessos e também dos fracassos. Por exemplo, após um projeto ter sido concluído fora do cronograma previsto, pergunte: "O que aprendemos sobre nossa capacidade de cumprir prazos?" Se as pessoas começarem a falar que não tiveram tempo – e o nível de liderança deles exige que deem ao pessoal autoridade para realizar as atribuições com autonomia –, está claro que não houve mudança de valores.

Examine as agendas dos gestores. Os valores direcionam as prioridades e o gerenciamento do tempo. Se a agenda está cheia de reuniões, descubra com que propósito elas foram convocadas, quais decisões foram tomadas e quem as tomou. Os tipos de reunião e decisão foram adequados ao nível de liderança? Ou os gestores estavam investindo tempo em atividades que deveriam ser deixadas aos cuidados dos subordinados?

Ouça com atenção como os gestores avaliam os subordinados. Se alguém estiver apegado a apenas uma dimensão de desempenho – resultados operacionais, por exemplo –, ficará claro o que esse líder valoriza. Ainda que os líderes devam valorizar todas as dimensões de desempenho, há mudanças de valores específicas que precisam ser feitas em cada nível de liderança, e, quando os gestores se concentram exclusivamente em uma dimensão específica, isso pode indicar que estão presos a determinado valor.

Analise os planos submetidos pelos gestores da perspectiva dos valores. Os planos costumam revelar o que os gestores mais valorizam. Procure o que é discutido com mais detalhes no plano ou aquilo que recebeu mais destaque e esforço. Esses pontos de ênfase são pistas sobre valores. Em alguns casos, os próprios planos são inadequados – demonstram pensamento confuso ou premissas equivocadas –, indicando que a pessoa não valoriza o planejamento, um aspecto importante da liderança em todos os níveis. O problema pode ser uma questão de habilidade, mas, se a pessoa valorizasse o planejamento, teria obtido ajuda para garantir a elaboração de um bom plano.

Estratégia três: use o *Action Learning* como veículo básico de desenvolvimento

Action Learning (que significa "aprendizagem pela ação") é uma ferramenta para mudar comportamentos e valores. Essa metodologia tem sido usada em organizações tão diversas quanto a General Electric e a Johnson & Johnson. Da perspectiva do desenvolvimento de liderança, sua vantagem está no fato de que costuma resultar em mais do que aquisição de habilidades (embora este também seja um benefício da ferramenta). Quando gestores são postos em situações desafiadoras nas quais podem aprender e realizar atividades aplicáveis aos negócios, eles crescem como líderes, porque a experiência os afeta tanto no plano cognitivo quanto no emocional.

Em resumo, o *Action Learning* envolve montar equipes de líderes pertencentes ao mesmo nível de liderança e lhes designar uma tarefa altamente desafiadora relacionada a um importante objetivo de negócio. As atribuições exigem que os participantes desenvolvam habilidades, gerenciamento de tempo e valores profissionais novos para que sejam realizadas com sucesso. E elas também são abrangentes, englobando a maioria das sete dimensões do desempenho, ou todas elas.

À primeira vista, pode parecer semelhante a outras atividades de desenvolvimento baseadas em equipes. As diferenças são:

- As metas e a estrutura dos programas de aprendizado pela ação são amplas. Muito do tempo da equipe e dos indivíduos é dedicado ao aprendizado (palestras, pesquisas), exercícios de desenvolvimento de equipes (desafios externos), coaching (feedback de 360 graus) e reflexão.
- Os desafios empresariais reais se integram ao crescimento pessoal e às atividades da equipe para que os participantes levem o programa a sério. O fim do processo costuma envolver uma apresentação a um executivo sênior, e as carreiras são afetadas pelo desempenho de liderança dentro do programa.
- Um coach facilita o processo, orientando as equipes e fornecendo feedback individual e oportunidades de aprendizado e reflexão.

Basicamente, o *Action Learning* cria um ambiente de "mundo paralelo" que acelera a aquisição de habilidades e valores novos. Se existe uma lacuna de desempenho, os indivíduos podem fechá-la mais rápido participando desse tipo de programa. Se precisam abandonar valores antigos e desenvolver novos, podem fazê-lo porque o processo é profundo e faz as pessoas reconsiderarem quem elas são como gestores e como essa autodefinição pode estar limitando suas habilidades de liderança.

Estratégia quatro: enfrentar imediatamente o desempenho inadequado

Pipelines de liderança ficam obstruídos quando se permite a existência de lacunas de desempenho por períodos prolongados (Figura 9.7). Não enfrentar essas lacunas de imediato (logo que alguém é promovido a um novo cargo de liderança) faz parecer que a organização não dá grande importância às passagens de liderança. Quando se permite que gestores atuem abaixo de seus níveis de liderança sem consequências, ninguém leva a sério o desenvolvimento da liderança.

Os quatro sinais seguros de que isso está ocorrendo são cenários em que os gestores:

- recaem em comportamentos e habilidades antigos e familiares;
- dizem ao chefe deles qual deveria ser a estratégia;
- tentam convencer todo mundo de que o chefe é um idiota;
- tentam mostrar a todos como são espertos.

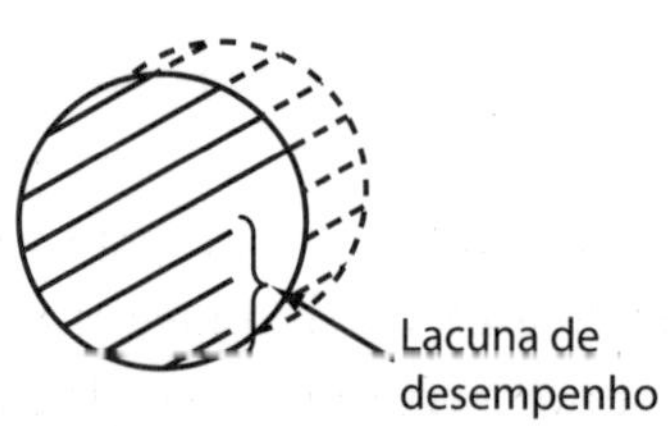

Figura 9.7 Desempenho inadequado

Fonte: Drotter Human Resources, Inc.

Em outras palavras, os líderes são autorizados a fazer o que lhes agrada e ignorar suas outras responsabilidades. Em qualquer nível de liderança, esse comportamento deve ser considerado inaceitável, identificado cedo e remediado. A meta deve ser eliminar o desempenho fora do papel de liderança definido e encorajar a aceitação do papel de liderança requerido. Depois disso, o gestor deve buscar a melhoria do desempenho.

A conexão retenção-desenvolvimento

A guerra pelos talentos não é apenas uma questão de recrutamento. A retenção está se tornando uma preocupação cada vez maior em quase todas as organizações, à medida que empresas da Nova Economia vão atraindo talentos e que as habilidades técnicas se tornam cada vez mais escassas. A retenção pode ser uma questão de salário e progresso na carreira, mas também pode estar intimamente associada aos esforços de desenvolvimento da liderança de uma organização. Descobrimos que um programa sólido de desenvolvimento que prepare as pessoas para o desempenho pleno em todos os níveis costuma ser um incentivo para a permanência na organização. As pessoas costumam ficar onde podem aprender e crescer. E aqui estão alguns motivos para isso:

- O desenvolvimento é uma questão muito pessoal. A existência do programa demonstra que a organização se importa com os gestores e seu sucesso, sejam eles gerentes de primeira viagem ou gestores de grupo.
- O aprendizado e o crescimento são sentimentos recompensadores e desejados. Nas organizações atuais, a maioria das pessoas não quer ficar estagnada. Elas acham que se sentir confortável e seguro não é mais o principal objetivo. O aprendizado e o crescimento mobilizam gestores ambiciosos e talentosos.
- O desenvolvimento é o maior privilégio: não pode ser retirado depois de concedido e leva a outros benefícios.

Por outro lado, a ausência de um programa sólido de desenvolvimento pode gerar problemas de retenção. Líderes mal desenvolvidos sempre acabam atrapalhando o desenvolvimento de seus subordinados ao realizar o trabalho por eles, exibir os valores errados e assim por diante. Frustrados, muitos desses subordinados deixam a organização – em particular os mais talentosos, que estão ansiosos por desenvolver novas habilidades de liderança.

É claro que nem todos os programas de desenvolvimento de liderança serão boas ferramentas de retenção. Na verdade, qualquer programa que ignore as seis passagens de liderança fará as pessoas deixarem a empresa, porque suas expectativas de desenvolvimento não serão atendidas. Quando as organizações ajudam os gestores a preencher lacunas de desempenho em dado nível e passar para o desempenho pleno ou excepcional, aumentam as chances de esses gestores permanecerem no pipeline.

Perguntas frequentes

P. *Como o modelo de pipeline de liderança ajuda a melhorar o desempenho?*

R. Em primeiro lugar, ele destaca diferenciais entre os níveis, esclarece a diferença entre a função do chefe e a do subordinado, põe os dois no caminho certo e remove qualquer ambiguidade. Em segundo lugar, as habilidades, o gerenciamento de tempo e os valores profissionais fornecem um roteiro para se chegar às causas básicas de quaisquer problemas. Os valores profissionais, em particular, são essenciais para melhorar o desempenho – e costumam ser negligenciados. O modelo de pipeline de liderança garante que eles fiquem em primeiro plano. Em terceiro lugar, esse modelo aumenta a consciência gerencial sobre a importância do coaching, fornecendo a motivação e um guia para os líderes orientarem e melhorarem o desempenho de seu pessoal. Em quarto lugar, descobrimos que o modelo ajuda os líderes a entenderem as mudanças nas habilidades, no gerenciamento de tempo e nos valores profissionais requeridos para o sucesso em um novo cargo. Esse conhecimento os ajuda a facilitar as próprias transições. Em quinto lugar, o modelo fornece aos líderes um guia para promoverem o sucesso organizacional e individual. Não é só para os gestores auxiliarem os subordinados diretos, mas também para os líderes buscarem uma visão e um padrão que permita à organização dar um salto quântico no desempenho. Por fim, o modelo de pipeline de liderança ainda permite que a capacidade de liderança certa seja combinada com o conteúdo de trabalho correto. Também ajuda a se ater a como a capacidade do líder precisa se adaptar à mudança das exigências de trabalho. Esse movimento é um propulsor da melhoria do desempenho. (Observaçao: Em nosso livro *The Performance Pipeline* nos aprofundamos sobre como aplicar o conceito de pipeline para promover o sucesso do desempenho por toda a organização.)

P. *Quais são os problemas de desempenho mais comuns que vocês puderam observar ao trabalhar com empresas diferentes para construir o pipeline de liderança delas?*

R. As organizações às vezes utilizam indicadores de desempenho limitados. Líderes que nos são apresentados como de alto desempenho com frequência fornecem resultados em uma única dimensão do trabalho, em geral técnica ou profissional. Em muitos casos, outras dimensões – como liderança, gestão, relacionamentos, inovação ou responsabilidade social – não são abordadas. O que costumamos ouvir sobre pessoas com alto desempenho são afirmações como: "Charlie faz um ótimo trabalho há muito tempo, mas não podemos promovê-lo porque não temos um sucessor para a posição dele." O capital humano do negócio costuma ser negligenciado: deveria haver consequências para os atos dos líderes, mas em geral não existe. O sucesso será temporário, na melhor das hipóteses.

Os dois níveis de liderança inferiores costumam se concentrar na realização do trabalho em vez de delegá-lo e, assim, ajudar no crescimento dos outros. Enquanto essa condição existir, o pipeline não poderá ser construído.

P. *Com que frequência as conversas sobre desempenho devem ser realizadas se quisermos manter o pipeline cheio e fluindo?*

R. Conversas regulares são fundamentais. Para manter o pipeline cheio e fluindo, o desempenho em todas as dimensões de trabalho é mais importante do que o potencial. Um desempenho que inclui trabalho de liderança, gerencial e de relacionamento significa que as pessoas estão sendo desenvolvidas, a organização, aprimorada e o desempenho do negócio, acompanhado. Portanto, conversas frequentes sobre desempenho asseguram que todas as dimensões estejam sendo cuidadas. Recomendamos análises mensais de todos os aspectos do desempenho. Líderes que utilizam o diagrama de círculo deste capítulo para conversas de desempenho nos contam que a ferramenta realmente funciona. A conversa sobre desempenho mais importante em qualquer ano é aquela realizada no fim do primeiro mês, quando ainda resta muito tempo para fazer correções ou recuperar o terreno perdido. A segunda mais importante vem no fim do segundo mês.

Observações

- Para obter o máximo do modelo de pipeline de liderança é preciso que você defina as passagens reais de sua empresa em vez de usar apenas no modelo genérico deste livro, que deve ser usado como guia para identificar suas dimensões de trabalho e seus padrões de desempenho diferenciados por níveis. Descobrimos que as empresas que enfocam tanto o desempenho quanto o desenvolvimento (em vez de somente o desenvolvimento) também obtêm mais benefícios. Essa abordagem sob medida – isto é, com a definição do próprio pipeline – permite que você use sua terminologia de negócios, facilitando a compreensão de conceitos e incorporando-os às comunicações do dia a dia.

- Ampliar a perspectiva sobre o desempenho é outra vantagem determinante do modelo de pipeline de liderança. De modo geral, o desempenho é avaliado com base apenas em resultados operacionais, como dados financeiros, indicadores-chave de desempenho, estratégias e projetos. O modelo de pipeline de liderança amplia essa definição para incluir a medição do trabalho de liderança, trabalho gerencial, trabalho de relacionamento, inovação e até responsabilidade social. Definir esses requisitos em termos concretos é fácil, basta se concentrar um pouco. Temos observado como essa perspectiva mais ampla ajuda as organizações a conduzir os líderes de um trabalho essencialmente operacional para um trabalho de liderança e gestão combinado ao trabalho operacional. Eles se beneficiam de conversas sobre desempenho mais completas com seus chefes e os indicadores dão mais clareza sobre os papéis. É comum haver queixas sobre pessoas em cargos de liderança que não lideram nem gerenciam. Mas esclarecer os requisitos pela medição da liderança, da gestão e dos relacionamentos ajuda aqueles que querem fazer um bom trabalho a alcançar essa meta. Descobrimos que a maioria das pessoas tira proveito da transparência dos requisitos e melhora seu desempenho.
- Usar os diagramas de círculos para comunicar os indicadores de desempenho supera os obstáculos dos formulários tediosos e das ferramentas complexas, difíceis de implementar. Constatamos que as empresas adoram esses diagramas, porque são simples e objetivos. Quando ensinamos aos líderes a utilizá-los, eles compreendem o conceito de forma intuitiva. Líderes ocupados sabem reconhecer uma ferramenta poderosa quando estão diante dela. Quando indagado sobre se os diagramas de círculos eram claros, um gestor de negócios da Nike proclamou: "Até uma criança de 10 anos conseguiria entender isso!"
- Melhorar a participação dos funcionários nas conversas sobre desempenho é outro benefício relacionado aos diagramas de círculos. A maioria das empresas que os utiliza pede que os funcionários tracem os próprios círculos e então promovem uma discussão. O círculo de

determinado funcionário é comparado com a versão do chefe. Lacunas na percepção ou nos fatos logo ficam evidentes. Com isso, uma discussão significativa se torna possível e necessária, pois tanto o subordinado quanto o chefe conseguem ver os problemas ou as lacunas. Expectativas e padrões podem ser esclarecidos, o que ajuda a melhorar o desempenho e facilita futuras discussões. Ambas as partes têm interesse pessoal em uma boa discussão do desempenho. Os métodos para que os funcionários transmitam seus pontos de vista devem ser os mais claros e simples possíveis para que eles se sintam integrantes do processo, não apenas vítimas dele.

10

Planejamento de sucessão

Muitas vezes os pipelines de liderança ficam obstruídos quando executivos seniores deixam as organizações e seus substitutos não estão preparados para trabalhar em um nível de alta liderança. Embora possam ter a experiência requerida e um excelente histórico profissional, não possuem as habilidades, o gerenciamento de tempo e os valores profissionais necessários.

Todos os dias a imprensa especializada em negócios dos Estados Unidos relata a saída de CEOs de suas empresas. É provável que a maioria dessas empresas não contasse com um substituto devidamente desenvolvido capaz de alcançar os padrões de desempenho pleno no nível de liderança corporativa. Ainda mais se a saída do CEO tiver sido repentina. Em geral, as empresas trazem alguém de fora ou recorrem a um funcionário interno que não está preparado para assumir seu cargo máximo. Pode parecer que essas pessoas estão qualificadas para o cargo de CEO e talvez até tenham alguns atributos fortes, mas, se não forem avaliadas dentro do modelo de pipeline de liderança, é impossível saber se estão prontas para esse desafio. E, se não tiverem sido desenvolvidas dentro desse modelo, é pouco provável que consigam apresentar um desempenho excepcional. A cada dia temos notícias de um novo caso de um CEO selecionado com grandes expectativas por uma empresa, apenas para vê-lo partir depois de um período relativamente curto, sem conseguir corresponder a essas expectativas.

Se as empresas têm tanta dificuldade em atrair candidatos qualificados para o topo, é natural que enfrentem ainda mais dificuldade um ou dois níveis de liderança abaixo. O CEO atual, a diretoria, o chefe de recursos humanos e, às vezes, consultores externos (headhunters) costumam estar envolvidos na seleção do CEO. Apesar de gastarem muito tempo e energia procurando um CEO, não parecem capazes de fazer a escolha certa com regularidade. Além disso, menos tempo e energia são dedicados aos cargos de liderança de nível inferior, o que aumenta as chances de que decisões ruins sejam tomadas.

É necessário adotar uma nova abordagem ao planejamento de sucessão, e o modelo de pipeline de liderança oferece às empresas uma ferramenta para selecionar e preparar as pessoas certas para assumir cargos de liderança em todos os níveis da empresa.

A definição do planejamento de sucessão segundo o modelo de pipeline de liderança

Tradicionalmente, o planejamento de sucessão é igualado ao planejamento de substituição. Um exemplo: na década de 1960, os gestores de grupo da General Electric identificavam quatro candidatos que poderiam substituí-los em seus cargos, sendo dois da empresa e dois de fora. Embora a GE tenha progredido muito além dessa abordagem simplista, muitas empresas não o fizeram. O planejamento de substituição continua sendo a norma nas organizações, ainda que a norma não aborde os problemas de liderança dessas empresas.

A maioria dos cargos precisa sofrer atualizações para acompanhar as constantes mudanças nos mercados, nos produtos, nas estruturas dos negócios e nos requisitos de liderança. Qualquer um que tente designar agora um substituto para um cargo que poderá vagar daqui a três anos estará baseando sua decisão em especificações que já estarão ultrapassadas quando a transição acontecer. Além disso, fusões, aquisições, *downsizing*, redução dos níveis hierárquicos, globalização e até a internet estão provocando um profundo impacto nas organizações e fazendo cargos "importantes" perderem a relevância ou tornando-os desnecessários. Peter Drucker afirmou que as pessoas que entram nas empresas agora precisam entender que poderão sobreviver a essas empresas. Nesse contexto, o planejamento de substituição faz pouco sentido.

O conceito de um banco de talentos orienta certo planejamento de sucessão, mas trata-se de um conceito falho da perspectiva do pipeline de liderança. O pressuposto é que, se você reunir um bom grupo de talentos, terá bons substitutos para os líderes que deixarem a organização. O problema é que os defensores do banco de talentos igualam potencial a desempenho. E nós descobrimos que pessoas de alto potencial não se transformam necessariamente em pessoas de alto desempenho.

Portanto, gostaríamos de sugerir a seguinte definição alternativa para o planejamento de sucessão:

> *Planejamento de sucessão é perpetuar a empresa preenchendo o pipeline com pessoas de alto desempenho para assegurar que todos os níveis de liderança tenham uma abundância de pessoas de alto desempenho às quais recorrer, tanto agora quanto no futuro.*

Essa definição pretende fornecer um meio de usar o modelo de pipeline de liderança para aumentar a eficácia de seu planejamento de sucessão. Para isso, apresentamos quatro regras alinhadas com essa definição a serem seguidas:

O foco deve ser o desempenho. O alto desempenho no presente é a porta de entrada para o crescimento e o desenvolvimento no futuro. Alguns candidatos podem se enquadrar no perfil de líder, mas, se não demonstraram alto nível de desempenho, ponha um ponto de interrogação em suas fichas. É muito comum as organizações empurrarem pessoas de alto potencial para o pipeline de liderança, o que pode causar problemas, porque muitas delas serão incapazes de apresentar bom desempenho em níveis de liderança apropriados. O desempenho pleno ao longo de todos os níveis de liderança é agora o objetivo do planejamento de sucessão.

O pipeline exige um fluxo contínuo. Não dá para fazer o planejamento de sucessão para um único nível de liderança. Todos os níveis precisam ser incluídos. Na verdade, descobrimos que é difícil encontrar e desenvolver um CEO internamente sem que haja um bom suprimento de líderes desenvolvidos em todos os níveis e um método organizado de ascensão dentro da empresa. Ainda que nem todos aspirem a se tornar CEO, algumas pessoas almejam essa posição, e um bom grupo de candidatos deve estar sendo desenvolvido e subindo pelo pipeline de modo que, quando chegar a hora de encontrar um CEO, haja um número de candidatos internos que não pularam níveis. Assim pode-se evitar as consequências desastrosas de ter pessoas assumindo o cargo de CEO sem estarem bem preparadas.

As passagens do pipeline precisam ser plenamente entendidas. As pessoas devem trabalhar no nível certo, e não é possível garantir isso sem que as habilidades, o gerenciamento de tempo e os valores profissionais para cada nível sejam comunicados com clareza e avaliados. Para fazer a escolha certa de quem deve ser desenvolvido para os cargos de liderança principais, essa compreensão é fundamental. Se apenas as habilidades forem examinadas ou mensuradas, os valores profissionais não resistirão à pressão no futuro.

O curto e o longo prazos precisam ser considerados simultaneamente. Não basta fazer planejamento de sucessão para satisfazer as necessidades imediatas. Tampouco é suficiente desenvolver um banco de líderes para o futuro. Ambos são fundamentais se a empresa quiser continuar em atividade hoje e assegurar o sucesso no futuro.

Para testar sua definição de planejamento de sucessão, verifique se ela responde positivamente às três perguntas seguintes:

- Ela ajuda a entender como qualquer funcionário pode progredir de um cargo de início de carreira até CEO?
- Ela permite que você enfoque o desempenho de curto e de longo prazo, incluindo habilidades, gerenciamento de tempo e valores?
- Ela o obriga a trabalhar na sucessão de forma contínua (e não só uma vez por ano)?

Transformação de um potencial negativo em positivo

As empresas estão cheias de pessoas inteligentes formadas nas melhores universidades, mas que fracassam porque não sabem como fazer as coisas acontecerem. Programas de sucessão costumam colocar essas pessoas em cargos de liderança com base em seu potencial; elas parecem adequadas ao papel, têm o currículo certo, impressionaram com suas ideias e boa capacidade de articulação. *Potencial*, no entanto, não precisa ser um termo negativo no vocabulário do pipeline de liderança. Na verdade, se você começar a pensar no potencial como o trabalho que alguém pode fazer no futuro, pode usar o conceito de forma construtiva.

Potencial é um termo de sucessão útil se você o filtrar pelo modelo de pipeline de liderança. Por exemplo, observe a seguinte lista:

Três categorias de potencial	
Potencial de transição	Capaz de realizar o trabalho do próximo nível em três ou cinco anos, talvez antes.
Potencial de crescimento	Capaz de realizar o trabalho de cargos mais desafiadores no mesmo nível em curto prazo.
Potencial de domínio	Capaz de realizar o mesmo tipo de trabalho atual, só que melhor.

Das perspectivas de seleção e de sucessão, essas categorias oferecem benefícios distintos. Em primeiro lugar, fornecem um alvo em comum para os tomadores de decisão, que costumam estar munidos de dados diferentes de uma série de contextos. Em vez de falar sobre como Jane tem potencial para ser boa líder, a discussão pode ser melhor direcionada: Jane tem potencial para uma transição, para o crescimento ou para o domínio? Existe uma enorme diferença, e isso ajuda os tomadores de decisão a definir caminhos de desenvolvimento adequados para os cargos de liderança apropriados.

Em segundo lugar, essas categorias fornecem uma forma objetiva de os gestores conversarem com os subordinados diretos sobre seu futuro. O planejamento de sucessão é uma via de mão dupla, e é importante ter discussões aprofundadas para que as pessoas saibam com clareza como são vistas pela organização. Quando sabem que são vistas com um potencial de transição, crescimento ou domínio – e conhecedoras dos requisitos para cada nível de liderança –, essas pessoas podem decidir-se por escolhas realistas sobre como agir em seguida e quão agressivas serão ao perseguir seu desenvolvimento. Com isso, os funcionários com potencial se envolvem de forma plena no processo, porque têm clareza sobre a percepção da gestão quanto ao seu futuro e o que precisam fazer para chegar lá – ou além.

Acreditamos que alguém possa avançar com rapidez para uma passagem de liderança, mas não até o topo. O pipeline não é um tubo reto, mas um duto com seis curvas ou passagens de 90 graus. Em cada uma, é preciso desacelerar, refletir, aprender e se desenvolver. Quando as pessoas percebem o tipo de caminho no qual estão – se têm potencial de transição, de crescimento ou de domínio –, mostram-se bem mais dispostas a enfrentar as atribuições apropriadas ao seu futuro.

Claro que algumas pessoas não apresentarão nenhum tipo de potencial. Elas não terão capacidade de trabalhar melhor no nível em que já estão. Essas pessoas precisam ser retiradas do sistema de sucessão e alocadas em um nível de liderança menor, no qual apresentavam desempenho pleno. Ou poderão ser desligadas da empresa.

Definição de padrões claros para avaliar o potencial

Como saber se alguém tem potencial de transição ou potencial de crescimento? Se tem potencial de crescimento ou potencial de domínio? No planejamento de sucessão, nem sempre é fácil olhar para um candidato e dizer se ele estará pronto para subir ao próximo nível de liderança nos próximos anos. Mas existem padrões para cada categoria de potencial que facilitam essa avaliação. Levando em conta esses padrões, a gerência pode usar uma linguagem comum e descobrir se as pessoas possuem ou não os requisitos para cada categoria.

Antes de nos atermos a esses padrões, queremos enfatizar que os padrões de desempenho mencionados no capítulo anterior também precisam ser considerados quando o potencial de alguém é julgado. Quando um indivíduo consegue sustentar um alto nível de desempenho (por no mínimo três anos), com certeza será considerado um candidato com potencial de transição. Se alguém apresenta níveis de desempenho irregulares, o mais provável é que seja um candidato com potencial de crescimento. Existem também pessoas que produzem resultados, mas estão trabalhando no nível errado, e podem desenvolver potencial de transição se forem orientadas para trabalhar no nível correto.

Além do desempenho, o potencial depende da capacidade do indivíduo de desenvolver as habilidades novas e da disposição a assumir os desafios que vêm com os cargos mais altos. As habilidades e os desafios são bem maiores quando alguém passa de um nível de liderança para outro do que quando está apenas assumindo um cargo acima no mesmo nível de liderança. Ao pensarmos sobre padrões para o potencial, portanto, é preciso prestar atenção ao grau de disposição e de capacidade que a pessoa tem para subir. Se ela estiver em uma curva do pipeline, a questão é saber se está disposta e é capaz de enfrentar as habilidades, o gerenciamento de tempo e os valores profissionais novos. Se estiver apenas assumindo mais responsabilidades no mesmo nível, obviamente trata-se de um desafio mais modesto, mas as mudanças requeridas não devem ser ignoradas.

Use os padrões do Esquema 10.1 como um guia para avaliar o potencial de seu pessoal durante o planejamento de sucessão.

Esquema 10.1 Padrões para avaliar o potencial

Potencial de transição (pode ser promovido para a próxima passagem em três a cinco anos)

- Apresenta habilidades operacionais, técnicas e profissionais extremamente amplas e profundas.
- Apresenta habilidades gerenciais esperadas no próximo nível organizacional.
- Demonstra habilidades de liderança esperadas no próximo nível organizacional.
- Dedica-se com regularidade ao desenvolvimento de habilidades novas.
- Aspira a desafios e oportunidades de nível mais alto.
- Demonstra paixão e determinação.
- Possui uma perspectiva do negócio além do nível organizacional atual.
- É orientado para resultados do negócio total, não se concentrando apenas no sucesso da própria área.

Observação: Essa designação necessita de confirmação de um gestor dois níveis acima do candidato, já que o chefe imediato não contrata pessoas para o próprio nível, atribuição que cabe ao chefe dele.

Potencial de crescimento (pode ser promovido para um cargo acima no mesmo nível de liderança em três anos)

- Apresenta habilidades operacionais, técnicas e profissionais altas para o nível organizacional atual.
- Apresenta habilidades gerenciais altas para o nível organizacional atual.
- Demonstra com frequência habilidades de liderança altas para o cargo atual.
- Assimila novas habilidades quando o cargo exige.
- Aspira a desafios maiores, mas basicamente no mesmo nível organizacional.
- É motivado a fazer mais que o esperado.
- Possui uma perspectiva do negócio além do cargo atual.
- Concentra-se no sucesso da própria área e da equipe.

Potencial de domínio (pode melhorar no papel atual com algum esforço)

- Apresenta habilidades operacionais, técnicas, profissionais e de liderança que de modo geral são aceitáveis para o nível organizacional atual.
- Demonstra pouco esforço em desenvolver habilidades novas, mas mantém as habilidades atuais afiadas.
- Aspira a permanecer na empresa, mas não a assumir desafios ou contribuições pessoais maiores.
- É motivado a fazer o que é necessário no cargo atual.
- Entende do cargo.
- Concentra-se basicamente no sucesso técnico.

Observação: O indivíduo pode ter o desejo de progredir para cargos maiores, mas talvez ainda não tenha demonstrado a capacidade necessária para isso.

Fonte: Drotter Human Resources, Inc.

Ao aplicar esses padrões e discuti-los com seu pessoal, não desvalorize os potenciais de crescimento ou de domínio. Apesar de o potencial de transição ser essencial se a empresa for grande ou estiver crescendo, os potenciais de crescimento e de domínio também são importantes para as organizações. Na maioria das empresas de grande ou mesmo médio porte, indivíduos com potencial de crescimento são ideais para assumir atribuições de maior responsabilidade à medida que a organização se desenvolve. Nesses casos, observa-se um crescimento individual e organizacional em paralelo. Esse potencial também serve a um propósito fundamental nas empresas globais, nas quais os gestores precisam passar de países pequenos para países maiores. De forma semelhante, o potencial de domínio abre caminho para o desempenho excepcional. Todos experimentam uma fase de pleno domínio de suas funções em algum ponto da carreira e, embora o planejamento de sucessão não os deva conduzir na direção de cargos maiores, deve ajudá-los a dominar determinada habilidade ou cargo como meio de assegurar um alto desempenho para a organização.

Como fazer um planejamento de sucessão que alimente o pipeline

Este plano em cinco passos considera as metas do pipeline de liderança e facilita muito o planejamento de sucessão:

1. Adapte o modelo de pipeline de liderança às necessidades de sucessão de sua organização.

Use seus cargos em vez daqueles usados no modelo. Você também pode transformar nossas seis passagens de liderança em cinco ou sete se isso fizer mais sentido dentro de sua estrutura organizacional. Descobrimos que empresas menores costumam combinar os níveis de gestor de grupo e gestor corporativo e que às vezes fundem os níveis de gerente de gestores e gestor funcional. Da mesma forma, acrescente níveis de liderança se isso refletir melhor a forma como sua empresa está organizada. Estruturas globais, por exemplo, com frequência requerem níveis adicionais. Defina com clareza as diferenças entre as habilidades, o gerenciamento de tempo e os valores profissionais de cada nível. Tudo isso tem por objetivo ajudá-lo a planejar a sucessão para cargos reais, e não tentar forçar você a enquadrar o seu planejamento em um modelo genérico.

2. Traduza os padrões de desempenho e de potencial para sua linguagem.

Padrões claros, detalhados e inequívocos melhorarão muito seu planejamento de sucessão e de desenvolvimento. Eles fornecem orientação para pessoas que querem crescer como líderes. Oferecem aos gestores maneiras melhores de se comunicar com subordinados cujo desempenho é insatisfatório ou que acreditam que deveriam ter preferência nas promoções. Se sua empresa conseguir criar padrões altamente específicos a serem seguidos por todos, você pode obter avaliações coerentes sobre a sucessão que fortalecerão seu pipeline de liderança. Os bancos de dados de sucessão da maioria das empresas são inúteis porque não são baseados em padrões comuns. Se você estabelecer esses padrões, pode criar um banco de dados de sucessão que de fato tenha valor.

3. Documente e comunique esses padrões a toda a organização.

Quando todos conhecem os padrões usados para avaliar o potencial e o desempenho, sabem o que é preciso fazer para subir um nível e se candidatar a determinado cargo de liderança. Constatamos que sessões de treinamento ajudam a comunicar esses padrões, dando aos funcionários a oportunidade de aprender sobre eles e de fazer perguntas pertinentes. Em grandes empresas, principalmente, é comum que surjam conceitos equivocados, daí a importância das sessões de treinamento sobre o tema. Essas sessões também podem ser utilizadas para comunicar ajustes nos padrões quando o ambiente de negócios, sempre tão dinâmico, começar a demandar novos comportamentos e resultados. Apresentar os novos padrões e por que eles são necessários ajuda as pessoas a se adaptarem a um ambiente empresarial em constante mudança.

4. Avalie candidatos à sucessão usando uma matriz potencial/desempenho.

Há anos, algumas empresas utilizam esse tipo de matriz como parte de seu planejamento de sucessão (Figura 10.1).

	Desempenho alto	Desempenho médio	Baixo desempenho
Potencial alto	1	3	6
Potencial intermediário	2	5	8
Potencial mínimo	4	7	9

Figura 10.1 Matriz potencial/desempenho

Nota: Não inclua nesse processo pessoas com menos de seis meses em seus cargos atuais.

Fonte: Drotter Human Resources, Inc.

Essa é uma ferramenta útil para obter o retrato de um nível de liderança. As empresas podem descobrir, por exemplo, que seus gestores funcionais se concentram na posição potencial intermediário-desempenho médio, o que indica que não há na empresa muitas pessoas aptas a serem promovidas nesse nível e que essa situação precisa ser corrigida. Apesar de esse retrato ser útil, não oferece as informações mais valiosas da perspectiva do pipeline de liderança. A linguagem de desempenho e potencial é genérica demais e não indica ações de desenvolvimento específicas. No entanto, veja o que acontece quando reformulamos a mesma matriz com nossas categorias de potencial e de desempenho (Figura 10.2).

Nível de desempenho sustentado

Provável contribuição futura no trabalho	Desempenho excepcional	Desempenho pleno	Desempenho insuficiente
Transição	**Excepcional/ Transição** Seção um	**Pleno/Transição** Seção três	**Insuficiente/ Transição*** Seção seis
Crescimento	**Excepcional/ Crescimento** Seção dois	**Pleno/Crescimento** Seção cinco	**Insuficiente/ Crescimento** Seção oito
Domínio	**Excepcional/ Domínio** Seção quatro	**Pleno/Domínio** Seção sete	**Insuficiente/ Domínio** Seção nove

Figura 10.2 Definições da matriz de desenvolvimento da liderança

* Transição de quem excedeu as expectativas no último cargo mas acabou de ser promovido.

Fonte: Drotter Human Resources, Inc.

Você consegue ter uma visão bem melhor sobre a capacidade de liderança atual e futura de um indivíduo, e também sobre como desenvolvê-lo como líder. Além disso, essa outra matriz permite que os gestores seniores levem em conta todos os subordinados diretos durante o planejamento de sucessão, e não apenas aqueles supostamente tidos como de potencial alto. A relação a seguir traduz cada seção em uma avaliação e uma ação específicas:

Seção um – Excepcional/Transição. Pessoas com essa combinação de desempenho e potencial superiores estão prontas para uma atribuição em um nível de liderança organizacional mais alto. Deve-se agir logo em virtude da natureza instável da situação: elas sabem que já dominaram o cargo e estão esperando uma promoção. Na maioria dos casos, essas pessoas são o alvo preferencial para recrutamento por outras empresas.

Esse alto nível de desempenho costuma não ser suficientemente recompensado. Esses gestores muitas vezes se sentem como se tivessem ultrapassado os limites de seu cargo e sabem que poderiam e deveriam estar ganhando mais. Quando isso não acontece, ficam inquietos. Costumam ser tão determinados em suas carreiras quanto são em seu desempenho e acreditam que deveriam estar subindo.

Ao promover essas pessoas, atribua-lhes um cargo com bastante espaço para crescimento, de modo que tenham uma curva acentuada de aprendizado a percorrer. Do ponto de vista do pipeline, isso significa direcioná-las para a próxima passagem de liderança ou para uma atribuição em uma divisão ou negócio novo (para elas). Elas também merecem um aumento em sua remuneração, compatível com o novo desafio. Com certeza você não vai querer sobrecarregá-las nem alimentar seu ego com cargos pomposos e riquezas. O segredo é mantê-las aprendendo e crescendo dentro de um acordo justo.

Lembre-se de que essas pessoas são estrelas e é provável que outro empregador ofereça mais dinheiro e status do que elas estão recebendo no momento. Se você não for ágil e constante nas promoções – ou pelo menos discutir quais são as reais possibilidades dentro da empresa –, provavelmente as perderá.

Seção dois – Excepcional/Crescimento. Embora o ideal seja que essa pessoa permaneça no mesmo nível de liderança por enquanto, precisa ser preparada para o próximo nível. Isso significa atribuir-lhe tarefas desafiadoras, além daquelas do cargo atual, que a ajudem a adquirir habilidades, gerenciamento de tempo e valores profissionais novos.

Desafios saídos da mesa do chefe proporcionam bons testes. Como esse trabalho é de um nível acima, é possível observar se a pessoa consegue lidar com o trabalho do próximo nível de liderança. Projetos interfuncionais também são uma boa ideia, pois ampliam a experiência, além de testar a capacidade de tomar decisões multifuncionais.

Esse é um colaborador valioso que provavelmente desempenhará um papel importante no futuro em níveis mais altos. Se ele não se sair bem no teste mas mantiver seu nível de desempenho, você não perdeu nada agora e evitou um grande erro mais tarde. É possível que esse funcionário acabe como líder funcional em um nível mais alto em vez de um líder de negócios. Manter a atenção no desenvolvimento, em trabalhos novos e desafiadores e em discussões significativas ajuda a transmitir a esse funcionário com desempenho excepcional que ele é reconhecido.

Seção três – Pleno/Transição. Essa categoria consiste em gestores que serão tão valiosos para a empresa no futuro quanto agora. O foco deve ser ajudá-los a melhorar o desempenho. Uma passagem de liderança só deve ser exigida deles depois disso.

Se estiver lidando com alguém nessa seção, atribua-lhe metas desafiadoras. Exija dele mais do que dos colegas: mais vendas, mais lucro e assim por diante. Encoraje a inovação para alcançar essas metas e, se os resultados forem melhores, reconheça que esse indivíduo tem grande capacidade de ascensão. Caso esses resultados não sejam alcançados, ele pode ainda ter mobilidade ascendente, mas não ter a dimensão de uma estrela. Saiba que esse gestor pode estar em uma situação que torna o sucesso difícil ou impossível, daí a classificação de desempenho pleno. Mas você também deve pensar na possibilidade de que talvez ele pertença à seção cinco.

Seção quatro – Excepcional/Domínio. Esses profissionais experientes devem permanecer em seus níveis atuais, mas as contribuições precisam ser reconhecidas. Ainda que o desenvolvimento deles não seja tão relevante, devem ser envolvidos no treinamento de outros. Designe-os para equipes de estudo de novos produtos, programas e processos. Eles demonstraram que podem fazer mais que o solicitado, então o desempenho não será prejudicado. Além disso, é uma excelente forma de reconhecimento.

Reconheça também que esse colaborador é bastante valioso. Ele está no mais alto padrão de desempenho e não se mostra ansioso por uma promoção. Você pode construir ao redor dele. Ao mesmo tempo, há a chance de ele reduzir o desempenho em algum ponto, talvez porque se sinta desvalorizado ou subvalorizado. Portanto, resista à tendência de negligenciar esse funcionário. Dê a ele atenção suficiente para garantir que mantenha seu nível de desempenho. Ninguém permanece nessa seção sem esforço, portanto, é preciso assegurar que essas pessoas sintam que esse esforço vale a pena e é reconhecido.

Seção cinco – Pleno/Crescimento. A melhoria do desempenho é a questão central nessa seção. Esses indivíduos devem ser cogitados para um cargo maior em seu nível se conseguirem entregar resultados melhores. Metas ambiciosas funcionam com as pessoas nessa posição e, se elas as atingem, talvez sejam capazes de dar o salto até a seção dois.

Se você está trabalhando com esse tipo de pessoa, pode ser difícil descobrir em qual seção ela se enquadra. Segundo nossa experiência, gestores atribuem a essa seção pessoas que na verdade pertencem às seções sete ou oito porque não querem ofendê-las ou tomar decisões difíceis. Se houver mais pessoas na seção cinco do que em qualquer das outras, faça cuidadosas avaliações para identificar o real desempenho delas e as habilidades que estão desenvolvendo. Além disso, reflita sobre as motivações ao designar pessoas nas seções. Você está esperando que alguém vá para essa seção ou o desempenho da pessoa a fez de fato se enquadrar aqui?

Seção seis – Insuficiente/Transição. Pessoas que foram promovidas há pouco tempo costumam receber essa classificação e em geral precisam apenas de algum tempo e experiência – combinados com alguma orientação – para melhorar o desempenho. Com o tempo, poderão ser boas candidatas ao próximo nível de liderança. Se, porém, a deficiência de desempenho não for resultante de uma promoção recente, pode haver uma falha grave que requeira uma análise mais cuidadosa.

Mesmo em uma organização grande, não se deve ter muitas pessoas nessa seção. Redesigne pessoas da seção um para essa logo depois de serem promovidas por uma passagem do pipeline. Durante o ano seguinte, acompanhe seu desempenho e observe se conseguem sustentar o mesmo nível de desempenho com o tempo. A essa altura, você saberá se estão efetivamente evoluindo pela passagem de liderança.

Seção sete – Pleno/Domínio. Esses indivíduos podem trilhar dois caminhos, dependendo de haver melhora ou piora de seu desempenho com o tempo. Eles podem se tornar valiosos em seus papéis atuais ou escorregar para um desempenho marginal. Embora você queira reconhecer seu desempenho, é importante também oferecer coaching suficiente ou oportunidades de desenvolvimento para que possam melhorar o desempenho e o potencial.

Conversas francas com esse funcionário são úteis. Explique por que a complacência é arriscada e que a evolução na carreira resulta de crescimento e esforço. Se o problema for motivação e essa pessoa for relativamente jovem, é provável que passe para a seção nove. É bom ficar atento a outra divisão ou negócio no qual ela possa se destacar (em vez de deixar que caia para a seção nove na meia-idade, quando fica mais difícil conseguir outro emprego).

Seção oito – Insuficiente/Crescimento. Uma gestão do desempenho rigorosa é crucial nesse caso. Essas pessoas não podem se permitir nenhum deslize na realização de suas tarefas. Uma designação na seção oito costuma significar que há algo errado, porque essas pessoas têm capacidade de acrescentar habilidades (potencial de crescimento), mas não estão aplicando bem aquelas que possuem (desempenho insuficiente). Mesmo assim, são indivíduos talentosos com capacidade de assumir um cargo mais importante no futuro se alcançarem resultados melhores.

Você pode ajudar essa pessoa a direcionar sua energia e gerir o tempo com maior eficácia. É possível que ela esteja gastando muita energia tentando aprender habilidades novas. Verifique a agenda dela para descobrir como está usando seu tempo. Também é possível que sinta que o chefe ou o cargo não combinam com ela e por isso esteja se dedicando a aumentar suas habilidades ou conhecimentos em vez de enfrentar o problema que prejudica seu desempenho e seu potencial. Se for esse o caso, talvez seja preciso convocar um chefe dois níveis acima da pessoa ou um profissional de recursos humanos habilitado para intervir.

Seção nove – Insuficiente/Domínio. Esses indivíduos em geral estão trabalhando no nível de liderança errado e devem ser redesignados para um nível menor ou dispensados. Os pipelines ficam obstruídos quando se permite que essas pessoas permaneçam estagnadas, bloqueando a progressão de outras com melhor desempenho e potencial.

Antes de dispensar essa pessoa, porém, faça uma análise adicional (em especial se a economia estiver em uma situação de pleno emprego). Examine por que o desempenho está nesse nível. Pergunte a ela diretamente. É bem possível que haja fatores gerenciais ou organizacionais inibindo seu desempenho e talvez eles possam ser resolvidos. Fatores como definição inadequada do cargo, recursos insuficientes ou falta de integração com áreas correlatas podem ser responsáveis por deficiências de desempenho.

Leve em conta a tendência de desempenho dessa pessoa em seu plano de ação. Transforme-a em parceira de sua análise de tendência e integre-a ao processo de planejamento da ação. Você deve discutir se o treinamento ou o coaching em habilidades ajudaram a melhorar o desempenho dessa pessoa no passado e explorar o que mais pode ser necessário fazer.

5. Reveja os planos e o progresso de todo o pipeline com frequência e seriedade.

Não permita que o planejamento de sucessão seja algo feito uma vez por ano ou a intervalos de alguns anos. Não o veja como uma responsabilidade menos relevante. As organizações continuam travando uma guerra perdida por talentos, apesar do estoque de talentos, de análises de recursos humanos, pacotes de benefícios e outras ferramentas. O problema: as discussões sobre talento são superficiais demais, o modelo é inadequado ou inapropriado e as revisões são muito esporádicas. As pessoas tendem a transformar revisões em um processo mecânico no qual não há honestidade. Em suma, as organizações deixam de exercer pressão para produzir bons resultados nessa área fundamental.

O ideal é que sua organização promova ao menos uma reunião de sucessão anual para tratar dessa avaliação do desempenho/potencial – e você também deve programar revisões trimestrais e relatórios de ação mensais. Além disso, o CEO e seus subordinados diretos devem ser informados das notas de desempenho/potencial de todo o pipeline de liderança. Da mesma forma, cada nível de liderança deve examinar as notas de ao menos dois dos níveis abaixo. Por exemplo, executivos de grupo devem examinar relatórios sobre gestores de negócios e gestores funcionais, pois precisam saber quais gestores funcionais estão qualificados para se tornarem gestores de negócios. Também devem responsabilizar os gerentes gerais de negócios pelo desenvolvimento dos gestores funcionais e gerentes de gestores.

Criar essa responsabilidade por dois níveis abaixo e também usar as definições e os padrões aumentarão as chances de as pessoas certas serem selecionadas para os cargos de liderança principais e de desenvolvê-las de modo adequado. O mais importante é que isso ajudará as organizações a atingir sua meta maior de ter as pessoas certas nos cargos certos com a preparação certa, ao mesmo tempo que produzem resultados almejados agora e no futuro.

Perguntas frequentes

P. *Como exatamente utilizo o modelo de pipeline de liderança para melhorar a sucessão?*

R. Primeiro, deixe claro a todos os envolvidos o que significa fazer uma transição. Entender o aprendizado e as mudanças requeridos ajuda a evitar erros de avaliação e transmite critérios realistas para a ascensão. Em segundo lugar, o modelo de pipeline de liderança fornece definição, linguagem e uma estrutura que permitem um diálogo melhor em torno das questões de sucessão. Em terceiro lugar, o modelo ajuda as pessoas a entenderem quais são os requisitos para um trabalho de nível maior, para que possam fazer melhores escolhas de desenvolvimento para si mesmas. Por fim, um bom trabalho de sucessão demanda critérios coerentes de avaliação em todos os negócios e divisões. O modelo de pipeline ajuda todos os envolvidos na sucessão a enxergar os mesmos desafios e necessidades. Muitas pessoas confessaram que não sabem como faziam planejamento de sucessão antes desse modelo. A definição de sucessão que nasce desse processo é "preparar bancos de talentos para fazer a próxima passagem".

P. *O que é mais decisivo no desenvolvimento de bons planos de sucessão?*

R. Uma análise minuciosa da competência da organização é essencial, como sugere o triângulo do alinhamento do Capítulo 5. A competência da organização envolve certificar-se de que todo o trabalho necessário para executar a estratégia seja atribuído a alguém. Qualquer mudança cogitada ou planejada na estratégia precisa ser levada em conta em estruturas novas, mudanças nos projetos de trabalho, mudanças nos processos, renovação da cultura e assim por diante. A parte da sucessão relacionada às pessoas faz mais sentido quando podemos indagar sobre a capacidade do pessoal de fazer o trabalho necessário. O foco nas pessoas, portanto, não é para descobrir se temos um bom pessoal, mas se temos as pessoas certas – funcionários capazes e dispostos a fazer o trabalho por mais que ele mude. As pessoas não devem ser avaliadas de maneira subjetiva. É preciso haver critérios claros de julgamento, e a competência da organização fornece essa referência.

A honestidade do diálogo é outro diferencial. A honestidade sobre o desempenho atual e sobre as reais oportunidades de crescimento são fundamentais. Não haverá benefício algum em dialogar sobre um potencial imaginário.

P. *Partindo do topo, até qual nível o planejamento de sucessão se estende?*

R. Até o nível de início de carreira. A sucessão envolve o fluxo ascendente de talentos, em particular líderes. Cada nível depende do nível inferior para candidatos à sucessão. Portanto, é preciso garantir que o recrutamento de técnicos e profissionais em início de carreira inclua muitos candidatos que aspirem aos cargos de liderança. De outro modo, não será possível preencher os cargos de gerente de outros internamente. Ainda que às vezes seja necessário buscar talentos externos para preencher cargos de liderança, 90% das contratações deveriam ser internas, para minimizar os riscos. A exceção para essa regra dos 90% é o ingresso em um novo negócio ou mercado, quando é preciso contar com pessoas que já tenham experiência e conhecimentos específicos, mas não se dispõe de gente com esse perfil nos quadros da empresa.

Observações

- A matriz de nove seções para transmitir a força de sucessão da empresa, ou a falta dela, tem sido amplamente adotada ao redor do mundo. As pessoas se empolgam com a ferramenta e nos mostram com orgulho suas nove seções preenchidas com nomes. No entanto, quando pressionamos para conhecer os critérios de avaliação – ou seja, como uma pessoa em particular foi alocada na respectiva seção –, descobrimos que a intuição foi utilizada para apoiar a escolha. Os avaliadores não contaram com critérios de desempenho ou padrões de potencial. Empresas que contam com a intuição se equivocam ao acreditar que as nove seções fornecem a análise. A matriz destina-se a retratar a avaliação de um grupo de indivíduos e não substitui os padrões e os resultados efetivamente entregues pelos funcionários. As nove seções são a cobertura, não o bolo.
- A plena compreensão da ideia de potencial continua sendo um problema. Somos questionados sobre isso o tempo todo, mas não há respostas mágicas. Persistimos com a definição apresentada neste capítulo: *potencial* significa *o trabalho que alguém pode fazer no futuro.* O modelo de pipeline de liderança fornece um vocabulário que qualifica o potencial, tornando mais fácil discuti-lo e tomar medidas em função disso: *potencial de transição* – a pessoa deve ser capaz de realizar o trabalho do próximo nível em três a cinco anos; *potencial de crescimento* – a pessoa é capaz de fazer um trabalho maior no mesmo nível em três a cinco anos; *potencial de domínio* – a pessoa pode continuar aumentando sua capacidade no cargo atual ou em um cargo semelhante.

  No entanto, acreditar que é possível conhecer o potencial de forma absoluta é uma armadilha. Nossas três distinções ajudam a fazer uma avaliação aproximada em dado momento. Os clientes querem mudanças, a concorrência se altera, produtos diferentes ingressam no mercado – tudo isso resulta em produtos e serviços novos, que por sua vez demandam habilidades novas. Assim, o potencial de hoje não é necessariamente o potencial de amanhã. O pior cenário possível é atribuir auréolas positivas ou negativas que nunca mudam. Trabalhar na sucessão e na identificação de potencial requer ao menos uma análise semestral e a disposição para alterar as avaliações com base em fatos novos sobre a pessoa e o trabalho.

- Reconhecer as conexões linha acima e abaixo impacta a capacidade de uma empresa de escolher o CEO certo. O modelo de pipeline de liderança foi desenvolvido originalmente para ser aplicado no planejamento de sucessão. Permite que quem trabalha na sucessão visualize o sistema completo e os pontos de conexão. Compreender o ponto de partida – promoções para cargos de gerente dos outros – é o primeiro passo para desenvolver uma ótima sucessão da liderança. No entanto, grande parte da energia do planejamento de sucessão concentra-se na outra extremidade do pipeline – ou seja, nos CEOs –, e, com isso, o ponto de partida recebe pouca atenção. Se sua empresa não consegue produzir um CEO, vocês têm problemas no nível do gerente de outros. Ainda que os conselhos de administração se concentrem na sucessão do CEO, isso não significa que todo o planejamento de sucessão da empresa deva se concentrar no topo. Nada substitui os benefícios de enxergar e abordar o pipeline como um todo. Na verdade, uma análise da força da sucessão do CEO indicará como o pipeline inteiro está funcionando. Todos os problemas nos níveis inferiores são visíveis no topo, assim como uma linha de montagem ruim produz carros com muitos problemas.
- O trabalho constante e eficaz na sucessão é um marco das empresas de sucesso. Algumas das maiores empresas do mundo pediram nossa ajuda nas questões de sucessão. Elas dizem que estão sempre procurando meios de manter sua posição de liderança no setor. O pipeline de liderança, segundo elas, ajuda a sustentar uma vantagem competitiva, permitindo um melhor planejamento de sucessão.

11

Identificação de falhas potenciais no pipeline

Até este ponto, enfatizamos como é possível usar o modelo de pipeline de liderança para desenvolver um pipeline de liderança robusto. Enfatizamos como ele pode ser usado para melhorar o desempenho e o sucesso em todos os níveis. Mas seríamos negligentes se ignorássemos a realidade do fracasso no desenvolvimento da liderança. Em muitas empresas, pessoas às quais foram confiados cargos de liderança importantes não corresponderam às expectativas. Algumas falham em cargos de gerente de primeiro nível e outras como CEOs.

Embora haja muitas razões para o fracasso, e algumas (como mudanças abruptas na preferência dos consumidores) não possam ser totalmente evitadas, boa parte pode ser prevenida ou enfrentada com eficácia. Neste capítulo, vamos examinar as causas mais comuns do fracasso da liderança individual e institucional e também faremos sugestões sobre meios de utilizar o modelo de pipeline de liderança para remediar essas falhas.

Muito da discussão sobre o fracasso vai se concentrar nos níveis da alta direção porque, ainda que o modelo de pipeline seja útil para impedir o fracasso em todos os níveis, o fracasso de executivos seniores tem um efeito cascata capaz de enfraquecer o pipeline até o nível de gerente novato na base da pirâmide. Quando um CEO, cuja visibilidade é muito alta, não corresponde às expectativas e deixa a organização, a cobertura da mídia sobre esse fracasso é intensa e prejudicial. A humilhação pública desce pelo pipeline e outros executivos seniores também podem perder seus empregos. No mínimo, a perda no valor para o acionista prejudica a instituição e o moral baixo prejudica os líderes individuais. E, mais importante: quando os executivos seniores têm um desempenho ruim, muitas vezes deixam a desejar na área do desenvolvimento da liderança. Esses executivos não cuidam de seus subordinados diretos nem fazem coaching para que estes possam subir um nível de liderança. Os subordinados, por sua vez, não estão preparados para treinar os próprios subordinados diretos.

O fracasso, portanto, precisa ser tratado como parte desse processo. Vamos começar examinando as quatro causas mais comuns do fracasso individual:

- selecionar a pessoa errada;
- deixar profissionais com desempenho ruim por tempo demais no cargo;
- não ouvir ou não procurar feedback;
- definir mal os cargos.

Selecionar a pessoa errada

A história de Jerry e Tim

Jerry, o CEO de uma grande empresa de bens de consumo, tomou duas decisões de seleção nos últimos cinco anos que custaram à sua empresa, cada uma, 1 bilhão de dólares. Ele havia escolhido dois executivos de grupo das fileiras de gestores de negócios e, embora parecessem candidatos excelentes com grande potencial de liderança, não tiveram êxito. Jerry escolheu Tim porque, como gestor de negócios, ele havia obtido ótimos resultados no crescimento da receita e no aumento dos lucros. Naquele cargo, Tim lançara produtos e serviços para preencher lacunas do portfólio e superara a concorrência. Jerry esperava que ele fosse capaz, como executivo de grupo, de obter crescimento da receita e aumento do lucro para diversos negócios.

Quando Tim assumiu o novo cargo, logo identificou espaços vazios em seu novo portfólio de negócios e instintivamente recorreu ao antigo método para alcançar o sucesso. Concentrou grande parte da atenção em mercados e segmentos de clientes não atendidos e exigiu que os subordinados diretos fizessem o mesmo. Graças à sólida posição de caixa da empresa, Tim garantiu recursos para quase todas as estratégias de crescimento que seus subordinados diretos apresentavam. Era quase como se ele estivesse apostando todas as fichas acreditando que ao menos uma das apostas seria um grande sucesso capaz de compensar aquelas que não dessem certo. Em vez de pensar de forma estratégica e seletiva sobre quais projetos deveria apoiar, Tim atacou em todas as frentes.

Com isso, o grupo de Tim entrou em negócios que não entendia ou para os quais não tinha recursos e habilidades suficientes para se tornar competitivo. Além disso, o talento de Tim foi pulverizado diante dos inúmeros projetos, resultando em problemas de execução. Os prejuízos se acumularam e, depois de 18 meses no cargo, Tim foi demitido.

Com o modelo de pipeline à mão, Jerry reconheceu em que ponto sua tomada de decisão havia sido errada e como o modelo seria capaz de impedir outro fracasso como esse no futuro. Ao analisar as habilidades, o gerenciamento de tempo e os valores profissionais nos níveis de executivo de grupo e de gestor de negócios, observou uma grande diferença nos requisitos de estratégia. Como gestor de negócios, Tim estava certo em abordar os mercados não atendidos, mas fez isso dentro do arcabouço de uma estratégia existente. Como executivo de grupo, porém, Tim seguiu a mesma linha de ação básica, sem perceber que o universo de executivo de grupo é grande demais para fazê-lo da mesma forma. Executivos de grupo precisam usar uma abordagem mais disciplinada da estratégia, analisando as opções e então escolhendo algumas (não várias) para seguir. Na realidade, a mentalidade de Tim e, em particular, seus valores estavam dois níveis abaixo da posição de executivo de grupo. Ele estava atuando dentro de um sistema de valores puramente funcional: *Podemos fazer isso?* O que é diferente do sistema de valores de um gestor de negócios: *Deveríamos fazer isso?* E muito diferente do sistema de valores de um executivo de grupo: *Qual escolha nos dará os melhores resultados agora e no futuro?* O pensamento de Jerry ao promover Tim tinha certa lógica: as habilidades de Tim e seu sucesso como gestor de negócios deviam ser recompensados com uma promoção, e essas habilidades e o sucesso lhe serviriam bem em seu novo cargo. O problema com essa lógica é que há diferenças sutis, porém importantes, nos requisitos para o sucesso em diferentes níveis de liderança.

Portanto, para evitar falhas de seleção, tenha em mente o seguinte:

Os requisitos gerais para dois níveis adjacentes podem ser semelhantes, mas habilidades, gerenciamento de tempo e valores profissionais específicos revelam diferenças significativas. É claro que Tim precisava pensar de modo estratégico nos dois cargos, mas em um nível de executivo de grupo essa mentalidade tem que ser bem mais seletiva. Os segmentos de clientes e as áreas de produtos não atendidos costumam ser enormes e sedutores. É fundamental levar em conta as limitações do negócio.

Gerar resultados em um nível não deve ser a razão principal para selecionar alguém para um cargo de nível mais alto. Obviamente, aqueles que entregam bons resultados devem ser cogitados para cargos de liderança, mas costuma ser um erro fazer dos resultados o único critério de seleção. Tim, por exemplo, não passou tempo suficiente analisando e priorizando suas opções. Ele não valorizou a etapa de examinar todas as limitações da empresa que tornariam muitas escolhas inadequadas naquele momento e no futuro. Ao tomar uma decisão de seleção, considere se o candidato será capaz de produzir resultados em um contexto bem diferente daquele no qual ele está no momento. Avalie se ele tenderá a fazer uma transição suave para um novo conjunto de valores. Ele adquiriu as habilidades visadas e vai achar fácil mudar a forma como utiliza seu tempo? Algumas pessoas recorrem às mesmas habilidades, ao mesmo gerenciamento de tempo e aos mesmos valores profissionais durante toda a carreira, e, se você souber que elas são assim, é bom ficar ciente de que as estará condenando ao fracasso quando as promover a um nível de liderança mais alto.

Deixar o profissional errado por tempo demais no cargo

Esse é um problema generalizado no mundo corporativo. Seja por fidelidade ou uma falsa sensação de compaixão, os gestores permitem que pessoas não arquem com as consequências de seus erros. Ou se enganam e esperam em vão que alguém que já foi uma estrela consiga redescobrir a magia e voltar a sê-lo. Com isso, uma pequena falha se transforma em um grande problema e o pipeline de liderança sofre graves danos.

A história de Jerry e Vince

Jerry, o CEO de nosso exemplo anterior, cometeu um segundo erro de seleção quando também promoveu Vince de gestor de negócios para executivo de grupo. Se uma promoção fosse baseada em apenas um fator de desempenho (e foi isso que Jerry fez), Vince mais do que merecia ser promovido a executivo de grupo. Ele realizou um ótimo serviço desenvolvendo um negócio no qual a empresa foi a primeira a oferecer seu produto em diversos países. Um produto bem elaborado combinado com um marketing onipresente promoveu o crescimento do negócio e quanto mais crescia, mais fácil ficava aproveitar a vantagem do tamanho para soterrar os concorrentes que tentaram imitar. Vince controlava o mercado.

Como executivo de grupo, Vince foi incumbido de uma série de negócios estáveis, de crescimento lento. Embora as receitas fossem altas, a participação de mercado era pequena e os concorrentes, fortes. Vince, porém, era impetuoso. Desde o início, insistiu em metas ambiciosas, planos de expansão e mudanças em produtos visando atrair os clientes da concorrência. Embora algumas de suas ideias resultassem em ganhos graduais, estes ficaram aquém das ambiciosas metas. Assim, ele demitiu dois de seus gestores de negócios e um terceiro entregou o cargo desgostoso quando Vince basicamente assumiu uma das responsabilidades dele. Os prejuízos começaram a aumentar, mas Vince via a solução dos problemas do grupo como uma questão de velocidade. Portanto, mudou a estrutura organizacional do grupo para que se tornasse um só negócio, com Vince atuando como gestor de negócios, um modelo no qual se sentiu confortável. Ao mudar a estrutura durante metade de seu terceiro ano no cargo, as coisas foram de mal a pior. Sua falta de experiência em diversas áreas de produtos e mercados resultou em decisões de expansão que acabaram por fracassar totalmente. No fim do terceiro ano, a participação de mercado, as margens e a satisfação dos clientes estavam em queda livre.

Jerry estava preocupado com o que vinha acontecendo, mas não tomou qualquer providência. Sentia-se em dívida com Vince por causa de seu desempenho anterior e acreditava que ele daria a volta por cima com um lance ousado. Infelizmente, os resultados continuaram a se deteriorar no quarto ano; dois outros bons gestores de negócios foram embora e Vince parecia à beira de um colapso nervoso. Jerry acabou transferindo Vince e o realocando a um projeto.

Embora pareça que Jerry foi ingênuo ou mesmo tolo, não era nada disso. Na verdade, era brilhante. Mas lhe faltou um modelo tanto para impedir quanto para lidar com o fracasso humano. Se Jerry pudesse ter avaliado o desempenho de Vince com uma lista de habilidades, gerenciamento de tempo e valores para os cargos de executivo de grupo e gestor de negócios, logo entenderia que Vince estava atuando no nível de liderança errado. Ele se estabilizara no nível de gestor de negócios, mas havia sido promovido ao nível de executivo de grupo. Como Jerry não estava ciente das diferenças específicas nos requisitos dos níveis, ficou cego para a gravidade dos problemas por sua fidelidade a Vince e pela esperança de que ele tiraria um coelho da cartola. O que se tornou claro em retrospecto não estava tão claro no calor do momento. A liderança é um conceito muito difícil de avaliar com objetividade, sobretudo quando a esperança e a amizade colorem as lentes através das quais você vê alguém.

O efeito cumulativo da tolerância de Jerry com desempenhos ruins foi um recorde negativo do preço da ação da empresa, uma crise de capital que exigiu bilhões em redução de custos e milhares de demissões. E o conselho diretor solicitou que Jerry se aposentasse antecipadamente.

O erro de deixar pessoas por tempo demais no cargo pode ser impedido pelas seguintes ações:

Avaliar se um gestor está se baseando em habilidades, gerenciamento de tempo e valores profissionais de um nível anterior. Esse é um pecado capital da liderança, mas é difícil de identificar sem que você conheça os requisitos para cada nível. Quando gestores começam a replicar comportamentos quase idênticos aos que lhes trouxeram um sucesso anterior, um sinal de alerta deve soar.

Analisar como os subordinados diretos do gestor estão se desenvolvendo e agindo. Às vezes leva tempo até o dano feito por um líder ruim aparecer. Outras vezes, os péssimos resultados são justificados por circunstâncias externas. Quando os subordinados diretos não estão crescendo nem apresentando bom desempenho, é sinal de que o líder não está atendendo aos requisitos de seu nível. Quando os gestores de negócios de Vince começaram a se dispersar como moscas, Jerry deveria ter agido.

Não ouvir ou não procurar feedback

Esse é um problema grave, sobretudo para os executivos seniores. Não é que sejam avessos a todos os tipos de feedback. Na verdade, estão sempre pedindo feedback sobre programas e produtos novos. O que não procuram de maneira ativa – ou não querem ouvir – é feedback não solicitado sobre eles mesmos. Em outras palavras, não estão interessados em ouvir opiniões sobre como estão liderando ou como e por que deveriam mudar a forma de agir. Em alguns casos, ignoram esses feedbacks por divergirem da definição de liderança. Para esses executivos, ser um líder significa persistir diante da adversidade, o que é apropriado até certo ponto. Se ouvissem cada comentário negativo ou sugestão crítica, jamais concluiriam uma iniciativa ou conseguiriam realizar algo. Como veremos, os líderes que evitam o fracasso estão abertos ao feedback e sabem analisar se as opiniões ou sugestões fazem sentido.

A história de Tom

Tom havia acabado de se tornar gestor de negócios em uma grande empresa aeroespacial. Após um período de grande sucesso como executivo de marketing e vendas em uma divisão que fornecia equipamento aeroespacial para o governo, ele foi promovido ao novo cargo. Indicou a subordinada de confiança, Gloria, para assumir seu cargo anterior. Apesar de a alta qualidade, a confiabilidade e a entrega pontual sempre terem sido requisitos essenciais para o negócio, o controle de custos vinha se tornando cada vez mais crítico. O CEO queria que Tom ajudasse a reduzir os custos a fim de abrir mercados comerciais para os produtos da empresa.

Infelizmente, os diferentes departamentos na empresa tinham ideias diferentes de como reduzir custos, e muitas vezes elas eram conflitantes. Por exemplo, a produção queria reduzir o estoque de peças e adotar uma programação com base na demanda, ao passo que a engenharia optou por materiais mais baratos cujos métodos de fabricação ainda não haviam sido testados e o marketing, por sua vez, defendia a venda de peças sobressalentes para equipamentos existentes.

Gloria, que percebeu que os diferentes departamentos não tinham ideia sobre como trabalhar em conjunto para reduzir os custos, disse a Tom que gostaria de se reunir com ele para discutirem o assunto. Tom, no entanto, deliberadamente evitou essa reunião por semanas. Quando Gloria enfim conseguiu sua atenção e apresentou a situação, ele disse: "Não esquenta, você vai resolver o problema. Sempre conseguimos fazer isso no passado, e esta não é a primeira vez que enfrentamos desafios como este." Gloria tentou explicar como aquela situação era diferente, mas Tom insistiu que, se eles apenas continuassem se esforçando, tudo se resolveria.

Tom foi demitido depois de 15 meses no cargo porque não só os conflitos sobre custos estavam aumentando como a qualidade dos produtos vinha caindo e uma data de entrega de um produto importante para uma missão espacial não foi cumprida. Se Tom tivesse ouvido o feedback de uma subordinada de confiança, provavelmente não teria fracassado. No entanto, ele não apenas fracassou como também prejudicou a carreira de outros candidatos promissores à liderança em seu negócio.

Veja como impedir esse tipo de falha de feedback:

Manter a mente e os ouvidos abertos. Não era um grande segredo o fato de que os chefes funcionais de Tom tinham dificuldade de trabalhar juntos nas questões de controle de custos. O verdadeiro problema foi que Tom os ignorou. Se ele tivesse não apenas escutado Gloria, mas também solicitado feedback de outros chefes funcionais, poderia ter obtido um quadro mais completo do que era necessário fazer e interagido com o pessoal para solucionar o problema dos custos.

Saber o que se deve ouvir. Se Tom tivesse noção de que um requisito fundamental em seu nível era a integração funcional, teria prestado atenção ao feedback de que não o estava cumprindo. O chefe de Tom foi negligente ao não comunicar esse requisito e Tom foi negligente ao não pedir ao chefe que definisse as responsabilidades de um gestor de negócios. Se a empresa usasse o modelo de pipeline de liderança, a resistência de Tom ao feedback até poderia ser a mesma, mas ao menos ele estaria ciente daquilo que deveria estar ouvindo.

Definir mal os cargos

No nível de liderança de gestor de negócios e acima, supõe-se que as pessoas que assumem esses papéis executivos saibam o que fazer. Essa premissa resulta em fracasso. Como os exemplos anteriores mostraram, nem sempre os líderes conhecem todos os requisitos dos cargos. Ou melhor, acham que conhecem, mas na verdade confiam nas definições antigas de posições anteriores. Executivos de grupo costumam ser vítimas de papéis indefinidos. CEOs e gestores de negócios em geral possuem alguma estrutura intrínseca nas quais se apoiar. Executivos de grupo, não. Esse nível costuma ser definido em torno dos indivíduos que o ocupam.

Ao serem promovidos para um novo nível de liderança, todos os gestores deveriam se dedicar a definir seus cargos. Isso significa definir não apenas as habilidades, o gerenciamento de tempo e os valores profissionais para o nível, mas também os padrões de desempenho. Assim, aumentarão as chances de desenvolver os subordinados diretos corretamente, de não usurpar as responsabilidades deles e de satisfazer os requisitos-chave do cargo. Na maioria dos casos, o fracasso não acontece porque as pessoas são preguiçosas ou incompetentes. Mas porque não entendem seus papéis ao passar para novos níveis de liderança.

Para evitar o fracasso decorrente de uma definição de cargo deficiente, os gestores devem se lembrar do seguinte:

Nunca aceitar cegamente as definições de seu cargo. Acreditar em pressupostos e descrições gerais do cargo ou seguir os passos de quem o exerceu antes com frequência conduz ao fracasso. As pessoas precisam tomar a iniciativa de definir os cargos para si e fazê-lo com especificidade. Isso significa não só definir qual deve ser sua contribuição, mas também estipular como ela será avaliada e identificar as diferenças entre o papel dela e aqueles das pessoas acima e abaixo na hierarquia.

Obter validação para sua definição. Em outras palavras, os gestores devem apresentar aos chefes sua compreensão do que o cargo implica e perguntar: "É isso mesmo?" E essa não é uma pergunta para ser feita uma única vez. Eles devem discutir seu papel com o chefe regularmente. Ao assumir um novo cargo de liderança e crescer nessa posição, é preciso solicitar feedback sobre se o desempenho corresponde ao nível de liderança e às expectativas do chefe.

Fracasso institucional

As empresas cometem erros e vivenciam retrações por vários motivos, mas a falha de liderança costuma estar na raiz desses problemas. Quando o serviço ao cliente é insensível ou não há um fluxo de produtos novos rentáveis, a culpa costuma ser da falta de liderança. Não é apenas um líder que falha, mas vários deles. Nessas empresas, a liderança costuma ser um conceito vago e sem diferenciação.

Por exemplo, em certa ocasião, estávamos realizando coaching executivo para uma grande empresa de informática e conversávamos com um grupo de gestores seniores sobre inovação. O tema veio à tona porque a empresa precisava de produtos e serviços novos e inovadores. Eles diziam: "Temos vários produtos novos sendo desenvolvidos em nosso laboratório de pesquisa. O problema é que eles estão paralisados. Não conseguimos levá-los do laboratório para o mercado." Quando perguntamos quem era o responsável pela situação, os executivos alegaram que era impossível apontar um único responsável porque havia muitas pessoas envolvidas. A discussão então se voltou naturalmente para a liderança e por que ninguém assumira a responsabilidade por aquele problema. O grupo explicou que o princípio básico da liderança e de como os líderes eram avaliados girava em torno das vendas: esperava-se que todos os líderes da empresa vendessem, e o resultado disso era que todos passavam boa parte do tempo com clientes.

Essa empresa, como muitas outras, não contava com três ingredientes-chave capazes de impedir o fracasso institucional:

Um modelo para a liderança.

Sem um modelo, a liderança torna-se uma filosofia muito simplista e generalizada. Na empresa de informática, "todos devem vender" era o início e o fim de sua compreensão da liderança. Os líderes não reconheciam como seus papéis e suas responsabilidades específicas se enquadravam em um contexto mais amplo. Sem um modelo, diversos níveis de líderes realizam as mesmas atividades básicas, enquanto tarefas importantes são negligenciadas.

O modelo de pipeline de liderança fornece às empresas uma estrutura para a liderança. No mínimo, define os requisitos por níveis e esclarece as distinções entre o que é exigido de um nível ao próximo. Em geral, grandes empresas passam por crises ou embarcam em projetos especiais que exigem o envolvimento de diferentes níveis de líderes. Como seria de esperar, se todos esses níveis estiverem concentrados na mesma coisa, outros aspectos do negócio serão negligenciados – o que leva ao fracasso. As crises, por exemplo, são superadas com sucesso quando líderes em todos os níveis integram esforços para lidar com o problema. Um equilíbrio é estabelecido entre o gestor corporativo, o gestor de negócios e o gerente de gestores sobre a melhor maneira de liderar o pessoal diante da crise. Trata-se de liderança diferenciada, em contraste com a situação na empresa de informática, onde todos os níveis de liderança simplesmente tentavam vender mais em tempos de crise. Um modelo não garante o sucesso de uma empresa, mas aumenta as chances.

Vocabulário específico para a abordagem dos problemas.

Sem um vocabulário adequado, as organizações não conseguem ser precisas em diagnósticos e soluções. Voltemos mais uma vez ao exemplo da empresa em que todos estão concentrados nas vendas. Essa reação parece responder à diretriz da liderança, mas não é isso que está acontecendo. Na verdade, trata-se de uma reação automática e sem diferenciação entre os níveis. Provavelmente, se alguns líderes se ocupassem em agilizar a passagem dos produtos pela burocracia, a ordem "todos devem vender" seria cumprida com muito mais êxito do que telefonando para um cliente. Se os produtos novos são mais competitivos e fornecem maior valor, logo haverá demanda por eles. No entanto, essa sutileza de linguagem não existe nessa empresa. Com o vocabulário do pipeline, porém, as pessoas podem discutir o problema em termos de habilidades, gerenciamento de tempo e valores para cada nível. Por exemplo: segundo o modelo, gestores de negócios devem valorizar o trabalho voltado para o longo prazo e dedicar tempo a planejar o futuro. A capacidade de criar estratégias de cinco anos é um requisito de habilidade essencial. Portanto, uma das tarefas alinhadas à diretriz de vendas é olhar adiante e buscar ideias que aumentarão as vendas não só agora, mas também no futuro.

Com o vocabulário do pipeline, as pessoas podem conversar sobre seus requisitos de liderança usando as mesmas categorias (habilidades, gerenciamento de tempo e valores profissionais), mas defini-los de acordo com seus cargos de liderança específicos.

Padrões para avaliar o desempenho.

Como discutimos no Capítulo 9, padrões de desempenho ajudam os líderes a fixar metas e criar indicadores reais para a avaliação do desempenho. A empresa de informática não contava com esses padrões, em parte porque não havia qualquer distinção entre os níveis de liderança. Portanto, um gerente iniciante era avaliado da mesma forma que um gestor de negócios. Se todos os líderes forem avaliados segundo os mesmos critérios, o fracasso será inevitável. Com apenas um padrão de mensuração uniforme, os líderes não maximizam a configuração particular de seu nível de liderança. Na empresa de informática, o desempenho de todos era avaliado em função de "sair e vender", e esse padrão não fornecia muito incentivo para lidarem com a questão a partir de ângulos variados ou com uma combinação de diferentes recursos e ideias.

Perguntas frequentes

P. *Como a área de recursos humanos pode usar o modelo de pipeline de liderança para me ajudar a evitar falhas por parte dos líderes que trabalham para mim?*

R. A área de RH deve ser seu "sistema primário de alerta", permanecendo vigilante para quaisquer sinais de perigo no pipeline. Por estar envolvida diretamente em vários processos com líderes – treinamento, coaching, contratação, promoções –, em geral está bem informada sobre as atitudes e os comportamentos deles. O RH pode usar o modelo de pipeline para identificar aqueles que não estão fazendo as passagens de forma adequada, por exemplo. Pode estar entre os primeiros em uma empresa a reconhecer que um líder recém-promovido enfrenta dificuldades com os requisitos de seu novo nível gerencial, conforme delineados no modelo de pipeline de liderança. Com pleno conhecimento do líder, a área de RH pode reunir feedback sobre como a atuação desse líder está sendo recebida e pode então conversar com ele ou consultar seu chefe sobre possíveis intervenções.

P. *Trabalho em recursos humanos. O que devo fazer se um líder está prestes a tomar uma decisão de promoção ruim e não quer me ouvir?*

R. Você tem obrigação de levar a discussão para o nível de gerência superior. Se também não obtiver atenção, continue subindo na hierarquia até encontrar alguém que lhe dê ouvidos. As consequências de uma contratação ruim podem se espalhar além do indivíduo para a equipe e até a organização como um todo. Deter essa escalada é fundamental. Concentre-se nos detalhes, como os elementos do cargo ou os resultados requeridos que não serão obtidos e por quê. Será necessário fornecer exemplos e indícios concretos que mostrem que o candidato estava trabalhando no nível errado no cargo anterior ou que é incapaz de mudar seus valores profissionais.

P. *Como evitar problemas de definição de cargos que podem resultar em fracasso?*

R. Tivemos muito sucesso em reuniões de definição de cargos nas quais o líder e a equipe definiam os próprios cargos como eles os viam e anotavam as definições. Com as notas na parede, todos os membros da equipe podem olhar as definições dos cargos. Também ficam evidentes quaisquer interdependências, acordos de serviços necessários, sobreposições, lacunas, responsabilidades do nível errado e assim por diante. Líderes em setores tão diversos quanto serviços financeiros, manufaturados, mineração e assistência médica fizeram esse exercício com eficácia. Todos enfrentam problemas com descrições dos cargos, e dispor de um método relativamente simples e de fácil aplicação para corrigi-los é bem-vindo.

Observações

- Reconhecer que alguns líderes fracassarão é positivo, mas não se pode aceitar que nenhuma providência seja tomada. As exigências de trabalho mudam, a motivação das pessoas diminui, a concorrência evolui. Com isso, algumas pessoas não conseguem mais realizar o trabalho. Descompassos são inevitáveis e devem ser esperados. Ainda que ninguém goste de fracassos e descompassos, ignorá-los tem consequências trágicas e, infelizmente, é algo comum. Conhecemos líderes nessas situações que foram isolados do restante da organização, um tipo de tratamento cruel e duro de observar. É também um mau negócio. Uma pessoa que está fracassando e é mantida no cargo cria uma situação que prejudica tudo – a comunicação, a produtividade, o desenvolvimento, o moral e os resultados empresariais. O fracasso precisa ser tratado como é: um problema empresarial. Examine os fatos, faça ajustes apropriados, remova obstáculos e, se necessário, dispense o dirigente. Não adianta ter diagnósticos de qualidade se o chefe não toma medidas para resolver o problema.
- Reconheça que a falta de franqueza é o sinal de perigo mais importante de fracasso iminente. Dizer ao chefe o que ele quer ouvir, relutar em discutir os problemas, sonegar informações negativas importantes e atitudes desse tipo são indicadores de que a organização está fracassando e que o comportamento das pessoas vai pelo mesmo caminho. Embora não tenhamos discutido questões relativas ao ambiente de tra-

balho neste capítulo, criar um ambiente inapropriado é a quinta razão mais comum para o fracasso. Queremos enfatizar que a falta de franqueza em conversas importantes e reuniões-chave cria um ambiente propício ao fracasso. Quando a verdadeira conversa acontece nos corredores depois da reunião, e não na reunião em si, os líderes falharão mais cedo ou mais tarde, oportunidades serão perdidas, ou ambos.

- Entenda que quanto mais alto um cargo no pipeline, menores as chances de o líder receber instruções precisas e uma definição clara do papel. Um porteiro, por exemplo, recebe informações bastante específicas sobre o serviço a ser feito e feedback abundante quando as coisas não estão sendo benfeitas. Quanto aos gestores de negócios e os gestores de grupo, supõe-se que eles "já saibam". O mesmo vale para os CEOs. Esses altos cargos de liderança são complexos e a execução pode ser difícil. À medida que as empresas se tornam lugares cada vez mais voláteis e complexos, mais definições se tornam necessárias e urgentes nesses níveis. Constatamos que as organizações precisam examinar a clareza dos papéis, das prioridades e das expectativas de desempenho, além dos indicadores financeiros. Os executivos seniores que estejam conduzindo esse exame também precisam ter apoio sólido em seus esforços. Os conselhos de administração devem questionar e os CEOs devem ficar particularmente vigilantes. As ações – ou a falta delas – de um líder costumam ser impelidas por pressupostos não testados. Esses pressupostos só são testados após um erro ou fracasso. "Achei que ele soubesse" é um comentário pós-fracasso comum. Não espere pelo fracasso para conferir os pressupostos subjacentes sobre papel, prioridades, etc.
- Observe que o fracasso ou o caminho para o fracasso são mais visíveis nos níveis mais baixos. Leve em conta estes sinais de alerta comuns: gerentes de outros que ficam o dia todo no seu escritório de portas fechadas; gerentes de gestores com longas filas em suas portas; gestores funcionais que passam todo seu tempo solucionando problemas técnicos. Esses líderes estão no caminho para o fracasso. Líderes de alto escalão devem percorrer os mais variados setores e observar as atividades para ter informações de primeira mão sobre a saúde de seu pipeline. Reconheça que a fonte do problema pode não ser o funcionário específico, mas o chefe, que tomou uma decisão de seleção ruim, não designou o cargo claramente ou tem sido um orientador ruim.

12

A passagem da carreira funcional

O pipeline de liderança se estende em uma segunda direção na passagem de gestor funcional para gestor de negócios. Em vez de progredir de gestor funcional para gestor de negócios, depois para gestor de grupo e então para gestor corporativo, alguns gestores ascendem por um caminho funcional. Para a maioria das pessoas em grandes empresas, esse é o caminho de ascensão, já que pouquíssimas são selecionadas para gestoras de negócios. Para outras, esse caminho pode parecer irrelevante, pois as seis grandes passagens que discutimos costumam chamar mais atenção. Entretanto, essa ramificação funcional será seguida por grande parte dos profissionais. Incluímos este capítulo porque encontramos problemas com gestores funcionais que acreditavam que suas carreiras eram interrompidas em nosso modelo.

O ramo funcional do pipeline fica obstruído com a mesma facilidade que a parte da liderança do negócio, por isso é importante usar o modelo para entender os requisitos e impedir as obstruções. Na verdade, a maioria das organizações tem um bom número de cargos funcionais importantes acima da passagem quatro e é fundamental que haja um processo que ajude essas pessoas a percorrer com sucesso essas passagens de liderança.

A trajetória da liderança funcional é semelhante às do gestor de negócios, gestor de grupo e gestor corporativo, mas existem diferenças e distinções importantes ao longo do caminho para gestores funcionais de grupo e gestores funcionais corporativos. Vamos examinar quais são essas diferenças e distinções e como as organizações podem usar as habilidades, o gerenciamento de tempo e os valores profissionais mutáveis em cada nível para criar uma liderança funcional sólida.

Gestor funcional de grupo

Esse cargo não é o mesmo que o de um gestor funcional. Está mais próximo em habilidades, gerenciamento de tempo e valores do nível de gestor de negócios e também contém elementos do nível de liderança de executivo de grupo. É raro as empresas oferecerem a um gestor funcional de grupo o coaching e o desenvolvimento necessários para que domine os novos requisitos desse papel de liderança.

Ao examinar os três requisitos a seguir, observe as semelhanças entre os gestores funcionais de grupo e os gestores de negócios.

Integração. Gestores de negócios integram estratégias funcionais em um plano de negócios amplo, ao passo que gestores funcionais de grupo integram estratégias funcionais de cada um dos negócios do grupo em uma estratégia funcional coesiva, certificando-se de que seu grupo recebe o apoio adequado para alcançar suas metas de negócios. Os dois tipos de gestão visam a coesão entre diferentes estratégias funcionais.

Mentalidade de "Vamos ganhar dinheiro?". Assim como um gestor de negócios, um gestor funcional de grupo precisa fazer a mudança de "Podemos fazer isso?" para "Ganharemos dinheiro se fizermos isso?". Ele precisa desenvolver e valorizar a mentalidade voltada para resultados e um pensamento empresarial sólido. Isso requer conhecimento profundo da divisão para analisar diferentes estratégias funcionais, ajudando o gestor de grupo a determinar se uma estratégia produzirá os resultados desejados. Um gestor funcional de grupo deve fornecer ao executivo de grupo críticas com base nos negócios sobre as estratégias funcionais e os resultados das estratégias nos negócios novos ou existentes.

Gestão matricial. Gestores funcionais com frequência se subordinam tanto aos gestores funcionais de grupo quanto aos gestores de negócios, em particular quando os primeiros gerenciam serviços de apoio como recursos humanos, finanças, tecnologia da informação e jurídico. Gestores funcionais de grupo realizam análises formais de planos e programas, bem como revisões de decisões de contratação, remuneração, planos de desenvolvimento e assim por diante. O fato de em geral os gestores de negócios terem essas mesmas responsabilidades cria uma situação de matriz. Por isso, os gestores funcionais de grupo precisam desenvolver excelentes habilidades de relacionamento e comunicação. Do contrário, provavelmente entrarão em conflito com os gestores de negócios. Talvez mais importante: eles precisam aprender a valorizar a integração funcional nas equipes de negócios, como faz o gestor de negócios, e precisam dedicar o tempo necessário a ajudar o gestor de negócios a alcançar a integração funcional com o negócio sem comprometer a excelência funcional.

Requisitos amplos e complexos

Ao contrário dos gestores de negócios, que dirigem entidades em grande parte independentes, os gestores funcionais de grupo precisam enfrentar um complexo conjunto de relacionamentos que cruzam várias fronteiras. Na verdade, pelo menos cinco pessoas ou áreas exigem seu tempo e cobram seu desempenho:

- o executivo de grupo (seu chefe de linha);
- o gestor funcional corporativo (seu chefe funcional);
- os gestores de negócios em seu grupo (para criticar estratégias funcionais e fornecer conselhos);
- a equipe funcional do grupo (seus subordinados funcionais diretos);
- os líderes funcionais no negócio (supervisão, desenvolvimento).

Além de tudo isso, gestores funcionais de grupo talvez também estejam trabalhando com outros gestores funcionais de grupo para entregar produtos ou serviços internamente, como o apoio nas áreas de recursos humanos e assessoria financeira, entre outras. Com isso, surge uma sexta área de responsabilidade, como indica a Figura 12.1.

Como é possível ver, gestores funcionais de grupo lidam com uma variedade de desafios de relacionamento. Eles não só precisam entender cada estratégia de negócios separada como garantir a cada gestor de negócios que a estratégia do gestor funcional designado sustente as metas do grupo e do negócio. Como o gestor funcional de grupo se subordina tanto ao executivo de grupo quanto ao gestor funcional corporativo, existe grande potencial para tensão e conflitos. Equilibrar esses dois relacionamentos requer destreza. Ao mesmo tempo, gestores funcionais de grupo precisam gerir e desenvolver não apenas seus subordinados diretos, mas também gestores funcionais.

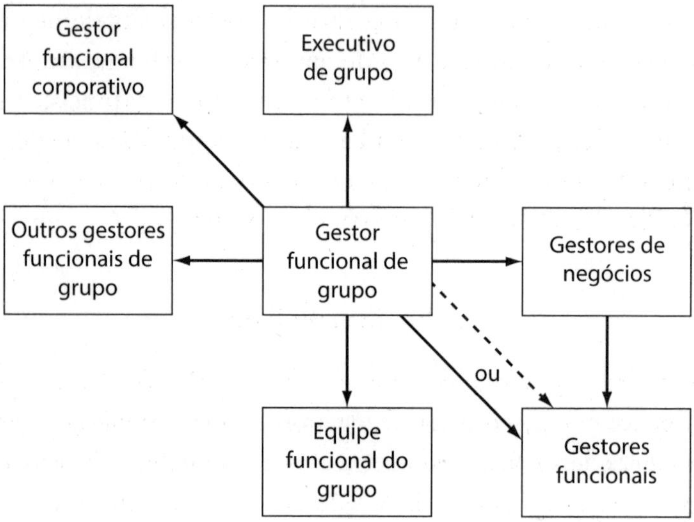

Figura 12.1 Complexidade dos relacionamentos para gestores funcionais de grupo

Fonte: Drotter Human Resources, Inc.

Compatibilizar tantas pessoas e interesses diferentes demanda jogo de cintura no desenvolvimento de relacionamentos, tomada de decisões e, sobretudo, no comprometimento. Gestores funcionais de grupo precisam aprender a valorizar a busca por um denominador comum. Caso contrário, um ou outro negócio com os quais interagem poderá ficar excluído, gerando ressentimento. Sem uma boa dose de maturidade e uma ampla perspectiva do negócio, gestores funcionais de grupo cometem erros graves.

Por exemplo, permitem que gestores funcionais fiquem "divididos" entre eles e os gestores de negócios por muito tempo, de modo que esses gestores acabam tendo que escolher entre seus dois chefes. Se o gestor funcional escolhe o gestor de negócios, a conexão funcional se rompe. Se escolhe o gestor funcional de grupo, muitas vezes o gestor de negócios passa a ignorar a divisão, o que prejudica não apenas a divisão em si, mas também o desenvolvimento do gestor funcional.

Uma habilidade-chave nesse cargo de liderança específico, portanto, é prever problemas e ser proativo ao lidar com eles antes que saiam do controle. Lembre-se de que os líderes de grupos funcionais precisam equilibrar seis pontos de contato, e esse grande número de relacionamentos cria todo tipo de potencial de conflito. Ao contrário dos gestores de negócios, que às vezes conseguem contornar problemas graças à relativa simplicidade de seus relacionamentos, esquivar-se não é uma opção para gestores funcionais de grupo. Eles precisam aprender a gerir a complexidade de seus relacionamentos, ficando bem atentos às necessidades especiais dos diferentes públicos e abafando conflitos potenciais na origem.

A história de Jane

Jane é gestora de grupo de recursos humanos da divisão de varejo de um grande banco global. Com mais de 21 anos como funcionária da empresa e respeitada pelos colegas, Jane equilibra com inteligência seus muitos pontos de contato: o diretor da divisão de varejo (seu chefe em linha), o diretor corporativo de RH (seu chefe funcional), seus subordinados diretos dentro da divisão de varejo, os gestores de negócios seniores e os profissionais de RH dentro da divisão de varejo, além da equipe corporativa subordinada ao diretor corporativo de RH (remuneração, desenvolvimento, alocação de pessoal).

O banco selecionou externamente um novo diretor corporativo de RH e delegou a ele poderes para fazer mudanças profundas no departamento. Quando esse novo diretor começou a impor padrões de RH à divisão de varejo, ele e o diretor da divisão entraram em conflito, já que o braço de varejo do banco costumava funcionar com relativa autonomia.

Jane ficou em uma posição difícil. Outros poderiam ter sido políticos e escolhido um lado ou poderiam tentar evitar a todo custo se envolver no conflito. Jane, porém, atuava no nível de liderança certo e reconheceu que precisava manter seus pontos de contato equilibrados. Para tanto, implementou os padrões de RH que considerou "mais viáveis" e pressionou o diretor da divisão de varejo a adotar alguns padrões adicionais. Essa posição satisfez o novo diretor corporativo de RH. Ao mesmo tempo, porém, ela protegeu a divisão de varejo do que considerou exigências absurdas do diretor corporativo de RH – o que agradou ao diretor da divisão de varejo.

É claro que houve outras situações envolvendo esses dois contatos que exigiram de Jane o equilíbrio de vários fatores complexos, mas ela conseguiu lidar bem com as situações graças à sua habilidade em encontrar um denominador comum.

Jane também foi muito cuidadosa com seu trabalho, o que nos leva ao próximo ponto. Nesse nível de liderança funcional, as pessoas precisam valorizar os aspectos intelectuais de seus cargos. Muitas vezes elas oferecem suporte aos executivos de grupo em uma divisão de consultoria, e não por meio de divisões funcionais com resultados tangíveis, como as áreas de produção. Elas orientam os executivos de grupo em temas amplos e variados, como seleção e desligamento de pessoal, reorganização corporativa, alocação de capital e ingresso em novos mercados. Reflexão, análise e estratégia são requisitos que fazem o cargo demandar boa capacidade intelectual.

Por exemplo, gestores de grupo muitas vezes são chamados para criar uma estratégia funcional para o grupo. Em geral, o executivo de grupo tem uma ideia para um negócio novo ou deseja ingressar em um mercado não atendido. Os gestores funcionais de grupo trabalham na geração do plano real para desenvolver o negócio novo ou servir esse mercado. Também é possível que o executivo de grupo queira aumentar a contribuição funcional do grupo como um todo e peça ao gestor funcional de grupo que elabore uma estratégia capaz de aumentar a competência da divisão com rapidez.

Em qualquer uma dessas atribuições estratégicas, os gestores funcionais de grupo precisam ter habilidades cognitivas sólidas e valorizar os processos mentais necessários para serem bem-sucedidos. Avaliar os requisitos funcionais, desenvolvê-los e lidar com uma estrutura de matriz para implementá-los são apenas algumas das manobras mentais necessárias. Para tornar a situação ainda mais difícil, essas atribuições estratégicas também exigem conhecimentos das melhores e mais recentes práticas em divisões novas ou diferentes e uma capacidade de trabalhar com diferentes perspectivas temporais (cronogramas apertados e projetos de longo prazo) para acomodar uma variedade de necessidades de aplicações ou programas de treinamento.

Sinais de que um gestor funcional de grupo não está apresentando bom desempenho

Há várias maneiras de identificar um gestor funcional de grupo cujo desempenho não está adequado. Fique de olho nestes três sinais:

Primeiro sinal: agir como um político

Nesse caso, o gestor funcional de grupo responde à complexidade de relacionamentos fazendo promessas a todos e não cumprindo nenhuma (ou só muito poucas). Em geral, o discurso sugere que ele pretende atender a cada um dos seus seis públicos, mas na prática ele se mostra incapaz de satisfazer qualquer um. Uma situação comum: os gestores funcionais acreditam que não estão recebendo o tratamento adequado de seu gestor de negócios e pedem o apoio do gestor funcional de grupo. Já os gestores de negócios, que querem mais ajuda funcional do que estão recebendo, pedem ao gestor funcional de grupo um pessoal melhor. O gestor funcional corporativo insiste em realizar cortes de orçamento, mas também deman da inovações contínuas. Enquanto os colegas estão em busca de auxílio, a equipe funcional do grupo está pedindo instruções mais claras, aumentos de salário e melhores atribuições.

O que um gestor funcional de grupo deve fazer quando todos esses pedidos surgem ao mesmo tempo? Muitos reagem tornando-se políticos, presumindo ser esse o segredo da sobrevivência. Eles se recusam a dizer "não" a qualquer dos contatos. Se você observar esse comportamento de tentar agradar a todos – ou se ficar claro que um gestor funcional de grupo foi reduzido a figura decorativa –, é preciso intervir via coaching e outras ferramentas de desenvolvimento para comunicar o seguinte:

Desvende a complexidade dos relacionamentos. O executivo de grupo deve conversar sobre esse tema com gestores funcionais de grupo e enfatizar que os relacionamentos precisam ser geridos, não tratados politicamente. Talvez seja útil usar reuniões programadas, como aquelas da equipe regular do executivo de grupo, para discutir papéis e conversar sobre os diferentes requisitos. Não é realista esperar que o gestor funcional de grupo administre todos os relacionamentos e solicitações sozinho. Um acordo coletivo com base na estratégia do grupo, na estratégia do negócio e nos níveis de recursos funcionais é necessário para gerir as expectativas. Por exemplo, defina o que constitui um pedido razoável de um gestor funcional de grupo. Ajude a definir quais problemas podem ser trazidos para ele e quais devem ser levados para outro lugar.

Ensine a definir prioridades com base no impacto sobre o negócio. Explore as prioridades muitas vezes conflitantes que envolvem os seis pontos de contato com os gestores funcionais de grupo. Eles precisam aprender a ser firmes em relação às suas maiores prioridades. Devem conquistar a adesão do executivo de grupo e do gestor funcional corporativo sobre as prioridades desde o início – de preferência, durante a primeira ou segunda semana no cargo. Também precisam da adesão dos gestores de negócios no grupo. De tempos em tempos, é importante se certificar de que as prioridades continuam válidas. Enfatize que eles terão que perseverar para conservar suas prioridades e que parte da insistência consiste em tomar decisões difíceis em vez de tentar agradar a todos.

Segundo sinal: envolver-se demais no trabalho do gestor funcional

Fique de olho em gestores funcionais de grupo que recuam para atribuições de gestor funcional. Às vezes eles se sentem sobrecarregados com a complexidade da nova posição de liderança e reagem gastando grande parte do tempo naquilo que faziam quando eram gestores funcionais. Ao analisar a agenda diária deles, é possível descobrir se estão cumprindo seu papel de liderança. Se eles parecem dedicar tempo demais ao gestor funcional que assumiu seu antigo cargo ou sozinhos no escritório, é provável que algo esteja errado.

Defina a agenda de trabalho no nível de grupo. Para evitar o recuo ao nível de gestor funcional, discuta a diferença das habilidades, do gerenciamento de tempo e dos valores profissionais. Como a maioria das pessoas reage melhor a metas e planos concretos do que a discussões de "valores", estabeleça metas e planos de trabalho no nível certo para ajudar o gestor funcional de grupo a permanecer no papel. Talvez vocês precisem conversar sobre como as metas serão cumpridas para obter uma alocação de tempo adequada. Embora isso possa parecer radical se sua empresa cultiva o empoderamento, é a melhor forma de se concentrar nas atividades certas. Empoderamento significa liberdade para fazer as coisas certas, não o que a pessoa tem vontade de fazer. Ninguém valorizará o trabalho novo se ele não o fizer.

Terceiro sinal: ser dominado pelo executivo de grupo

Dedicar tempo demais ao executivo de grupo pode ser outro sinal revelador de que o gestor funcional de grupo não está atuando no nível apropriado. Essa alocação de tempo talvez pareça muito positiva: o gestor funcional de grupo se apresenta como o braço direito indispensável do executivo de grupo. Ainda que haja necessidades empresariais críticas que exijam que o gestor funcional de grupo passe um bom tempo trabalhando com o executivo de grupo, essa situação será a exceção, não a regra. O executivo de grupo não é o único cliente. Outros clientes entenderão que o gestor não está ali para servi-los ou ajudá-los.

Defina a agenda com determinação e coragem. Ajudar um novo gestor funcional de grupo a ter sucesso requer auxiliá-lo a usar seu tempo da forma correta para que ele não o gaste remoendo o mesmo velho problema com o executivo de grupo. Em geral, isso acontece porque o executivo de grupo não consegue tomar uma decisão. Gestores funcionais de grupo precisam ser incisivos: "Discutimos a questão em detalhes duas vezes e agora você precisa decidir. Continuar discutindo não vai resolver nada, portanto não faz sentido continuar perdendo tempo com isso." Nesse nível de liderança, a coragem é necessária, sobretudo porque o tempo é muito valioso. Conversas particulares de natureza consultiva com o executivo de grupo são importantes, mas devem existir outros assuntos de igual ou maior importância que precisam ser tratados.

Gestores funcionais corporativos

Esses gestores incluem o diretor financeiro (CFO), o diretor de tecnologia da informação (CIO), o diretor jurídico, o diretor de recursos humanos e os diretores de departamentos – como os de pesquisa e desenvolvimento, marketing, produção e operações (embora algumas dessas funções estratégicas possam estar centralizadas). Como os executivos de grupo, os gestores funcionais corporativos se subordinam ao CEO (ou presidente), e seu principal objetivo é conectar sua divisão funcional à corporação, oferecer apoio administrativo ao CEO e acompanhar os avanços de sua área. Eles são responsáveis por tudo, de padrões de desempenho a adoção de métodos e valores da empresa.

Como os executivos de grupo, os gestores funcionais corporativos precisam valorizar o direcionamento estratégico, dedicar bastante tempo a essa atividade e desenvolver as habilidades que os capacitem a defini-lo com eficácia. Como seria de esperar, trata-se de uma transição importante para gestores funcionais de grupo presos na intrincada rede interna de grupos de interesse. Em vez de apenas servir às suas divisões ou aos negócios, precisam aprender a servir à empresa como um todo. O segredo nesse nível de liderança funcional corporativa é entender o mundo externo e as forças que impactam a empresa, de modo que os planos e as respostas possam ser estruturados. Alguns dos requisitos externos são:

- reconhecer como a concorrência está usando a divisão para ganhar vantagem competitiva;
- manter-se atualizado sobre o que há de mais moderno na divisão em uma série de aplicações;
- coletar informações antecipadas sobre eventos ou ações que possam ameaçar a empresa ou fornecer oportunidades em sua área funcional ou nas demais áreas.

Além disso, os gestores funcionais corporativos precisam sentir a mesma satisfação que os executivos de grupo ao desenvolver um nível de liderança-chave. Assim como executivos de grupo desenvolvem gestores de negócios, gestores funcionais corporativos desenvolvem gestores funcionais. Eles precisam garantir a existência dos sistemas e programas de desenvolvimento certos, além da contratação das pessoas apropriadas para a função. Bem mais que os gestores funcionais de grupo, as pessoas nesse nível funcional mais alto precisam fornecer o pacote de desenvolvimento completo. Isso significa que tudo – do recrutamento em universidades e o rodízio entre divisões aos padrões de desempenho e promoções – está sob sua responsabilidade. Valorizar o processo de desenvolvimento funcional como um todo é algo que essas pessoas podem não ter feito nos níveis funcionais mais baixos, mas em que devem acreditar se quiserem ter sucesso nesse nível de liderança.

Requisitos de habilidades e valores profissionais específicos

Os gestores funcionais corporativos, embora sejam semelhantes aos executivos de grupo em alguns aspectos, têm os próprios requisitos e ocupam um lugar especial dentro do pipeline de liderança. Ainda que já tenhamos discutido alguns desses requisitos, dois são bem específicos desse papel de liderança funcional.

Primeiro, esses gestores precisam representar a empresa, não um grupo ou divisão. Na verdade, é justo chamar o diretor de tecnologia da informação (CIO) de CEO de tecnologia ou o diretor financeiro de CEO de finanças. Eles precisam pensar e analisar as questões como um CEO em relação às suas divisões. O problema, é claro, é que em papéis funcionais de liderança anteriores isso não acontecia. No passado, eles podem ter defendido programas, processos, eventos e recompensas que eram bons para a divisão, mas não necessariamente bons para a empresa. No entanto, para alguém atuando no mais alto cargo de uma divisão funcional em uma organização, essa postura limitada é inadequada e pode levar a grandes fracassos. Pessoas que tentam obter o "justo quinhão" para sua divisão criarão bloqueios no pipeline, instigando uma mentalidade partidária conflitante com a liderança empresarial. Portanto, pessoas promovidas a esse alto nível funcional devem trocar um sistema de valores funcional por outro voltado para a empresa.

O segundo requisito é que precisam repensar o papel da divisão, definindo como ela deve contribuir. O papel talvez tenha de ser reformulado, dada a Nova Economia, a maior rotatividade e a volatilidade dos mercados. Por exemplo, o líder funcional de recursos humanos precisa agir para impedir decisões de contratação inapropriadas decorrentes da escassez de mão de obra qualificada. O líder financeiro deve detectar quando as metas não serão cumpridas porque os custos, as vendas ou os produtos novos não estão fluindo de modo adequado. O líder funcional de tecnologia da informação precisa se esforçar para evitar que um negócio imponha sistemas que sejam pouco compatíveis com outros negócios. Um gestor funcional corporativo deve ter a visão de que o papel da divisão precisa ser mudado e a coragem de mudá-lo.

Sinais de que um gestor funcional corporativo está trabalhando no nível errado

Mais uma vez, observamos habilidades, gerenciamento de tempo e valores profissionais específicos que são adequados aos líderes nesse nível. O sinal mais evidente de que há um problema é quando alguém assume os valores errados ou não possui habilidades essenciais. Os três sinais de perigo mais óbvios são:

Ser dominado pelo CEO. Gestores funcionais corporativos podem se aproximar do CEO – especialmente aqueles poderosos e influentes – e acabar dedicando a maior parte de seu tempo e energia ajudando-o a apagar incêndios. Em consequência, perdem a objetividade e não lidam com todo o espectro de questões enfrentado pela divisão funcional. Eles então deixam de liderar ou representar a divisão. Os outros conseguem perceber que esse gestor funcional corporativo não será objetivo.

Tornar-se um embaixador. As atividades de um embaixador funcional costumam alimentar o ego e incluem jantares, convites para palestras, conferências setoriais, viagens internacionais, etc. Ainda que seja importante para os gestores funcionais representar suas empresas no mundo externo, eles podem acabar perdendo de vista suas responsabilidades internas ou dedicar-lhes tempo insuficiente. É fácil perder contato com os verdadeiros desafios enfrentados por sua divisão.

Preservar o status quo. Esses sinais são resultado de alguém que se deixou seduzir pelo "glamour" do cargo e ignora os aspectos mais intimidantes da posição de liderança, como reformular o papel da divisão ou aperfeiçoar os talentos. Quando gestores funcionais corporativos não são levados a sério pelas pessoas na organização ou quando são usados para enviar recados ao CEO, estão criando problemas no pipeline de liderança. Eles precisam ser orientados e desenvolvidos de modo a traçar a própria agenda de liderança corporativa, para que sejam rigorosamente objetivos e estejam muito bem informados sobre os negócios da empresa.

Temos observado gestores funcionais corporativos que, de tanto se envolver em politicagem, transações, comitês do conselho de administração e outras atividades semelhantes, não têm tempo para ler, pesquisar ou pensar sobre o direcionamento da divisão. Tampouco dedicam muito tempo a avaliar o estado atual da divisão ou o que precisa ser feito para que haja uma contribuição adequada à organização. Quando se deixam enredar em política, os gestores funcionais corporativos perdem de vista os avanços da área funcional e perdem tempo preservando o status quo. Tornam-se relutantes em mudar o que está funcionando por causa dos riscos associados à mudança.

Desenvolvimento de gestores funcionais corporativos

Nesse nível, o autodesenvolvimento é a norma. O CEO costuma oferecer direcionamentos, mas raramente isso é suficiente. As sugestões a seguir tendem para o autodesenvolvimento por ser a opção mais realista:

Obtenha uma avaliação prévia de um especialista da divisão. Valorizar a opinião de alguém especializado em uma área diferente da sua é um requisito básico. Logo no início, esse especialista deve examinar as contribuições que estão sendo feitas, as habilidades do pessoal-chave da divisão em todos os níveis, o grau de atualização funcional e as necessidades do negócio. Um especialista – sobretudo alguém que trabalhe com empresas específicas da área ou grandes empresas em geral – pode fornecer bons insights. Com essa avaliação, você pode fazer escolhas melhores sobre o modo ideal de alocar tempo, energia e dinheiro.

Valide sua estratégia e suas metas com o CEO e com uma amostra representativa de líderes importantes de cada nível. O CEO não é seu único cliente. Como todos na empresa dependem dos serviços prestados por sua divisão, obtenha dados e confirmação de todos os níveis. Estar atento ao valor percebido em comparação ao valor real da sua divisão é fundamental. Não há como assumir o controle da área funcional sem permanecer em contato com usuários em todos os níveis.

Reserve tempo em sua agenda para manter contato pessoalmente com todos os níveis da empresa. Você precisa de informações em primeira mão de seus clientes internos e eles precisam ouvir o que você tem a dizer. Programe visitas ao menos uma vez por mês de forma contínua (comece com visitas semanais). Não fique preso no andar executivo da empresa. Você deve fazer um esforço consciente para resistir a essa tentação e circular pela empresa.

Separe o importante do urgente. A reação rápida a problemas urgentes é obrigatória para líderes funcionais. Claro que tudo chega à sua mesa com uma etiqueta de "Urgente", mas é necessário verificar se cada item deve mesmo ser resolvido por você. Ainda que lidar com questões urgentes possa fazê-lo se sentir necessário e valioso, não é isso que fará de você um verdadeiro gestor funcional corporativo. Concentre-se em questões importantes – aquelas com impacto direto sobre as estratégias principais. *Urgente* significa apenas que alguém quer aquilo naquele momento. Investigue quem quer e por quê, e avalie o impacto disso do ponto de vista do investimento de tempo. Não gaste mais de metade do seu tempo respondendo a questões urgentes. Como o CEO, você é responsável por resultados de longo prazo, portanto busque o equilíbrio certo entre o que é importante e o que é urgente. Se estiver imerso em projetos urgentes, pergunte a si mesmo de quem é a agenda que você está cumprindo, qual o impacto dela sobre a estratégia e como você poderia restaurar o equilíbrio. Gestores bem-sucedidos nesse alto nível funcional não se deixam seduzir por vitórias de curto prazo, muito gratificantes. Eles aprendem a valorizar o progresso real rumo às metas sustentáveis de longo prazo.

Perguntas frequentes

P. *Qual é o erro mais comum que as pessoas no nível mais alto da carreira funcional cometem?*

R. É o mesmo erro que enfatizamos ao longo deste livro: realizar o trabalho funcional focando no próprio trabalho. Apesar de o trabalho funcional de alto nível ser muito importante, precisa viabilizar o sucesso atual e futuro dos negócios e da empresa. Alguns exemplos de tarefas funcionais que o gestor funcional corporativo deve evitar são: buscar tecnologias da informação de ponta que não contribuem para aprimorar o negócio; ingressar em cursos padronizados de formação de executivos que não capacitam os alunos a melhorar o desempenho em seu cargo; fazer pedidos de informações repetitivos ou redundantes, mas que satisfazem uma necessidade funcional. O pessoal funcional de alto nível precisa perceber que é tão responsável pelo lucro de curto e de longo prazo quanto os executivos de linha. Investimentos, programas, pedidos de dados e relatórios funcionais devem ajudar o negócio a competir no mercado agora e no futuro e também devem contribuir para perpetuar a empresa. Não basta apenas satisfazer os padrões funcionais.

P. *Ao enquadrar meu trabalho como parte da equipe corporativa ou realizar uma tarefa específica, como me certificar de que estou no caminho certo?*

R. "Como o maior especialista do mundo faria esse trabalho?" Essa é a primeira pergunta que você deveria tentar responder. Você precisa realizar um trabalho de alta qualidade, não apenas concluir a tarefa. Com frequência, padrões baixos ou trabalho mediano são a norma. Ainda que você não precise necessariamente aderir a um padrão de excelência – os custos ou a pressa podem tornar esse padrão inalcançável –, deve saber em que ponto o trabalho está sendo comprometido e por quê, de modo que possa dividir a questão com quem recebe o serviço. A segunda pergunta à qual você deve responder é: "Como vou agregar valor de forma adequada?" Você precisa definir quem é seu verdadeiro "cliente" e consultá-lo sobre as três ou quatro coisas que você tem que entregar. E ele deve ter voz ativa nos projetos que você realiza. Entender de fato que é preciso agregar valor forçará você a encarar seu trabalho do ponto de vista do usuário final. A terceira pergunta é: "Quais são as opções?" Argumente que, se a empresa investisse um pouco mais ou tivesse um prazo um pouco maior ou especificasse com mais clareza o que deseja, seria possível obter 2X em vez de X. Ver seu trabalho como uma profissão, não apenas um cargo, faz uma grande diferença.

P. *Quais queixas os CEOs ou gestores de grupo costumam fazer sobre o trabalho funcional que recebem de divisões de grupo ou corporativas?*

R. A reclamação mais comum é que o trabalho não foi concluído. Erros factuais que poderiam ter sido evitados e não foram. Alternativas que não foram avaliadas, e a única opção cogitada foi submetida. Gestores de negócios precisam confiar em suas equipes de apoio. Eles não querem assumir o papel de verificador de fatos ou revisor de provas. Os prazos curtos, a falta de recursos e a contratação de pessoas inexperientes demais para seus papéis são fatores comuns que parecem explicar o trabalho inacabado. Entregar ao CEO ou ao gestor de grupo as mais recentes ferramentas funcionais sem adaptá-las ao negócio também é uma ocorrência frequente.

Observações

- A obstrução do pipeline de liderança na carreira funcional do nível corporativo é um problema universal. Preencher cargos seniores com pessoal júnior parece uma causa provável. Nada temos contra funcionários mais jovens e reconhecemos que a gerência deseja recompensar seus melhores e mais brilhantes funcionários juniores e aumentar as chances de retê-los incluindo-os no grupo corporativo. No entanto, desde a publicação original deste livro observamos pessoal júnior sendo indevidamente alocado a esses cargos. Embora haja espaço na maioria dos quadros corporativos para essas pessoas passarem um ou dois anos aprendendo a operação da divisão, conhecendo os padrões e ampliando sua perspectiva, os jovens não deveriam ocupar cargos permanentes nesses quadros. Eles acabam desenvolvendo uma percepção falsa de sua importância e ficam esperando altos cargos como próxima atribuição. Na verdade, a maioria do pessoal júnior na equipe corporativa não tem uma responsabilidade importante. Eles apoiam, administram, acompanham, contam, organizam, participam de reuniões e assim por diante. Mas são necessários 20 anos de experiência para dar uma contribuição real à equipe corporativa. A maior parte do trabalho deve ser feita em um nível de especialista. Assim, os mais jovens deveriam começar em um cargo de "gerenciar a si mesmo" em um negócio no qual tenham responsabilidades reais e possam aprender e contribuir, enquanto desenvolvem um grupo de colegas.

Entender como o negócio funciona exige um ambiente no qual todos estejam focados externamente em atender os clientes, compreender os concorrentes e conhecer as forças do mercado. O quadro corporativo não oferece esse ambiente. Um cargo na equipe corporativa talvez pareça um degrau para uma carreira glamourosa, mas na verdade pode acabar se revelando uma armadilha para a carreira de alguém em nível júnior.

- Optar por entrar na equipe de um gestor de grupo não impede ninguém de se tornar um gestor de negócios. Na verdade, ser o diretor financeiro do grupo ou o líder de marketing pode ser uma preparação excelente para se tornar um gestor de negócios. Você tem a chance de examinar vários negócios ao mesmo tempo, o que lhe permite fazer comparações de todos os tipos e conhecer as melhores práticas. Também tem a oportunidade de aprender como o gestor de grupo pensa e sobre o que torna os negócios bem-sucedidos. E ainda tem a chance de trabalhar com diversos gestores de negócios e aprender com o trabalho deles também. Tudo isso se soma para formar uma plataforma sólida sobre a qual se preparar para se tornar um gestor de negócios.
- Adotar os valores profissionais de um gestor de grupo facilita o sucesso como um gestor funcional de grupo. Criar estratégia de portfólio, ajudar gestores de negócios a ter sucesso e crescer, conectar os negócios com a empresa e se responsabilizar pelo "inexplorado": tudo isso se aplica ao gestor funcional de grupo. Muitos gestores funcionais de grupo tornam-se marionetes dos diretores da equipe corporativa e enfocam apenas seu trabalho funcional. Apesar de precisar ser benfeito, o trabalho funcional não se reduz a isso. Tarefas específicas que ajudam o negócio também fazem parte do serviço. Há uma grande oportunidade de aprendizado aqui. É possível obter um conhecimento real do negócio e desenvolver o tino para os negócios se houver um

esforço para se conectar com o gestor de grupo e os gestores de negócios. Adquirir o conhecimento do negócio fará de você um candidato melhor para a posição de líder funcional corporativo.

- É mais difícil localizar indivíduos no modelo de pipeline para os níveis inferiores na equipe corporativa, ou seja, aqueles subordinados ao diretor financeiro ou ao diretor de RH. Como já mencionamos, o modelo foi concebido para o trabalho operacional, do ingresso até o cargo de CEO. A equipe corporativa é uma ramificação que requer uma adaptação do modelo de pipeline. No entanto, é bem fácil descobrir se a linha do gestor funcional no modelo de pipeline sobe até o nível de gestor corporativo.

13

Coaching

Um dos maiores desafios do coaching é comunicar informações de forma motivadora, e o modelo de pipeline facilita muito isso. Às vezes é bem difícil atingir as pessoas – mesmo gestores muito inteligentes e bem-sucedidos – e fazê-las mudar de valores, adquirir habilidades novas e ajustar o modo como gastam seu tempo. O pipeline é motivacional ao fazer as pessoas perceberem que não estão atuando no nível de liderança certo (dado seu cargo). Também é bastante específico ao delinear os comportamentos e as atitudes que precisam ser demonstrados para alcançar metas específicas da carreira.

O pipeline também ajuda os gestores a se localizarem em um *continuum* de liderança. Durante a maioria das experiências de coaching, a seguinte pergunta vem à tona (ainda que não exatamente nestas palavras):

Onde estou nesta jornada?

As pessoas querem se localizar. Querem saber onde estiveram, onde estão agora, para onde estão indo e o que precisam fazer para chegar lá. As seis passagens no pipeline de liderança ajudam a marcar seu lugar na jornada. O mais importante é que isso não é feito pelo título do cargo (o que pode ser enganador – no Vale do Silício, por exemplo, aparentemente todos são vice-presidentes), mas pelo nível de liderança, um marco que a maioria das pessoas reconhece de forma intuitiva como válido. De muitas formas, essas seis passagens de liderança correspondem aos estágios do desenvolvimento psicológico – como as fases de desenvolvimento infantil. Elas representam os estágios de crescimento progressivo de um líder e, quando apresentadas dessa maneira, fica bem mais fácil orientar as pessoas.

Por fim, o pipeline é uma ótima ferramenta de coaching em virtude da clareza e da simplicidade. As pessoas o compreendem de imediato. Percebem que, se quiserem ter sucesso no nível de gerente de gestores, precisam abandonar certos valores e habilidades que garantiram seu sucesso no nível de gerente de primeiro nível. Claro que abrir mão é difícil, mas, com o modelo de pipeline de liderança, ajudar as pessoas a se conscientizarem e refletirem sobre por que precisam fazer isso é relativamente fácil.

Estrutura para o coaching

Constatamos que uma das melhores maneiras de usar o pipeline no coaching é por meio de um modelo de três perguntas. A seguir, apresentamos as perguntas-chave a serem feitas durante sessões de coaching e o propósito por trás de cada uma delas (o tipo de informação que você precisa obter em relação ao pipeline):

Pergunta	Propósito
1. Fale sobre sua carreira: seus cargos, o trabalho realizado, as conquistas, os desafios principais e o aprendizado adquirido.	1. Localizar no pipeline os cargos que essa pessoa ocupou. Ela pulou algum nível? Dominou as habilidades, o gerenciamento de tempo e os valores profissionais de cada um deles?
2. Fale sobre seu cargo atual. Quais são seus problemas, desafios e realizações? Como é sua agenda, em que habilidades você mais confia para realizar o serviço e quais crenças governam o seu trabalho?	2. Descobrir se essa pessoa entende e está dominando as habilidades, o gerenciamento de tempo e os valores apropriados a esse nível ou se está apenas começando a obtê-los. Avaliar se existem necessidades de desenvolvimento óbvias, com base em respostas e informações objetivas, como a perspectiva de um supervisor, feedback de 360 graus, etc.

(*continua*)

(*continuação*)

Pergunta	Propósito
3. Quais são suas aspirações na carreira?	3. Identificar futuras necessidades de desenvolvimento, dado o estado atual da pessoa e o nível de liderança a que ela aspira. Sugerir tipos de experiência que a ajudarão a alcançar esse nível. Com base nas respostas às perguntas 1 e 2, avaliar de forma realista a possibilidade de essa pessoa fazer a próxima passagem de liderança.

Use o gráfico do modelo de pipeline de liderança com as pessoas que estão recebendo coaching. Em geral, convém aguardar até a pergunta 2 ou 3 para apresentá-lo, pois você não quer que as respostas iniciais sejam filtradas para se ajustarem ao pipeline. Quando você sentir que já tem uma boa ideia das habilidades, do gerenciamento de tempo e dos valores profissionais da pessoa, será a hora de apresentar o gráfico do pipeline e mostrar em que lugar ela se encontra.

A história de Sam e Linda

Vamos trazer essa estrutura para o mundo real por meio da experiência de Sam e sua coach, Linda (uma executiva de RH). Linda vinha tentando orientar Sam para que ele superasse alguns problemas que estava enfrentando em uma empresa farmacêutica líder de mercado. Linda, com a ajuda de um coach externo, já havia identificado em Sam o potencial de transição. Ele ingressara na empresa quatro anos antes, após concluir o MBA em uma faculdade renomada, e havia sido direcionado para uma trajetória de desenvolvimento rápido. Quando Linda começou o processo de coaching, Sam estava liderando uma equipe de desenvolvimento de produto com cinco subordinados diretos e outras 30 pessoas da organização envolvidas. Infelizmente, havia muita tensão entre os membros da equipe e o moral estava baixo.

Quando Linda conversou com Sam pela primeira vez, descobriu que ele nunca havia recebido coaching. Para ajudá-lo a ficar mais à vontade, ela enfatizou que o coaching se destinava a ajudar seu desenvolvimento.

A meta era identificar um problema que afetava o desempenho de Sam e criar um plano de desenvolvimento com o qual ele se comprometesse e que o ajudaria a lidar com a questão. De início, as perguntas de Linda se concentraram na formação e na experiência de trabalho anterior de Sam. Ela verificou que o primeiro cargo dele na empresa tinha sido na equipe corporativa e que mais tarde ele mudara para um cargo estratégico de marketing em uma linha de negócios da organização. Sam ocupava o cargo atual havia dois anos. Ao conversarem, Linda descobriu que ele tinha saltado a primeira passagem de liderança: Sam nunca tivera a chance de se desenvolver como gerente de primeiro nível. Embora ele tivesse feito boas contribuições individuais em cargos importantes, nunca chegou a gerir de fato no nível de primeira linha.

Com base nas respostas de Sam às perguntas e em relatos de feedback de 360 graus, Linda descobriu que Sam tinha dificuldades em gerenciar o desempenho de subordinados e outros membros organizacionais. Apesar de ser hábil em comunicar instruções e mapear estratégias, não era bom em fornecer feedback, definir objetivos específicos e lidar com o mau desempenho de seu pessoal. Revelou-se que os membros da equipe com desempenho mais forte se sentiam frustrados com a incapacidade de Sam de lidar com membros mais fracos que atrapalhavam a organização.

Depois de conversar sobre essas questões, Linda mostrou a Sam o gráfico do pipeline e explicou o que as diferentes passagens de liderança implicavam. Quando ela revelou por que parecia que ele havia saltado a primeira passagem – como tantas pessoas jovens com promoções rápidas –, ele ficou menos defensivo e mais receptivo às mudanças. Assim que Sam conheceu as habilidades, o gerenciamento de tempo e os valores profissionais requeridos para a primeira passagem e os viu no contexto das outras passagens, ficou motivado a ouvir e aprender. Quando expressou sua meta na carreira como "tornar-me no mínimo gerente de negócios", Linda mostrou como ele poderia progredir no desenvolvimento da liderança até essa posição.

Feedback claro, completo, convincente

Mais do que nunca, espera-se que os gestores orientem seus subordinados. A tese – que endossamos – é que a melhor forma de aprender e crescer como um líder é por meio de experiências desafiadoras no cargo. Para obter o máximo dessas experiências, as pessoas precisam receber feedback e refletir sobre ele. No entanto, com frequência os gestores não estão treinados em dar feedback de desenvolvimento e podem não assumir esse papel com naturalidade. Em geral, eles confiam em livros e treinamentos que sugerem certas técnicas de coaching (como fazer um contrato de desenvolvimento com a pessoa orientada), mas têm dificuldades em sugerir insights e ações específicas para promover o desenvolvimento da liderança.

O modelo de pipeline de liderança é um veículo excelente para o feedback. Para maximizar seu valor ao fazer coaching com subordinados, tenha em mente as seguintes regras:

Esclareça as expectativas usando as passagens. Uma das razões da obstrução do pipeline de liderança é o fato de os gestores não saberem direito o que se espera deles. Eles podem ter ouvido apenas uma ideia vaga do que precisam fazer para se desenvolver ou conselhos equivocados. O resultado é que ficam frustrados e não conseguem se desenvolver, ou deixam a organização.

Com o modelo de pipeline de liderança, você pode ser bastante preciso sobre as ações de desenvolvimento. Depois de indicar as habilidades, o gerenciamento de tempo e os valores profissionais para o nível de liderança visado, identifique quais são os pontos fortes e fracos dos subordinados. Não deixe de associar os comportamentos e as atitudes deles (com base no que disseram durante sessões de coaching ou em outras fontes, como feedback de 360 graus) com habilidades, gerenciamento de tempo e valores. Por exemplo: "Neste nível, esperamos que você valorize o desenvolvimento dos outros e os ajude a ter sucesso por conta própria, mas, como você mesmo disse, o momento mais gratificante de sua carreira aqui foi salvar aquele projeto sozinho quando faltou apoio da equipe."

Mantenha a simplicidade. O coaching costuma ser articulado com o jargão de recursos humanos. Não são apenas as pessoas de RH as culpadas por isso, mas também os gestores que acreditam que existe certa magia em usar uma terminologia complexa ou excessivamente formal ou em criar planos de desenvolvimento de liderança complicados. Como você deve ter observado, o modelo de pipeline de liderança recorre a uma linguagem acessível e de fácil compreensão. Todos entendem os conceitos de habilidades, gerenciamento de tempo e valores profissionais. Recorra a esses termos ao conversar sobre o que é necessário para fazer uma passagem bem-sucedida por aquele nível.

Apresente um contexto abrangente. Não limite seu foco a uma única passagem de liderança. Descobrimos que as pessoas reagem de forma bem mais positiva e entusiasmada ao coaching quando têm acesso ao cenário mais amplo. Ao discutir não apenas a passagem de liderança na qual o indivíduo está, mas também as passagens acima e abaixo, você fornece a ele um sistema de referência para seu desenvolvimento. Também descobrimos que compartilhar informações sobre o potencial de transição e usar o modelo dos círculos de desempenho discutido no Capítulo 9 ajuda a fornecer esse contexto abrangente.

Concentre-se em poucas questões de desenvolvimento. É fácil sobrecarregar quem recebe o coaching. Um modelo abrangente pode desencadear uma longa lista de necessidades. Concentre-se em duas a três questões, no máximo. Depois de dominadas, acrescente mais duas. Não se esqueça de que essa pessoa tem um emprego de tempo integral.

História de Bob e Martin

Vejamos como o coaching e o feedback ajudaram um gestor funcional em uma multinacional. Bob era o gerente financeiro de uma grande unidade operacional de uma importante empresa de bens de consumo. Martin, o líder da unidade, sentia que Bob era excelente em finanças, fornecia um bom apoio ao negócio e era respeitado pelos colegas. Entretanto, Martin estava articulando uma estratégia e uma visão novas para o negócio e teve que reconhecer que Bob não era de grande ajuda nesse ponto. Essa era uma responsabilidade essencial para Martin, já que as pressões competitivas tornavam uma estratégia nova não apenas necessária, mas urgente. Bob apoiava a estratégia nova, mas não desempenhava um papel ativo em relação a ela. Martin então assumiu o papel de coach e começou a orientar Bob – não apenas porque precisava de ajuda para a estratégia, mas por considerar Bob um dos jovens líderes mais brilhantes e potencialmente importantes na empresa. Nos últimos dois anos, porém, Martin se convencera de que Bob não estava conectado com as questões dinâmicas que o negócio vinha enfrentando.

Martin já havia conversado com Bob sobre essas questões, chegando ao ponto de dizer que sentia que Bob se via como um "sujeito de finanças" em vez de um parceiro completo no negócio. Apesar de Bob ter prometido mudar, não fez muitos progressos. Então Martin decidiu recorrer ao modelo de pipeline de liderança como uma ferramenta para ajudar a desenvolvê-lo. Quando Martin apresentou o gráfico do pipeline, a primeira coisa que Bob observou foi que havia dominado certos requisitos nesse nível de liderança. O pensamento financeiro atualizado era seu ponto forte e ele também atendia ao requisito de pensar tendo em vista um prazo mais longo. Mas em se tratando da compreensão do negócio como um todo, do direcionamento estratégico de longo prazo e das metas, ele admitiu que deixava a desejar.

Não foram as palavras no papel que levaram Bob a admitir isso, mas a abrangência do modelo. Como disse Bob: "Eu realmente nunca pensei em mim em qualquer tipo de *continuum* de liderança. Eu só pensava na minha carreira do ponto de vista do cargo." Bob disse a Martin que estava convencido de que era o melhor gestor funcional na empresa e que poderia muito bem ter sido o melhor técnico. Mas percebeu que não era o melhor da perspectiva da liderança. Além de não ter certas habilidades e gerenciamento de tempo adequado, seus valores também eram mais compatíveis com um gerente de primeiro nível.

Aquilo foi um choque e ajudou a abrir os olhos de Bob para o que precisava ser feito para ter um desempenho pleno em seu nível de liderança. Ele também compreendeu que aquelas exigências eram um pré-requisito para a próxima passagem de liderança. Com o modelo de pipeline de liderança, Martin destacou que uma falha comum de gestores funcionais é "não valorizar o que não conhecem". Bob nunca havia chegado a enunciar seus valores profissionais e contou a Martin que o que mais valorizava era usar suas habilidades financeiras para solucionar um problema espinhoso que o negócio vinha encarando. Em vez de valorizar o que não conhecia, Bob subestimava certas atividades, como dedicar tempo à estratégia do negócio. Até aquele ponto, ele havia deliberadamente evitado se aprofundar muito nessa área. Com a nova percepção de sua importância, Bob assumiu com Martin um compromisso de tentar se atualizar e contribuir. Como resultado, Bob e Martin criaram um plano de desenvolvimento informal (e acelerado) que identificou três ótimos estrategistas de negócios na organização e solicitaram a ajuda deles para também transformar Bob em um estrategista. (Martin marcou reuniões com eles, bem como designou Bob para uma equipe de desenvolvimento estratégico.) Em seis meses, Bob estava bem mais disposto e capaz de contribuir nas reuniões de planejamento de negócios de Martin.

Abrir mão

Uma grande frustração de muitos coaches é que as pessoas se recusam a abrir mão de certas atitudes negativas. Não importa o que um coach diga ou faça – nem quanto as pessoas pareçam dispostas a mudar –, os funcionários muitas vezes se apegam a determinadas formas de gerenciamento. Pipelines obstruídos quase sempre estão cheios de gestores que não conseguem abdicar de comportamentos que contribuíram para seu sucesso em níveis de liderança inferiores, e o coaching deveria ser uma excelente forma de ajudá-los a abandonar esses comportamentos.

Mas, seja qual for a técnica de coaching utilizada, ela só terá impacto duradouro se atingir as pessoas em um nível mais profundo do que a advertência negativa ou o reforço positivo típicos. Ameaçar alguém com a demissão se não parar de agir de certa forma ou prometer uma chance de promoção se mudar a conduta raramente é suficiente. Se funcionar, será só durante algum tempo. As pessoas reagem a essas advertências ou promessas mudando comportamentos de curto prazo e podem muito bem subir um nível e parecer que estão crescendo e se desenvolvendo. Na verdade, elas estão apenas criando obstruções ainda mais graves no pipeline de liderança, porque continuam trabalhando no nível de liderança errado, mas em um nível mais alto. De um jeito ou de outro, acabarão retomando as habilidades, o gerenciamento de tempo e os valores profissionais antigos e mais confortáveis. Os coaches precisam transmitir uma compreensão mais profunda dos motivos pelos quais os gestores precisam abandonar essas formas antigas de agir e promover a reflexão sobre por que abrir mão é fundamental para a sua carreira e a organização. O modelo de pipeline de liderança facilita esses dois objetivos:

Encoraje uma compreensão mais profunda. Existem muitos motivos "superficiais" pelos quais se pede que os gestores mudem. Eles são informados de que não estão conseguindo obter o bastante do pessoal ou que lhes falta uma habilidade importante para realizar seu trabalho de maneira eficaz. Ainda que esses sejam motivos válidos, nem sempre têm grande impacto. O modelo de pipeline de liderança oferece aos coaches uma forma de ir mais fundo. Existe uma lógica no pipeline que ajuda as pessoas a reconhecerem que uma solicitação de mudança não é um mero pedido subjetivo ou trivial. Quando um coach diz a alguém que é necessário deixar de competir com seus subordinados diretos, pode fazer esse pedido na forma de um imperativo de desenvolvimento da liderança. *Se você quiser transpor a segunda passagem de liderança, tem que abrir mão do valor A e adotar o valor B; deve abandonar a habilidade C e adquirir a habilidade D; precisa deixar de gastar seu tempo daquela forma e gastá-lo desta outra forma.* Um coach pode conversar sobre o que é adequado para determinado gestor em seus papéis de liderança passados, atual e futuros. A noção de amadurecer como um líder e abandonar as abordagens de liderança "imaturas" enquanto você cresce facilita o abandono de comportamentos antes valorizados.

Facilite a reflexão. É chocante perceber que seu desempenho não está à altura de seu nível de liderança. Uma coisa é ser informado de que você está fazendo algo errado; outra bem diferente é ser informado de que seu desempenho está um ou dois níveis abaixo de seu cargo. O conceito de pipeline estimula a reflexão. Os coaches podem estimular os gestores a abandonar a complacência mostrando em que estão falhando do ponto de vista das habilidades, do gerenciamento de tempo e dos valores profissionais. Lembre-se de que muitos dos gestores sobre os quais falamos são os melhores e mais brilhantes da organização. Em geral, tiveram grande sucesso até esse ponto em suas carreiras, então é provável que presumam que continuarão desfrutando esse mesmo sucesso no futuro se seguirem com o que sempre fizeram e se esforçarem. Mas eles precisam refletir sobre o fato de que a liderança é composta por uma série de passagens e, por uma ou outra razão, eles falharam na travessia de ao menos uma delas. Os coaches precisam comunicar que, para as carreiras dos próprios gestores e o futuro da empresa, esses gestores devem parar e refletir sobre que tipo de líder são e que tipo desejam ser. O pipeline fornece uma ferramenta gráfica rápida e eficaz para se alcançar esse objetivo.

Redefinir o coaching de uma perspectiva do desenvolvimento da liderança

O coaching muitas vezes regride para uma atividade de solução de problemas. Os gestores recorrem a essa abordagem quando têm um subordinado direto talentoso, mas perturbado, e querem uma alternativa à forma habitual (e geralmente ineficaz) de lidar com ele. Portanto, reservam tempo para esse subordinado direto e tentam conversar com ele em um nível mais "pessoal". Em vez de conversar com o subordinado direto como chefe, o gestor tenta conversar a partir de perspectivas psicológicas, emocionais e de carreira. Embora isso seja bom, não vai além do fato de que o foco ainda é solucionar o problema.

A história de Tina

O coaching de pipeline de fato consegue resolver problemas individuais, mas seu foco real é no desenvolvimento de líderes completos. Em outras palavras, os problemas são examinados dentro do contexto mais amplo do modelo de pipeline de liderança. Por exemplo, menos de um ano atrás, Tina foi promovida a um cargo de gestora de negócios na organização de porte médio em que trabalha. Em seu cargo anterior como gestora funcional (de vendas), Tina tinha sido extremamente focada e fizera um excelente trabalho ao reformular a divisão, tornando-a mais responsiva a uma base de clientes nova e diversificada. No entanto, ela enfrentara dificuldades em assumir um pensamento diferente sobre o negócio, passando de "Podemos fazer isso?" para "Devemos fazer isso?" – um requisito fundamental no nível de gestor de negócios. Em mais de um projeto, Tina havia passado da estratégia à ação de forma prematura, empenhando recursos para realizar o trabalho da forma mais rápida e eficaz possível. Ela não conseguira parar e pensar se o projeto de fato valia a pena, da perspectiva mais ampla das metas do negócio, e se os resultados seriam sustentáveis. Seu chefe também observara que era raro Tina contribuir com ideias nas reuniões sobre lucratividade ou crescimento de longo prazo. Ela ainda estava presa à mentalidade tática, focada em vendas.

O chefe de Tina a orientou usando o modelo de pipeline de liderança. Em vez de tentar obter dela um compromisso de "enfrentar" seus problemas ou desafiá-la a conversar sobre por que ela cometera aqueles erros, ele explicou os valores de um gestor funcional comparados àqueles de um gestor de negócios. Ele também conversou sobre como os valores mudavam a cada nível de liderança. Tina logo reconheceu que, embora possuísse muitas das habilidades requeridas no nível de gestor de negócios, não tinha os valores adequados. Uma vez que entendeu como seus problemas emanavam de seus valores funcionais, ela se tornou mais disposta a reavaliar aqueles valores à luz de seu novo cargo. Depois de certa reflexão, Tina passou a fazer um esforço consciente para adotar os valores profissionais compatíveis com seu nível de liderança e começou a mudar seus hábitos de trabalho.

Realizar o coaching com o foco no modelo de pipeline de liderança em vez de no problema nem sempre é uma tarefa fácil. Os gestores muitas vezes tentam "consertar" o problema em vez de cuidar da capacidade de liderança do indivíduo. Para evitar esse foco no problema, concentre-se em alcançar estes objetivos:

Ajude as pessoas a atingir seu pleno potencial. Quer o potencial seja de transição, crescimento ou domínio, planeje interações de coaching em torno dele. Discuta o que os gestores precisam fazer para realizar esse potencial em seu nível de liderança atual. Não esqueça que potencial (tanto defini-lo quanto reconhecê-lo) costuma ser um alvo móvel.

Forneça uma avaliação honesta. Isso significa comunicar aos gestores em que ponto estão no pipeline em termos de habilidades, gerenciamento de tempo e valores, mesmo que não estejam na posição que lhes foi atribuída. Ao conscientizar as pessoas de como estão se saindo como líderes, os coaches podem estimular a mentalidade de liderança e um interesse em desenvolver atitudes e comportamentos apropriados ao nível.

Informe os benefícios tanto para o indivíduo quanto para a organização. Quando coaches se concentram no problema, também estão se concentrando exclusivamente na organização. Em outras palavras, é como se estivessem dizendo à pessoa que recebe o coaching: se você parar de causar este problema, a organização vai melhorar. O coaching também deve abranger como o indivíduo vai se aprimorar, e o modelo de pipeline fornece ideias sobre como uma mudança comportamental pode beneficiar uma carreira.

O modelo de pipeline de liderança, portanto, é uma ferramenta que facilita o coaching de pessoas em todos os níveis da organização. Sua clareza e perspectiva ajudarão os coaches a comunicar seus pontos com o máximo de impacto. Como observamos, o coaching é uma tarefa de liderança essencial em todos os níveis de liderança.

Perguntas frequentes

P. *Quais critérios devemos usar ao selecionar um coach?*

R. É fundamental que o coach tenha experiência no nível de quem será orientado. O segundo critério mais importante é ter experiência com o problema em questão. Coaches que já passaram pela mesma situação e resolveram o(s) problema(s) enfrentado(s) pela pessoa que será orientada (coachee) possuem conhecimentos práticos capazes de ajudá-la. Outros critérios importantes são conhecimento e experiência para entender o nível, comunicar os conhecimentos com clareza, desenvolver um relacionamento de coaching e inspirar confiança no coachee. Um bom coach deve ser capaz de saber a diferença entre aceitar intelectualmente a orientação e de fato efetuar a mudança. O preço e a proximidade geográfica não são critérios relevantes. Trata-se de melhorar a capacidade da pessoa de obter resultados. Portanto, se os resultados são importantes para o sucesso do negócio, o preço deve ser uma questão secundária. Descobrimos que poucos coaches são avaliados em termos de seu conhecimento de como resolver o problema a ser enfrentado, e esse fator é bem mais importante do que o custo, levando-se em conta o que está em jogo.

P. *Quando deve-se dar foco ao cargo atual e quando deve-se dar foco ao cargo seguinte ao orientar alguém?*

R. O sucesso nos cargos atuais deve ser o foco até se ter certeza de que as pessoas conseguem sustentar seu desempenho no nível em que estão. O coaching para o potencial, isto é, direcionado para o futuro, deve ser reservado para quem tem desempenho excepcional, pois não será uma consideração legítima enquanto o desempenho no papel atual não estiver acima das expectativas. Certifique-se de que o coaching não está encorajando as pessoas a ignorar suas atribuições atuais antes de terem fornecido aquilo que é requerido. Os mais ambiciosos são os mais passíveis de receber coaching, portanto, não infle demais seus egos nem os leve a pensar sobre o cargo seguinte enquanto não satisfizerem os requisitos do cargo atual.

P. *Qual a diferença entre coaching e mentoring?*

R. O coaching costuma estar relacionado com o sucesso no cargo atual, tendo pouca ênfase – algo em torno de 10% a 15% – no cargo seguinte. Já o mentoring é o oposto. A maior parte da ênfase está no futuro, provavelmente de 80% a 85%, e apenas de 15% a 20% do trabalho estará voltado para o desempenho atual. Esses dois termos costumam ser usados de forma intercambiável, mas essa diferença na ênfase deveria ser observada.

Observações

- Observamos que muitas vezes o coaching é medíocre ou fraco. Alguns dos problemas que encontramos incluem profissionais sem capacitação, compromissos de coaching sem metas ou critérios de avaliação, padrões muito baixos, gestores abdicando de suas responsabilidades em favor de coaches sem treinamento e funcionários esperando que o processo forneça respostas mágicas. Na primeira edição deste livro, não fomos específicos o bastante sobre o que é preciso para que um compromisso de coaching produza resultados relevantes para o negócio. Fazer o coachee se sentir melhor não é um resultado válido.
- Não subestime a importância do coaching para se tornar um bom líder. Em nosso trabalho, passamos a reconhecer o coaching como parte das responsabilidades do líder. E os líderes também passam a reconhecer o valor desse processo quando entendem que orientar os subordinados a ter um desempenho mais eficaz melhora os resultados do negócio. Delegar tarefas de coaching a um fornecedor externo bem-intencionado, mas desinformado, requer o envolvimento desse chefe para que tenha valor. Contratar um coach profissional não libera o chefe de sua responsabilidade. O chefe precisa (1) deixar claro o resultado esperado, (2) passar algum tempo com o coach para se certificar de que ele está à altura da tarefa, (3) acompanhar o progresso, (4) medir os resultados e (5) decidir quando a tarefa de coaching está concluída – ou demitir o coach se o resultado esperado não estiver sendo alcançado.
- Selecionar um coach exige um bom sistema de referência, mas, infelizmente, observamos muitos líderes que não o possuem. Eles contratam coaches com base em (1) fama e renome internacional, (2) disponibilidade local, (3) preço e (4) recomendação de um intermediário ou um executivo da "empresa de coaching". É raro os líderes buscarem um coach com histórico de resolver o problema específico que precisa ser enfrentado. Acreditamos que coaches generalistas não têm muito valor.

Um especialista na área necessária – como em planejamento estratégico para o coaching em planejamento estratégico, um especialista em seleção para o coaching em seleção e assim por diante – é o caminho certo. Enquanto você não conseguir definir a(s) necessidade(s) específica(s) de coaching, não deve contratar um coach. Conduza você mesmo o processo até estar convencido de que uma habilidade específica que você não possui ou não é capaz de ensinar é a verdadeira resposta para o problema. Coaches generalistas – que atuaram, por exemplo, na seleção de executivos no ano passado, no desenvolvimento organizacional no ano anterior e na recolocação um ano antes – provavelmente não ajudarão. Coaches com experiência no trabalho que deve ser executado fornecem o maior valor, ainda que suas habilidades como coaches não sejam perfeitas. Por isso é provável que você mesmo seja o melhor coach para seu pessoal.

- O aprendizado é altamente valorizado, mas ser ensinado, não. A maioria das pessoas gosta de aprender, mas não gosta de ser ensinada. Líderes que praticam o coaching como parte normal do diálogo com os subordinados parecem ser os que se saem melhor. Compartilhar ideias e sucessos anteriores enquanto se discute um problema com subordinados pode ser uma abordagem bastante poderosa. Assim, uma sessão especial chamada "coaching" não é de fato necessária. Os líderes que orientam com eficácia costumam fazê-lo de modo natural e integrado ao trabalho de gestão. Os funcionários parecem gostar mais dessa abordagem do que de qualquer outra. Alguns funcionários admitem que adoram ter um "coach", pois isso confere status e indica que seu sucesso é uma prioridade para a empresa. No entanto, o que importa é a melhoria, e em geral o chefe detém as chaves para isso e pode usá-las sem criar custos extras para o negócio com a contratação de um coach externo.

14

Benefícios linha acima e abaixo

Criar um pipeline de liderança exige mais do que palavras e diagramas. É necessário que várias pessoas mudem seus comportamentos de modo significativo, em particular o grupo que está no topo da organização. O CEO, os executivos de grupo e os gestores de negócios precisam examinar as próprias habilidades, o gerenciamento de tempo e os valores profissionais para verificar se estão trabalhando no nível errado. Se for o caso, devem dar o primeiro passo por si mesmos para elevá-los ao nível apropriado.

Grandes obstáculos tornam essas mudanças problemáticas. Muitos executivos seniores relutam em mudar "o comportamento que os levou até ali". Em muitas organizações, o coaching nos altos níveis não é valorizado. Assim, pode não haver incentivos e apoio para mudanças comportamentais. Outro fator relevante é que a área de recursos humanos com frequência não compreende o trabalho em nível executivo e não tem conhecimento suficiente da estratégia e dos requisitos do negócio para fornecer assistência adequada.

Mesmo assim, é possível contornar esses obstáculos. O modelo de pipeline de liderança oferece ferramentas teóricas *e* práticas para mudar os próprios comportamentos de liderança e os dos demais integrantes da organização. Acreditamos que a teoria – as seis passagens de liderança que exigem o domínio de determinadas habilidades, gerenciamento de tempo e valores profissionais – forçará as organizações e as pessoas a encarar a liderança de forma diferente. Há uma guerra por talentos acontecendo neste exato momento e que só vai se intensificar no futuro. O modelo de pipeline de liderança proporciona um meio de ganhar essa guerra.

Não importa qual seja sua posição na organização, você pode utilizá-lo para refletir, conversar e tomar decisões sobre ações para desenvolver os talentos de seu grupo. Ao fazer isso, você talvez tenha que convencer a si mesmo e aos demais de que vale a pena adotar esse modelo. Algumas pessoas vão preferir contratar estrelas; outras vão relutar em abrir mão de um modelo tradicional de desenvolvimento de lideranças.

Por esses motivos, achamos proveitoso concluir com um exemplo real de aplicação do modelo na Marriott International e com uma discussão sobre benefícios multifacetados do modelo de pipeline de liderança para o indivíduo e a organização, agora e no futuro. Até certo ponto, comunicamos os benefícios mais óbvios de ter as pessoas certas nos níveis de liderança certos: a melhora no desempenho em toda a organização e a obtenção e sustentação de uma vantagem competitiva se o pipeline for mantido cheio e fluindo. No entanto, existem vários outros resultados positivos para grupos e indivíduos específicos que ainda não exploramos e que podem facilitar a construção e o uso do modelo de pipeline de liderança.

O desenvolvimento da liderança como competência central: melhores práticas na Marriott International

Uma empresa que está se firmando como uma potência do pipeline de liderança na Nova Economia é uma gigante do setor hoteleiro, a Marriott International. A história do sucesso da Marriott já foi contada várias vezes. A partir de seu início como uma franquia da A & W Root Beer em 1927, a Marriott se transformou em uma corporação global de 18 bilhões de dólares que administra mais de 2 mil hotéis franqueados sob um guarda-chuva composto por 10 marcas, bem como casas de repouso para idosos, resorts *timeshare* e apartamentos para executivos. Recordando as palavras de seu pai e fundador da empresa – "O sucesso nunca é definitivo" –, em 1997 o CEO e presidente do conselho de administração Bill Marriott pediu ao diretor de operações e presidente Bill Shaw e ao diretor de recursos humanos Brendan Keegan que aprimorassem a capacidade corporativa de desenvolvimento da liderança. Marriott sabia que precisaria de um banco de talentos de qualidade com diversos líderes para continuar alimentando os planos agressivos de crescimento da empresa e prepará-la para competir em um mundo de negócios global cada vez mais complexo e tecnologicamente interligado.

Keegan reconheceu que, embora a empresa fosse famosa no setor hoteleiro pela competência da equipe gerencial, novas mentalidade e base de habilidades eram necessárias para acelerar e fortalecer o pipeline de liderança. No início de 1998, ele contratou David Rodriguez, executivo sênior de recursos humanos da Citicorp com doutorado em psicologia industrial e organizacional. Na Citicorp, Rodriguez desempenhou um papel central em um projeto de transformação global que resultou no sistema de desenvolvimento de liderança da empresa, cuja qualidade o tornou referência de mercado. Além disso, ele se concentrou na aplicação dos conceitos de pipeline de liderança e no engajamento dos gestores em todos os níveis da organização no processo de desenvolvimento de liderança. Com a evolução do sistema da Citicorp, Rodriguez começou a imaginar como o processo de desenvolvimento de liderança poderia ser engendrado de modo que funcionários, seus gestores e profissionais de recursos humanos pudessem desempenhar papéis complementares. A estrutura e a linguagem fornecidas pelo modelo de pipeline de liderança tornaram isso possível. Contratado para encabeçar o projeto de desenvolvimento de liderança da Marriott, Rodriguez colaborou com seus colegas na empresa para aplicar as lições já aprendidas e para identificar as melhores e mais atuais práticas. Eles criaram um sistema que funciona dentro do contexto da cultura corporativa da Marriott e dos desafios operacionais globais.

De fato, os esforços da Marriott são impressionantes e devem render mais do que um banco de talentos excepcional para cargos de gestão. A Marriott quer ser reconhecida pelo mercado financeiro como uma grande marca global cujas avaliações de ações sejam mais próximas das avaliações de outras grandes marcas do que de empresas do setor hoteleiro. O argumento é bastante convincente quando se considera a força do conjunto de marcas e o histórico de crescimento dos lucros. Pesquisas recentes indicam que a "qualidade de gestão" está se tornando um fator cada vez mais relevante para as decisões de investidores. A razão pode estar no fato de os investidores acreditarem que uma empresa com um pipeline de liderança forte e previsível tem mais chances de gerar crescimento sustentado dos lucros. Por isso, uma "marca de liderança" de uma empresa tem a chance de ser um ativo bastante valioso para a comunidade atual de investidores. Por esse critério, o posicionamento da Marriott como inovadora no desenvolvimento de liderança, além do sólido posicionamento de marca global e do balanço patrimonial, indica um belo futuro para a empresa.

O sistema de desenvolvimento de liderança da Marriott baseia-se em crenças, práticas e vocabulário simples e compartilhados muito poderosos por causa de sua interdependência e da fundamentação comum no modelo de pipeline de liderança.

Um princípio fundamental do sistema da Marriott é que a qualidade da equipe gerencial sênior de uma empresa exerce a influência mais intensa no pipeline de talentos. Outro princípio, com profunda relação com o primeiro, é que os gestores seniores devem ser responsabilizados por cuidar do acervo de talentos sob sua gestão. Bill Shaw, presidente e diretor de operações, envolveu-se pessoalmente, desempenhou um papel de liderança direto e deixou bastante claro que se considerava responsável por desenvolver o banco de talentos. E assim foi também com cada um de seus subordinados diretos. Os candidatos aos principais 250 cargos seniores da Marriott participam de uma entrevista de avaliação de liderança estruturada. Especificações dos cargos são usadas para orientar os processos de avaliação e seleção, bem como o planejamento do desenvolvimento dos líderes recém-nomeados.

Os esforços da Marriott no desenvolvimento de liderança são comandados pelo conselho executivo sobre capital humano, que é liderado pelo presidente e diretor de operações e cujos demais membros são os executivos seniores principais da empresa, responsáveis pela estratégia de negócios, gestão de outras formas de capital (por exemplo, o financeiro) e decisões importantes, como aquisições de negócios. Em sintonia com os imperativos delineados pelo estudo "Guerra por Talentos", realizado pela McKinsey & Company em 1998, a Marriott colocou o desenvolvimento de liderança no topo da agenda corporativa. O conselho se envolve ativamente na identificação, na avaliação e no desenvolvimento de líderes para o futuro e em moldar estratégias e políticas para fortalecer o pipeline de liderança da organização.

O pilar do sistema de desenvolvimento de liderança da Marriott é o Inventário de Desenvolvimento de Talentos de Liderança (LTDI, sigla em inglês para Leadership Talent Development Inventory). Trata-se de um processo pelo qual a Marriott consegue avaliar a qualidade de seu banco de talentos em cada passagem de liderança e identificar gestores "prontos" para um desenvolvimento acelerado. O processo garante que todos os gestores se envolvam no desenvolvimento das competências de liderança segundo o modelo de pipeline de liderança. Primeiro, a Marriott usou o LTDI com seus 250 principais gestores seniores e agora está empenhada em implementá-lo em todos os níveis da organização.

Espera-se que os profissionais seniores de RH na Marriott possuam sólidas habilidades de avaliação e desenvolvimento de talento gerencial, criando especificações de cargos e diagnosticando fatores organizacionais que facilitem ou impeçam o desempenho humano. Gerentes de linha seniores de alto desempenho também têm sido treinados nessas habilidades. Trata-se de um reconhecimento do fato de que na Nova Economia a eficácia dos recursos humanos – e em particular o desenvolvimento de talentos de liderança – será uma linha divisória competitiva. O treinamento para gerentes de linha e profissionais de RH começa pelo modelo de pipeline de liderança.

O sistema de desenvolvimento de liderança da Marriott fornece aos gestores ferramentas para que eles tomem decisões informadas sobre a alocação de recursos de desenvolvimento escassos. Como acontece na maioria das empresas, isso demanda uma grande mudança na mentalidade sobre o desenvolvimento de liderança. Em vez de depender basicamente de educação externa ou abordagens da moda, o sistema de desenvolvimento de liderança da Marriott prioriza o uso da situação do próprio cargo para promover o desenvolvimento. Além disso, os gestores são treinados a pensar sobre o desenvolvimento em um contexto de retorno sobre o investimento que leva em conta a probabilidade de a meta de desempenho almejada ser atingida. Isso garante a otimização da alocação de preciosos recursos de desenvolvimento. Com base no nível do cargo da pessoa, conforme definido no modelo de pipeline de liderança e nas contribuições específicas esperadas dela, o gestor e ela identificam oportunidades de demonstrar e fortalecer as novas habilidades, o gerenciamento de tempo e os valores profissionais no cargo. Espera-se que o gestor assuma um papel de coaching ativo e forneça feedback sobre o progresso. Existe uma grande ênfase em promover funcionários de melhor desempenho que estejam prontos para novos desafios. Programas de desenvolvimento internos e externos são usados para complementar o processo de desenvolvimento no cargo.

Além de utilizar o modelo de pipeline de liderança para estruturar seu sistema de desenvolvimento de liderança, a Marriott criou um conjunto conciso de competências executivas para descrever resultados específicos esperados de seus 250 principais gestores seniores. Em essência, o modelo de competência é formulado em torno da seguinte equação, que tem sido defendida por importantes intelectuais da área de desenvolvimento da liderança:

Eficácia da liderança = Atributos × Resultados

Por exemplo, para tirar proveito de sua escala de operações, a Marriott requer que seus líderes "melhorem o desempenho financeiro colaborando uns com os outros para alavancar os recursos compartilhados". A Marriott realinhou seus programas internos de educação executiva e o ingresso em cursos externos de acordo com o modelo de pipeline de liderança e as competências executivas da organização.

Talvez o mais impressionante seja o empenho da Marriott em criar um sistema de desenvolvimento de liderança escalonável. Ao utilizar uma variedade de ferramentas on-line, a empresa permite que os indivíduos forneçam informações sobre suas experiências profissionais anteriores, desafios atuais no cargo, necessidades de desenvolvimento e aspirações na carreira, enquanto seus gestores e colegas fornecem dados sobre a demonstração de competências de liderança e habilidades gerenciais relacionadas. Uma ferramenta psicométrica on-line também é usada para obter insights sobre capacitadores essenciais ao sucesso, como criatividade e assertividade. Nas reuniões de revisão de talentos, os gestores seniores correlacionam as diferentes fontes de informações, discutem o desenvolvimento de todos os gestores e identificam as pessoas de alto desempenho prontas para receber atribuições maiores, bem como aquelas sobre as quais precisam de mais informações. Profissionais de recursos humanos treinados em realização de avaliações conduzem entrevistas aprofundadas com esse último grupo. Ao longo do processo a principal pergunta é: "Qual ação de desenvolvimento vai gerar o maior retorno sobre o investimento?" (Sobretudo no caso de recursos de desenvolvimento extremamente preciosos, como tempo de gestão e atribuições desafiadoras.) O modelo de pipeline de liderança é uma força capacitadora por fornecer uma visão compartilhada do que é necessário.

Entrevistas aprofundadas se baseiam nas informações reunidas por meios eletrônicos e sessões de avaliação. Além de validar realizações recentes e descobrir se as habilidades demonstradas são apropriadas à passagem de liderança em questão, a entrevista enfoca a avaliação de fatores importantes para a eficácia do gestor sênior: agilidade de aprendizado, porque o ambiente de negócios atual demanda que os líderes experimentem, aprendam rápido e se adaptem à situação seguinte; capacidade de lidar com a adversidade, porque pessoas de alto desempenho tendem a superar os obstáculos em vez de usá-los para justificar fracassos; e inteligência emocional, porque o mundo tecnológico em que vivemos tornou a eficácia do trabalho com os outros ainda mais importante.

Sob seu projeto geral de desenvolvimento de liderança, a Marriott conseguiu alinhar outros processos e sistemas relacionados. Por exemplo, como a qualidade do pipeline de liderança depende da qualidade dos talentos nos níveis mais baixos, a Marriott instituiu uma abordagem de "gestão de portfólio" nas relações com as universidades e no recrutamento. Com essa abordagem, a empresa avalia diversas áreas relevantes, como a retenção de estudantes contratados, a definição da alocação de recursos e a otimização do rendimento dos maiores talentos universitários. Como outro exemplo, a Marriott promoveu em 1999 sua primeira conferência mundial de liderança feminina e, em 2000, copatrocinou um evento semelhante, enfocando a liderança da diversidade. Por fim, como muitas outras empresas líderes de mercado, a Marriott está trabalhando para criar sistemas de gestão do aprendizado e de alocação de pessoal on-line que permitirão realizar muitas funções com maior eficiência e eficácia, enquanto libera recursos para atividades de valor mais alto.

A taxa do progresso tem sido estimulante, realimentando o empenho da empresa. Em poucos anos, grandes melhorias foram obtidas pela combinação de esforços no nível executivo, apoio de um pessoal de alta qualidade e o poder capacitador do modelo de pipeline de liderança.

Tornar o desenvolvimento implementável e compreensível

Muito se fala sobre como as pessoas precisam ser responsabilizadas pelo próprio desenvolvimento, mas nem sempre se mostra *como* se faz isso. Da mesma forma, em qualquer organização há pessoas consideradas de "alto potencial" que são direcionadas para uma trajetória de desenvolvimento acelerado, mas a própria ideia de pessoal de alto potencial não faz muito sentido, sobretudo do ponto de vista do desenvolvimento. Uma pessoa de alto potencial pode ter necessidades de desenvolvimento bem diferentes de outra, mas são todas agrupadas por causa de seu status e desenvolvidas como se fossem idênticas.

Vejamos as duas maneiras como o pipeline de liderança aborda essas questões:

Criar um vocabulário em comum. "Potencial", "desenvolvimento" e "desempenho pleno" são conceitos vagos e imprecisos, praticamente inúteis em situações do mundo real. O modelo de pipeline de liderança define esses conceitos com muito mais clareza. Por exemplo, as divisões específicas dos potenciais de transição, crescimento e domínio fornecem termos bastante precisos para descrever o tipo de trabalho que alguém é capaz de realizar no futuro. Em várias situações, observamos duas pessoas (em geral um executivo sênior e seu subordinado direto) debruçados sobre documentos de planejamento de sucessão e discutindo o potencial de um funcionário. Eles não discutem por faltar conhecimento sobre a pessoa em questão ou por haver divergência de opiniões, mas porque cada um tem uma definição diferente do que é potencial e quais são os requisitos subjacentes. Se eles tivessem acesso a um vocabulário mais específico sobre potencial, essa discussão não ocorreria (e más decisões de sucessão provavelmente não seriam tomadas). Da mesma forma, conversar sobre os seis níveis de liderança e as habilidades, o gerenciamento de tempo e os valores profissionais específicos para cada um deles oferece às pessoas uma forma produtiva de comunicarem se alguém está desempenhando seu papel com eficácia.

Desenvolver uma estrutura para a autogestão. A autoavaliação honesta e a consciência pessoal em relação a lacunas no desempenho são forças poderosas para o autodesenvolvimento. Infelizmente, falta à maioria das organizações um modelo que facilite a autoavaliação e que deixe as pessoas confiantes de que a estão fazendo de formas compatíveis com as expectativas organizacionais. O modelo de pipeline de liderança, quando comunicado a todos na organização como o padrão ouro, proporciona métricas e requisitos universais. Um gestor consegue descobrir com rapidez quais habilidades, gerenciamento de tempo e valores precisa adquirir para passar ao próximo nível de liderança. Ele também pode descobrir de imediato se possui essas características para seu nível atual. Vimos gestores que fizeram esforços extraordinários para assumir atribuições novas e desafiadoras a fim de desenvolver sua capacidade de liderança, mas também vimos gestores relutantes em assumir essas atribuições quando sentem que a organização não reconhecerá seus esforços ou quando têm dúvida sobre se estão enfrentando o tipo certo de atribuições. Falta a eles um modelo eficaz para tomar a decisão.

Fornecer ideais e informações aos conselhos de administração

Até este ponto, falamos muito pouco sobre as várias formas como o modelo de pipeline de liderança auxilia os conselhos de administração, e seria negligente de nossa parte se não abordássemos esse tema – sobretudo no que se refere às decisões sobre a sucessão do CEO. Nos últimos anos, o histórico de escolha de CEOs pelos conselhos de administração tem sido medíocre, como mostra o número assustador de executivos que fracassam. Constatamos que pode-se fazer escolhas melhores usando o modelo de pipeline para abordar os seguintes fatores produtores de fracasso:

Falta de especificação para o cargo de CEO. Ao refletir sobre questões de sucessão do CEO, os conselhos de administração se concentram quase automaticamente nas pessoas em vez de nos requisitos do cargo. Como os membros do conselho costumam ser CEOs atuais ou aposentados, acreditam que sabem com precisão quais são esses requisitos. Embora haja semelhanças nos requisitos para esses cargos, também existem grandes diferenças relacionadas à cultura corporativa, às situações competitivas e aos desafios específicos enfrentados por cada empresa. A sexta passagem de liderança no pipeline pode fornecer um ótimo ponto de partida para definir essas especificações. Os candidatos podem ser avaliados usando-se as habilidades, o gerenciamento de tempo e os valores necessários para essa passagem. Então o conselho deve adicionar as necessidades específicas de determinada organização e ajustar os requisitos de acordo com elas. Assim, o modelo de pipeline fornece um ponto de partida objetivo, livre da influência calcada nas experiências individuais dos membros do conselho de administração como CEOs nas próprias empresas.

Foco limitado no cargo de CEO. A sucessão do CEO não deve ser apenas uma questão de selecionar uma nova pessoa para ocupar o cargo, sobretudo no ambiente altamente complexo e diversificado em que vivemos. Uma liderança eficaz no topo requer uma equipe, e os conselhos de administração devem encarar o CEO e seus subordinados diretos como uma equipe. Mesmo assim, por vários motivos, é comum os conselheiros se preocuparem apenas com o cargo de CEO. Avaliar e questionar toda a equipe de executivos seniores parece uma tarefa hercúlea para a qual o conselho não costuma estar preparado. O modelo de pipeline torna viável essa tarefa tão difícil. O conselho de administração pode avaliar os executivos de grupo, o diretor financeiro, o diretor de RH e outros usando os requisitos de passagem de liderança (incluindo o ramo funcional do modelo). No mínimo, o conselho obterá um retrato de quem está e quem não está cumprindo seu papel de liderança. A questão deveria ser se alguém tem condições de fazer a passagem para diretor financeiro, executivo de grupo, etc.

Negligenciar a saúde do sistema mais amplo. Mesmo quando os conselhos de administração se preocupam com outros líderes seniores como parte de suas responsabilidades pela sucessão, com frequência ignoram questões de sucessão mais abrangentes. Os conselhos são guardiões do pipeline e precisam estar vigilantes para que ele se mantenha fluindo bem, de alto a baixo. Em vez de abordar apenas alguns poucos compromissos da alta direção, o conselho precisa fazer perguntas sobre se as pessoas estão sendo preparadas para todos os seis tipos de passagem de liderança. Entre essas perguntas estao:

- Quais medidas a empresa está tomando para identificar as pessoas certas para percorrer as passagens?
- Como a empresa está ajudando as pessoas a percorrê-las?
- Quando e como a empresa avalia as habilidades, o gerenciamento de tempo e os valores profissionais adequados a cada uma delas?

Descobrimos que os conselhos de administração que usam as ferramentas do pipeline como parte de um comitê de recursos humanos obtêm maior êxito em assegurar a existência de um banco de candidatos à liderança linha acima e abaixo.

A seguir, examinaremos os benefícios do pipeline para indivíduos nos seis níveis de liderança.

Gestores corporativos

Obviamente, o CEO de uma organização que desfruta de um desempenho de liderança superior em todos os níveis colherá os benefícios. Qualquer empresa que consiga evitar entrar em um leilão por talentos e, em vez disso, "desenvolver as próprias estrelas" verá um impacto direto nos resultados financeiros – e os CEOs responsáveis por essa nova abordagem de liderança receberão o crédito de vários stakeholders. A força da liderança é vista como um importante impulsionador do preço das ações.

O menos óbvio é que o modelo de pipeline serve como uma ferramenta de gerenciamento de riscos para os gestores corporativos. Gerenciar riscos quando produtos ou serviços novos são lançados é algo que muitos CEOs fazem muito bem. Poucos deles lançariam produtos sem se certificarem de que atividades preparatórias, como pesquisa de mercado, verificações da qualidade e testes-piloto, sejam feitas corretamente. Todas essas atividades ajudam a gerir os riscos. O estranho é que as organizações não costumam aplicar a mesma metodologia rigorosa de gerenciamento de riscos ao tomar importantes decisões de seleção. Parte do problema é que as organizações não conhecem seu pessoal bem o bastante para entender quais riscos estão correndo quando promovem alguém. Não percebem a necessidade de garantir a adoção de habilidades, gerenciamento de tempo e valores novos e o grande risco de promover alguém a um cargo sem essas qualidades requeridas ou que não esteja disposto a desenvolvê-las.

Digamos que uma organização esteja promovendo um gestor funcional para um cargo de gestor de negócios. Trata-se de uma passagem de liderança difícil e uma das dificuldades é aprender a integrar planos e ações funcionais em um esforço coerente da equipe de negócios. Para ser eficaz nessa tarefa, gestores de negócios precisam valorizar todas as divisões funcionais. E, para gerir o risco inerente a essa passagem de liderança, os CEOs devem ser capazes de fazer aos executivos de grupo perguntas-chave como:

- O que os gestores funcionais dizem sobre o tratamento que receberam do novo gestor de negócios?
- Os produtos pelos quais ele é responsável estão fluindo bem pela organização, do conceito até o cliente?
- Os planos de negócios dele refletem um nível apropriado de compreensão da capacidade de contribuir de cada divisão?

- Quais são as evidências de que ele está fazendo essa passagem da forma adequada?

Com base nas respostas, o CEO pode então insistir na criação de um plano para remediar quaisquer problemas óbvios que alguém esteja enfrentando (ou possa enfrentar) nessa passagem de liderança e, assim, gerir o risco. O pipeline de liderança fornece aos CEOs uma ferramenta para cobrar a responsabilidade de executivos de grupo pelo desenvolvimento da liderança de gestores de negócios. Se os gestores de grupo não conseguem responder a essas perguntas referentes às habilidades, ao gerenciamento de tempo e aos valores, estão pondo a empresa em risco por não desenvolverem gestores de negócios – um requisito fundamental em seu nível de liderança. Portanto, o risco pode estar no nível do executivo de grupo, e não no do gestor de negócios. Seja como for, o modelo de pipeline de liderança identifica quais são os riscos reais.

A excelência funcional é outro benefício. A sorte de uma organização aumenta ou diminui em função da eficácia com que o pessoal funcional realiza seu trabalho. Em muitos casos, porém, essa sorte diminui pela falta de prestação de contas funcional suficiente em todos os níveis de liderança. O pipeline pode ajudar a garantir essa responsabilização, comunicando o que cada nível de liderança deve fazer e como deveria ser feito. Os seguintes requisitos para o sucesso e a responsabilização funcional em diferentes níveis podem servir de guia.

Item	Responsabilidade
Colaboradores individuais certos disponíveis para fazer o trabalho; serviço bem definido	Gerente de primeiro nível; gestores funcionais corporativos
Colaboradores individuais com treinamento adequado	Gerentes de primeiro nível
Coaching e feedback para melhorar o desempenho; recompensas apropriadas e oportunas	Gerentes de primeiro nível ensinados pelo gerente de gestores
Trabalho corretamente relacionado e integrado com o restante da divisão e do negócio	Gerente de gestores

(continua)

(*continuação*)

Item	Responsabilidade
Tecnologia de ponta apropriada usada como parte da estratégia funcional	Estratégia do gestor funcional
Estratégia de negócio clara comunicada com eficácia para obter a motivação certa; recursos apropriados disponíveis	Gestor de negócios
Esclarecimento dos prováveis requisitos futuros da divisão	Gestores funcionais de grupo
Uso de padrões adequados, incluindo papel no sistema de pensamento de grupo que protege a empresa	Gestor funcional corporativo

Executivos de grupo

Esses líderes organizacionais são os mais bem qualificados para se responsabilizar pela sucessão até o nível de gestor de negócios. Na realidade, às vezes os executivos de grupo fogem dessa responsabilidade por não saberem o que fazer. Quando a sucessão de liderança é uma atividade ocasional ou tratada caso a caso nas organizações, os executivos de grupo ficam felizes em permitir que a área de RH usurpe essa tarefa. O modelo de pipeline de liderança pode facilitar o planejamento de sucessão ao fornecer requisitos claros para cada nível de liderança. Assim, o que antes era uma tarefa onerosa passa a ser viável.

Também descobrimos que os executivos de grupo se beneficiam do modelo de pipeline porque ele esclarece o seu papel. Mais do que qualquer outro tipo de líder, os executivos de grupo ficam confusos sobre o que deveriam estar fazendo – e essa situação é mais crítica quando se trata de suas responsabilidades em comparação com as do gestor corporativo e dos gestores de negócios. É comum encontrar lacunas e sobreposições entre suas responsabilidades e as de seu chefe e seus subordinados diretos. Com o modelo de pipeline, os executivos de grupo conseguem definir com precisão qual deve ser sua contribuição para a organização.

Gestores de negócios

Esse nível de liderança é responsável tanto por gerar lucro de curto prazo quanto por criar estratégias que produzam sucesso de longo prazo. Como resultado, receita e custos são muito importantes para os gestores de negócios. O modelo de pipeline de liderança consegue impedir ou reduzir um dos maiores custos para qualquer organização: pessoas trabalhando no nível errado. Fazer os funcionários trabalharem no nível certo não só reduz os custos das transações como também o número de pessoas necessárias para realizar o trabalho. Eliminar muitas das responsabilidades sobrepostas e das lacunas existentes entre os níveis cria um negócio mais eficiente, no qual é possível realizar mais com equipes menores.

Outro ponto crucial é que essa passagem de liderança pode ser dificílima, e a principal ação capaz de facilitá-la é o coaching realizado por um executivo de grupo. Na maioria dos casos, porém, os gestores de negócios não recebem essa orientação. Em vez disso, os gestores de negócios novos são designados para participar de cursos de desenvolvimento destinados a gerentes gerais de negócios com duração de várias semanas. Quando retornam, precisam orientar a si mesmos e muitas vezes enfrentam dificuldades, por melhor que tenha sido o treinamento. O modelo de pipeline de liderança obriga os executivos de grupo a orientar os gestores de negócios, deixando claro que isso é algo que os executivos de grupo precisam valorizar, dedicando-lhe grande parcela de seu tempo.

Gestores funcionais

A passagem de gestor funcional para gestor de negócios é desafiadora, e muitos gestores funcionais não se mostram à altura do desafio por não entenderem as habilidades, o gerenciamento de tempo e os valores profissionais envolvidos. O modelo de pipeline de liderança fornece o conhecimento necessário sobre o que será exigido deles e quais devem ser suas metas de desenvolvimento. Em particular, sinaliza a necessidade de maturidade na gestão. Também os ajuda a tomar decisões importantes na carreira, sobretudo sobre se querem seguir um caminho de liderança funcional ou de negócios. Quando estão conscientes das tarefas específicas que precisam realizar em cada caminho, são capazes de fazer uma escolha mais fundamentada.

Gerentes de gestores

Este costuma ser o mais anônimo dos cargos de liderança – e quanto mais anônimo um cargo, maior a necessidade de ferramentas de autogestão. Um número assustador de gerentes de gestores sofre de crise de identidade: eles não sabem ao certo quais são suas responsabilidades e como cumpri-las. O modelo de pipeline deixa claro que os gerentes de gestores devem valorizar o ensino e a orientação de gerentes de primeiro nível e que, como desenvolvedores de talentos, eles detêm a força do pipeline. São os gerentes de gestores que devem ajudar os colaboradores individuais a se ajustar ao primeiro cargo gerencial e precisam se certificar de que esses gerentes novatos valorizam o trabalho de gestão.

Sem o modelo implantado, muitos gerentes de gestores não sabem o que ou como fazer. É comum haver programas de treinamento para gerentes de primeiro nível, gestores funcionais e gestores de negócios, mas não para eles. Mas basta que compreendam como se encaixam no pipeline de liderança de sua organização para conseguirem obter um senso de propósito, o que também lhes dá um senso de direcionamento na carreira.

Gerentes de primeiro nível

Gerentes de primeiro nível precisam saber com clareza por que decidiram se tornar gerentes, e o modelo de pipeline os obriga a ter essa clareza, pois exige que adotem determinados valores, desenvolvam certas habilidades e ajustem sua agenda de forma compatível. Quando enfrentam essas mudanças, é natural que se perguntem: "Eu quero mesmo ser gerente?" Se não precisarem enfrentar essas mudanças, correm o risco de se tornar gerentes apenas pelo dinheiro ou pelo status, realizando um trabalho fraco nesse nível de liderança.

O modelo de pipeline também é importante do ponto de vista da carreira. Gerentes de primeiro nível têm muitas perguntas sobre como podem desenvolver suas carreiras e se estão fazendo um bom trabalho. Eles podem avaliar seu desempenho com o modelo de pipeline e também descobrir qual treinamento e desenvolvimento devem buscar para dominar as habilidades no próximo nível de liderança.

Um pipeline de liderança flexível para organizações dinâmicas

As seis passagens de liderança que discutimos e as habilidades, o gerenciamento de tempo e os valores profissionais correspondentes não são fixos. Mesmo agora, descobrimos que alguns requisitos precisam ser ajustados para se adaptar às realidades ambientais específicas. Em algumas empresas, cinco níveis de liderança refletem a organização com mais precisão; em outras, sete se ajustam melhor. Queremos enfatizar que não só é possível ajustar o modelo de pipeline como recomendamos que você o faça para melhor adequá-lo à estrutura e à cultura de sua organização.

Na verdade, descobrimos que o modelo de pipeline de liderança – com pequenos ajustes aqui e ali – é especialmente adequado para três tipos de organização que não se enquadram no modelo tradicional de negócios. Vamos explorar brevemente como o modelo aborda as questões de liderança do comércio eletrônico, de serviços de saúde e das megacorporações.

Comércio eletrônico. Essas empresas assumem grandes riscos ao preencher seus cargos de liderança com talentos da velha economia, mas não têm escolha, pois, à medida que crescem, necessitam de líderes com talentos de negócios tradicionais – capacidade estratégica, forças em operações e assim por diante. O pipeline de liderança fornece a essas empresas uma ferramenta para gerir os riscos. Elas podem identificar os requisitos específicos para qualquer cargo de liderança em vez de apenas encontrar alguém com a experiência no "título" certo. A transição da velha para a Nova Economia será difícil para qualquer líder, mas esse processo pode ser mais fácil se forem usados os critérios de seleção certos.

Serviços de saúde. O fracasso de CEOs nesse setor é uma ocorrência quase diária. Não precisamos perder tempo aqui listando todos os problemas que envolvem empresas que prestam serviços médicos. O setor de saúde, sobretudo os grupos de médicos, hospitais e clínicas médicas, precisa desesperadamente de modelos de liderança melhores. O setor requer líderes capazes de fornecer instruções claras para os cuidados de saúde, maior eficiência na prestação dos serviços, administração eficaz dos casos e relacionamentos mais fortes com parceiros. Como muitas pessoas nos cargos de liderança em empresas de serviços de saúde estudaram para se tornar médicos, com frequência não conhecem nenhum modelo de liderança nem tiveram qualquer treinamento. O modelo de pipeline pode ajudar esses médicos a reconhecer as mudanças necessárias em habilidades, gerenciamento de tempo e valores ao assumirem novos níveis de liderança. O modelo também os ajuda a entender o que falta em termos de desenvolvimento e fornece um roteiro para definirem e planejarem o próprio desenvolvimento.

Megacorporações. Em especial nas áreas de telecomunicações, automobilística e de serviços financeiros, o porte e a escala das corporações resultantes de fusões, aquisições e parcerias apresentam problemas de liderança sem precedentes. Nunca houve empresas tão grandes, tão globais e tão ferozmente competitivas. Existe muita confusão sobre como geri-las com eficácia.

Um problema é a duplicação de cargos de liderança resultante da fusão de empresas. Em geral, uma das duplicatas desaparece e a outra permanece, mas essa decisão costuma ser em grande parte política, não fundamentada na capacidade de liderança. Às vezes é tomada quase de forma aleatória: "Pegamos 10 líderes da Empresa A, mas apenas quatro da Empresa B, então agora precisamos pegar os próximos três ou quatro líderes da Empresa B." De forma semelhante, se as duas empresas tiverem sistemas de liderança diferentes, haverá padrões conflitantes.

O modelo de pipeline fornece uma padronização para os requisitos de liderança e também ajuda as organizações a tomar decisões sobre quem é de fato adequado para assumir o cargo vago.

Em última análise, talvez o maior valor do pipeline de liderança seja o fato de fornecer uma estrutura para a construção de organizações novas e a reconfiguração das antigas. Pode ser que no futuro as seis passagens que delineamos mudem. À medida que o comércio eletrônico afetar quase todas as empresas e outras grandes tendências as forçarem a repensar o que são e o que precisam fazer, as passagens de liderança evoluirão. Mesmo assim, o modelo de pipeline permanecerá viável porque sua mensagem essencial é atemporal: a liderança implica uma série de passagens que vêm com valores, habilidades e gerenciamento de tempo específicos, e os líderes não devem saltar passagens ao assumir mais responsabilidades e influência em uma organização, ou acabarão trabalhando no nível errado e obstruirão o pipeline.

Com esses princípios em mente, qualquer organização é capaz de desenvolver os próprios talentos para o potencial de liderança máximo agora e no futuro.

Perguntas frequentes

P. *Como obter o máximo de benefícios do modelo de pipeline de liderança?*

R. Você precisa definir seu modelo de pipeline de liderança usando sua terminologia, suas passagens e seus resultados de negócios desejados. Como já mencionado, as empresas que fizeram isso alcançam progressos notáveis tanto no desempenho quanto no desenvolvimento. Este livro deve guiá-lo nesse esforço. Em nosso trabalho, descobrimos que as empresas que adaptam o pipeline a suas organizações específicas obtêm mais benefícios do que aquelas que não o fazem. Como no basquete ou em qualquer outra empreitada competitiva, as empresas precisam praticar para obter benefícios reais.

P. *Vocês recomendam o uso do modelo de pipeline de liderança em empresas pequenas?*

R. Empresas muito pequenas, com um proprietário ou gerente supervisionando um reduzido número de colaboradores individuais, não obterão grande benefício sem que estejam crescendo ou planejando crescer com rapidez. Os proprietários, em particular, precisam aprender a fazer passagens conforme seus negócios crescem e eles acrescentam níveis. Nossos clientes têm receitas de 20 milhões de dólares até mais de 100 bilhões de dólares, e todos se beneficiaram do vocabulário, das definições e dos diagnósticos do modelo de pipeline. Empresas de baixo crescimento parecem se beneficiar mais por não possuírem divisões de apoio especializadas. O modelo permite que os gestores dessas empresas pequenas ajudem a si mesmos a obter o melhor de seus funcionários.

P. *Existe alguma passagem ou nível específico que gere mais preocupação que as demais?*

R. Embora a maior parte da energia e do esforço no desenvolvimento da liderança se concentre nos CEOs, gestores de negócios e gerentes de gestores, o maior problema reside no nível de gestor funcional, pois é neles que é mais difícil detectar deficiências. Em particular, gestores funcionais parecem bem-sucedidos ao resolver problemas técnicos e defender suas áreas na batalha pelos recursos necessários. O que deveriam é estar se livrando do trabalho funcional e buscando a vantagem competitiva. Deveriam permitir que seu pessoal resolva os problemas técnicos difíceis. Gestores funcionais muitas vezes prejudicam os negócios ao se concentrarem no sucesso funcional, não no sucesso da empresa.

Observações

- Descobrimos que o exemplo da Marriott continua relevante e útil, apesar da passagem do tempo. Algumas das pessoas mencionadas se aposentaram ou assumiram outros papéis, mas a Marriott continua usando excelentes métodos e práticas de desenvolvimento de liderança. Apesar de ter ocorrido uma redução nas viagens causada pelos atentados de 11 de setembro de 2001 e o colapso do sistema financeiro em 2008, a Marriott continua crescendo e prosperando.
- Líderes que empregaram o modelo de pipeline sempre se referem à sua importância em dois níveis em particular. A diferenciação entre os níveis é bastante reconhecida como uma ferramenta para melhorar a clareza dos papéis e o foco dos cargos – isso se dá em todos os níveis, mas em especial para gerentes de gestores e gestores de grupo. Depois de avaliar muitas empresas, constatamos que essas duas passagens são as que possuem menor clareza em suas definições. Ambas costumam ser vistas como intermediárias em vez de papéis capazes de agregar um valor substancial aos negócios. Gerentes de outros e gestores de negócios provavelmente são os dois papéis mais difíceis de preencher. Os gerentes de gestores (para os gerentes de outros) e os gestores de grupo (para os gestores de negócios) desempenham um papel vital no sucesso desses cargos de difícil preenchimento. Por outro lado, eles podem desempenhar um papel significativo no fracasso de novos líderes nos níveis de gerenciar gestores e gerenciar negócios.
- Profissionais funcionais de RH em todos os níveis nos contaram sobre a utilidade do modelo de pipeline de liderança em seu trabalho. Eles costumam usar expressões como "minha bíblia de desenvolvimento da liderança" e "meu mapa do tesouro". Muitos profissionais de RH sabem que não dispõem de uma arquitetura central, como um livro contábil, um processo orçamentário e um sistema de contabilidade de

custos – ferramentas com as quais o pessoal de finanças pode contar. A ciência comportamental tem certa utilidade, mas não explica o trabalho de um líder nem ajuda os profissionais de RH a compreenderem o negócio, portanto, não constitui uma arquitetura útil por si mesma. O modelo de pipeline de liderança é o núcleo da arquitetura do capital humano do negócio. O grande benefício para a empresa como um todo é que ele ajuda a integrar os programas e os serviços de RH. E também ajuda todas as outras divisões e negócios a entenderem o que ocorre com o capital humano do negócio e como deveriam contribuir.

- O modelo de pipeline de liderança e a terminologia associada a ele passaram a fazer parte do vocabulário dos negócios, destacando o valor da linguagem para se discutir ou pensar qualquer tema. Na verdade, a terminologia do modelo ganhou uso quase universal no planejamento de sucessão, no desenvolvimento da liderança e no coaching pela área de RH e todas as outras. Claramente, havia uma lacuna na linguagem e, portanto, uma lacuna no pensamento e nas discussões sobre o capital humano do negócio. Os problemas eram percebidos ou sentidos, mas não definidos ou abordados. Nós sentimos muito orgulho de termos ajudado a criar esse vocabulário, apesar de só havermos reconhecido seu verdadeiro valor em retrospecto.

CONHEÇA ALGUNS DESTAQUES DE NOSSO CATÁLOGO

- Augusto Cury: Você é insubstituível (2,8 milhões de livros vendidos), Nunca desista de seus sonhos (2,7 milhões de livros vendidos) e O médico da emoção
- Dale Carnegie: Como fazer amigos e influenciar pessoas (16 milhões de livros vendidos) e Como evitar preocupações e começar a viver
- Brené Brown: A coragem de ser imperfeito – Como aceitar a própria vulnerabilidade e vencer a vergonha (900 mil livros vendidos)
- T. Harv Eker: Os segredos da mente milionária (3 milhões de livros vendidos)
- Gustavo Cerbasi: Casais inteligentes enriquecem juntos (1,2 milhão de livros vendidos) e Como organizar sua vida financeira
- Greg McKeown: Essencialismo – A disciplinada busca por menos (700 mil livros vendidos) e Sem esforço – Torne mais fácil o que é mais importante
- Haemin Sunim: As coisas que você só vê quando desacelera (700 mil livros vendidos) e Amor pelas coisas imperfeitas
- Ana Claudia Quintana Arantes: A morte é um dia que vale a pena viver (650 mil livros vendidos) e Pra vida toda valer a pena viver
- Ichiro Kishimi e Fumitake Koga: A coragem de não agradar – Como se libertar da opinião dos outros (350 mil livros vendidos)
- Simon Sinek: Comece pelo porquê (350 mil livros vendidos) e O jogo infinito
- Robert B. Cialdini: As armas da persuasão (500 mil livros vendidos)
- Eckhart Tolle: O poder do agora (1,2 milhão de livros vendidos)
- Edith Eva Eger: A bailarina de Auschwitz (600 mil livros vendidos)
- Cristina Núñez Pereira e Rafael R. Valcárcel: Emocionário – Um guia lúdico para lidar com as emoções (800 mil livros vendidos)
- Nizan Guanaes e Arthur Guerra: Você aguenta ser feliz? – Como cuidar da saúde mental e física para ter qualidade de vida
- Suhas Kshirsagar: Mude seus horários, mude sua vida – Como usar o relógio biológico para perder peso, reduzir o estresse e ter mais saúde e energia